पतंजली योगसूत्र से प्रेरित उपन्यास

मन Reset
जीवन Restart

Yoga Sutras of Patanjali in a Nutshell

सरश्री

पतंजली योगसूत्र से प्रेरित उपन्यास

मन Reset जीवन Restart

Yoga Sutras of Patanjali in a Nutshell

by **Sirshree** Tejparkhi

प्रथम आवृत्ति : जुलाई 2026

प्रकाशक : वॉव पब्लिशिंग्ज़् प्रा. लि., पुणे

प्रिंटर : ट्रिनिटी अकादमी, फॉर कॉर्पोरेट ट्रेनिंग लि., पुणे

ISBN : 978-81-69572-15-6

Tejgyan Global Foundation is a charitable organization with its headquarters in Pune, India.

Mann Reset Jeevan Restart

Yoga Sutras of Patanjali in a Nutshell

यह ग्रंथ समर्पित है
आज के युवाओं को,
जो भीड़ में रहते हुए भी अपने भीतर की शांति
और सच्चाई की तलाश में हैं।
जो भटकते मन को साधकर
स्वयं के श्रेष्ठ स्वरूप को जगाना चाहते हैं।

यह ग्रंथ समर्पित है
आज के युवाओं को,
जो भीड़ में रहते हुए भी अपने भीतर की शांति
और सच्चाई की तलाश में हैं।
जो भटकते मन को साधकर
स्वयं के श्रेष्ठ स्वरूप को जगाना चाहते हैं।

विषय सूची

अनावरण

आउटडेटेड या अपडेटेड

'आपके हज़ारों साल पुराने ज्ञान के भारी-भरकम श्लोकों से मेरा कुछ भला नहीं होनेवाला। ये सब ग्रंथ उस समय के हैं, जब ज़िंदगी में इतने संघर्ष, तनाव नहीं थे। आजकल इन्हें पढ़ने से कुछ नहीं होगा, ये आउटडेटेड हैं।

आपने तो इस संसार से मुँह मोड़कर खुद को अपने में सीमित कर लिया है। आप अपने बनाए हुए सुरक्षित खोल में रह रही हैं इसलिए इन सब बातों को फॉलो कर सकती हैं मगर मैं नहीं। मुझे तो इसी दुनिया में रहना है, इन्हीं लोगों के बीच रहकर अपनी पहचान बनानी है।' आखिरकार परेशान होकर निशांत ने मम्मी से ये सब कहा।

58 साल की शारदा आध्यात्मिक महिला थी। बड़े-बड़े धर्मशास्त्र उसने पढ़े थे। योग शास्त्रों का पालन करती थी, ध्यान साधना में सिद्ध थी। नौकरी से रिटायर होने के बाद उसने अपना पूरा जीवन आध्यात्मिक साधना में लगा दिया था। फलस्वरूप वह जीवन में बहुत संतुष्टि, शांति और आनंद महसूस किया करती थी।

मगर उसका युवा बेटा निशांत हमेशा तनाव, चिंता, भविष्य की सुरक्षा, महत्वाकांक्षाओं से घिरा हुआ रहता था। शारदा आध्यात्मिक मार्ग पर चलने का सुख जान चुकी थीं और चाहती थीं कि उसका बेटा भी इन सब तनाव, चिंताओं को छोड़कर, उसी आनंद में जीए जिसमें वह

रहती है। इसी कारण वह उसे जब देखो तब ज्ञान की ऊँची बातें समझाया करती थीं, 'फलाँ ग्रंथ में यह श्लोक लिखा है, उस शास्त्र में यह कहा गया है।'

शारदा अपनी जगह सही थी मगर उसका बेटा निशांत भी अपनी जगह सही था। जो ज्ञान आज की समस्याओं को एँड्रेस न करे, आज की भाषा में न लिखा गया हो, आज की परिस्थितियों को सुलझाने का व्यवहारिक दृष्टिकोण न रखे, उसे कोई संसारी इंसान क्यों लेना चाहेगा?

निशांत और उसके जैसे कई युवाओं की इसी माँग ने इस ग्रंथ को आपके सामने नए रूप में, प्रकट होने को प्रेरित किया। इसमें ज्ञान प्राचीन है लेकिन फ्लेवर नया अपडेटेड है, जो इस समय की ज़रूरत है।

आज की युवा पीढ़ी एक ऐसे दौर में जी रही है, जहाँ अवसर असीमित हैं लेकिन उलझनें भी उतनी ही हैं। करियर की दौड़, लगातार बढ़ती चुनौतियाँ, सोशल मीडिया का दबाव, हर पल कुछ बनने की चाह। वहीं दूसरों से बेहतर दिखने की बेचैनी भी है। इस कारण अंदर एक खालीपन, अस्थिरता और मानसिक थकान बढ़ती जा रही है। बाहर से जीवन जितना तेज़ और चमकदार दिखता है, अंदर उतना ही बिखरा हुआ महसूस होता है।

यही वह समय है, जहाँ **पतंजलि योगसूत्र** का प्राचीन ज्ञान समाधान बनकर सामने आता है। इस उपन्यास में इसे आज की ज़रूरत अनुसार संवारा गया है। इसमें आज की हर समस्या का समाधान मौजूद है।

पतंजलि योगसूत्र कोई धार्मिक ग्रंथ मात्र नहीं है बल्कि यह मन, व्यवहार और चेतना को समझने का अत्यंत व्यावहारिक विज्ञान है। यह ग्रंथ हज़ारों साल पहले लिखा गया था लेकिन इसका महत्त्व आज पहले से भी अधिक है। कारण स्पष्ट है- समय बदला है, साधन बदले हैं लेकिन मन की आदत नहीं बदली। आज भी मन उतना ही चंचल है, उतना ही अस्थिर और भ्रमित हो सकता है, जितना पहले था।

मोबाइल आने के बाद मन की चंचलता को मानो स्थाई पेट्रोल मिल गया है। हर नोटिफिकेशन ध्यान को तोड़ता है, हर स्क्रोल मन को भटकाता है। क्षणिक सुख और निरंतर तुलना के इस चक्र में मन धीरे-धीरे अपनी स्थिरता खोने लगा है।

इसी का परिणाम है कि आज के इंसान में कुछ सामान्य लक्षण स्पष्ट रूप से दिखाई देने लगे हैं। जैसे ध्यान की कमी, लगातार विचलित होता मन, निर्णय लेने में असमर्थता, तुलना की आदत और हर समय परफेक्ट बनने का दबाव। ये सब

मिलकर इंसान को भीतर से कमज़ोर बना देते हैं। कई बार वह खुद को समझ नहीं पाता और अपने ही विचारों में उलझकर रह जाता है।

यही वह स्थिति है जहाँ पतंजलि योग साधना केवल उपयोगी ही नहीं, अनिवार्य बन जाती है। यह समझाती है कि समस्या बाहर नहीं, मन की अवस्था में है और Reset भी उसी में छिपा है।

आखिरकार पतंजलि योगसूत्र से यह समझ दृढ़ होगी कि शांति कहीं बाहर नहीं, हमारे भीतर ही है। बस उसे पहचानने और बनाए रखने की आवश्यकता है। यह आध्यात्मिक उपन्यास उसी पहचान की एक छोटी सी लेकिन अति महत्वपूर्ण Restart है।

...सरश्री

Disclaimer : उपन्यास के सारे पात्र काल्पनिक हैं लेकिन प्राचीन ज्ञान यथार्थ (Real) है।

प्रवेशिका

मन Reset
जीवन Restart
कैसे करें

क्या हमने अपने मन को भी उतना ही समझा है, जितना अपनी तकनीक को? हमने अपनी गाड़ियों को तेज़ बनाया, घरों को आधुनिक बनाया, फ़ोन को स्मार्ट बनाया और कृत्रिम बुद्धिमत्ता (AI) तक विकसित कर ली। लेकिन एक प्रश्न आज भी उतना ही प्रासंगिक है, जितना पहले था।

यह प्रश्न हमें हजारों वर्ष पीछे महर्षि पतंजलि के पास ले जाता है। आश्चर्य की बात है कि उन्होंने भी अपनी खोज संसार से नहीं, मनुष्य के चित्त से आरम्भ की थी। उन्होंने यह नहीं पूछा कि संसार कैसा है बल्कि यह देखा कि संसार का अनुभव कैसे बनता है। ऐसे में यह कहना गलत न होगा कि पतंजलि योगसूत्र मनुष्य के आंतरिक विज्ञान का अद्भुत दस्तावेज़ है। इसकी सबसे बड़ी विशेषता यही है कि यह समय के साथ पुराना नहीं पड़ता क्योंकि यह बदलती हुई दुनिया का नहीं, मनुष्य के मन का अध्ययन करता है।

आधुनिक मनोविज्ञान भी यही कहता है कि हमारा मन नई परिस्थितियों को अकसर पुराने अनुभवों के आधार पर समझता है। इसलिए समय बदल जाने पर भी हमारी सोच, प्रतिक्रियाएँ और निर्णय कई बार वही बने रहते हैं। यही कारण है कि हम अनजाने में वे ही प्रतिक्रियाएँ दोहराते हैं, वे ही डर जीते हैं और कई बार वे ही गलतियाँ भी करते हैं। यहीं से इस उपन्यास का सबसे महत्वपूर्ण सूत्र जन्म लेता

है- जीवन इसलिए नहीं बदलता कि संसार बदल गया। जीवन तब बदलता है, जब संसार का अर्थ बदल जाता है और संसार का अर्थ बाहर नहीं, चित्त में बनता है। लेकिन पतंजलि की महानता इतनी ही नहीं है कि उन्होंने चैतन्य का विश्लेषण किया। उन्होंने संकेत किया कि मनुष्य केवल अपने विचार, स्मृतियाँ, इच्छाएँ, भय और प्रतिक्रियाएँ नहीं है। इन सबसे परे उसकी एक संभावना है- चैतन्य।

यही योग की वास्तविक यात्रा है- चित्त से चैतन्य तक! यहीं पहुँचकर मन Reset का अर्थ भी बदल जाता है। इसका अर्थ विचारों को रोक देना नहीं है; अतीत को मिटा देना भी नहीं है। मन Reset का अर्थ है- उन मानसिक संस्कारों, निष्कर्षों और आदतों को पहचानना, जिनके माध्यम से चित्त हर क्षण जीवन का अर्थ गढ़ रहा है। जब यह पहचान जगती है तब जीवन को बदलने की शुरुआत बाहर नहीं, अंदर होती है। यहीं से जीवन Restart होता है।

रिस्टार्ट यानी नया जीवन शुरू करना नहीं है बल्कि उसी जीवन को नई चेतना, नई स्पष्टता और नई दृष्टि से जीना है। तब परिस्थितियाँ वही रहती हैं, काम वही रहता है लेकिन काम करनेवाला बदलने लगता है। संसार वही रहता है लेकिन उसे देखनेवाली दृष्टि बदल जाती है। यही कारण है कि पतंजलि योगसूत्र आज पहले से अधिक उपयोगी है।

यह हमें संसार छोड़ने की शिक्षा नहीं देता, स्वयं से मिलने की दिशा देता है। यह विचारों का बोझ नहीं बढ़ाता, विचारों के शोर के पार देखने की क्षमता विकसित करता है। यह नई मान्यताएँ नहीं थोपता बल्कि देखने की कला सिखाता है कि कौन-सी मान्यताएँ हमें चला रही हैं। और जब सही देखने की कला आ जाती है तब धीरे-धीरे चित्त शांत होने लगता है। उसकी पकड़ ढीली पड़ने लगती है और उसी शांति के बीच पहली बार चैतन्य का अनुभव संभव होता है।

यही मनुष्य की सबसे बड़ी उपलब्धि है कि वह अपने मन का कैदी बनने के बजाय उसका साक्षी बन सके।

यदि इस यात्रा के अंत में आपका मन थोड़ा अधिक स्पष्ट हो जाए... यदि आपके निर्णय थोड़े अधिक सजग हो जाएँ... यदि आपके भीतर का शोर थोड़ा कम हो जाए... और यदि आप स्वयं के थोड़ा और निकट आ जाएँ... तो समझिए- मन Reset होने लगा है और जहाँ मन Reset होता है... वहीं से जीवन Restart होना प्रारंभ हो जाता है।

आइए, ''मन Reset... जीवन Restart'' उपन्यास पढ़ना शुरू करें।

1

ज़िंदगी के शोर में खोई शांति

28 साल के सॉफ्टवेयर इंजीनियर अक्षत सत्यार्थी को आज के समय का आदर्श युवा कहा जा सकता था। ऐसा युवा, जिसके उदाहरण देकर उसकी सोसायटी और रिश्तेदारों के पैरेंट्स अपने बच्चों को मोटिवेट किया करते थे। भारत के बेस्ट इंस्टीट्यूट से पढ़ाई, शानदार करियर, अच्छी सैलरी, सोशल मीडिया पर एक्टिव प्रोफाइल, लोगों की नज़रों में एक अच्छी सेटल्ड लाइफ मानी जाती है।

मगर यह लाइफ उसकी नहीं थी। यह उसकी इमेज की लाइफ थी, जो बाहर से नज़र आती थी। पिछले सालभर से उसकी निजी ज़िंदगी में तो कुछ और ही चल रहा था।

हर सुबह उठते ही उसके सीने में एक अजीब सा भारीपन होता। मन बेचैन रहता। रातों में बार-बार नींद टूटती और ऐसा होते ही वह रेस्टलेस हो जाता। कभी बिना कारण घबराहट, कभी दिल की धड़कन तेज़ तो कभी अचानक खालीपन। भीतर से एक आवाज़ आती, 'सब कुछ तो है फिर भी कुछ नहीं है, ऐसा क्यों लगता है?' और इसी सवाल ने उसे एक साइकोलॉजिस्ट के पास भी पहुँचा दिया। डॉक्टर ने उसे स्ट्रेस, एंजाइटी, डिप्रेशन का नाम दे दिया। इलाज के नाम पर दवाइयाँ, ढेर सारी सलाहें, मोटिवेशनल वीडियोज़ और मेडिटेशन के लिंक्स दिए।

सब कुछ किया लेकिन सुकून नहीं मिला। अब उसे अपना तथाकथित खुशहाल जीवन एक बोझ सा लगने लगा था, जिससे वह छुटकारा पाने तक की

सोचने लगा था। आँखों के आगे एक ऐसा अंधेरा छाया रहता था, जो उसे कुछ सोचने-समझने नहीं दे रहा था कि आखिर करे तो करे क्या?

एक दिन ऑफिस में अपनी डेस्क पर बैठे-बैठे उसके भीतर से एक तीव्र प्रार्थना उठी, 'हे ईश्वर! जो कुछ मुझे बचपन से कहा गया, मैंने वह सब कुछ किया। मेरे माता-पिता ने मेरी आँखों में जो सपने डाले, मैंने उन्हें पूरा भी किया। मगर कुछ तो रह गया, जो आज मेरी ऐसी हालत हो गई है। क्या करना बाकी रह गया, मुझे वह बताओ। कुछ तो राह दिखाओ। मैं इस तरह से और नहीं जी सकता।'

प्रार्थना करते हुए अक्षत की आँखों में आँसू आ गए।

आँसुओं को अपने सहकर्मियों से छिपाने के लिए वह उठा और ऑफिस के सामने एक कैफे में चला गया। वहाँ एक कॉफी ली, लैपटॉप खोला और चुपचाप कोने में बैठ गया। लैपटॉप पर बहुत सी फाइलें खुली थीं लेकिन मन कहीं और भटक रहा था।

तभी किसी ने पीछे से आवाज़ दी- अक्षत...

उसने पलटकर देखा। चेहरा जाना-पहचाना सा लगा। वह उसके कॉलेज का दोस्त था, शिवम ऋषिराज। उसे रिशी-रिशी कहकर दोस्त चिढ़ाते रहते थे।

वही शिवम, जो कभी सबसे ज़्यादा घबराया, बौखलाया, सबसे ज़्यादा लापरवाह हुआ करता था। जिसका कभी भी कोई काम समय पर नहीं होता था। जिसे अकसर सुनने को मिलता था, 'फेलियर' या 'लूज़र'। टीचर्स भी कहा करते थे, 'ऋषिराज तुमसे कुछ न हो पाएगा, तुम जंगल जाओ, क्यों माँ-बाप का पैसा वेस्ट करते हो?'

लेकिन आज उसके चेहरे पर एक अलग ही ठहराव था। आँखों में शांति, आवाज़ में स्थिरता, व्यक्तित्व में बड़ा आत्मविश्वास, जिसे देखकर अक्षत भी हैरान रह गया।

अक्षत – अरे शिवम ऋषिराज तू! तू यहाँ कैसे?

शिवम (मुस्कुराते हुए) – इधर कुछ काम से आया था। पता नहीं क्यों अंदर से आवाज़ आई कि एक कॉफी पीता चलूँ और अंदर की आवाज़ को मैं कभी इग्नोर नहीं करता इसलिए आ गया। और देख! तू मिल गया। आज मेरे डिवाइन प्लैन में ही था तुझसे मिलना तभी तो सेल्फ ने मुझे इधर भेजा।

अक्षत (हैरानी से) – ये कैसी बातें करने लगा है तू? अंदर की आवाज़, सेल्फ, डिवाइन प्लैन...! कहीं सोशल मीडिया पर स्पिरिचुअल गुरु तो नहीं बन गया? आजकल यही सब चल रहा है सोशल मीडिया पर। सुना है रील्स में बहुत कमाई होती है।

शिवम (हँसते हुए) – देख भाई! दुनिया कमाती होगी, मैं नहीं। मैं तो टोटली डिजिटल डिटॉक्स्ड पर्सन हूँ। कोई सोशल मीडिया ऐप नहीं है मेरे फोन में। मैं तो सुबह उठकर योग, ध्यान करता हूँ, एक्सरसाइज करता हूँ, फिर अपना काम करता हूँ। शाम को थोड़ा-बहुत चैरिटी वर्क करता हूँ और फिर तान के सुख की नींद सो जाता हूँ।

अक्षत – अच्छा! बढ़िया है। वैसे कर क्या आ रहा है आजकल, घर कैसे चलता है?

अक्षत के पूछने का लहज़ा बता रहा था कि वह मानकर बैठा हुआ था, शिवम आज भी कुछ खास नहीं कर रहा होगा। उसके मन में अभी भी शिवम की इमेज एक फेलियर या लूज़र की थी।

शिवम – बैंगलोर में एक सॉफ्टवेयर कंपनी है मेरी 'प्रज्ञाटेक'। सामनेवाली बिल्डिंग में उसके लिए एक ऑफिस स्पेस खरीदा है। यहाँ उसी की प्लॅनिंग के सिलसिले में आया था। तू बता, तू कैसा है? क्या कर रहा है, आजकल तू ठीक तो है? तेरी आँखों में, तेरे चेहरे पर बड़ी थकान दिख रही है? भाई कुछ बात हो तो तू मुझे बता सकता है। हो सकता है मैं तेरी कोई मदद कर सकूँ।

अक्षत शिवम की बात सुनकर गंभीर हो गया। पहली बात तो यह प्रज्ञाटेक एक सफल कंपनी थी, जिसके बारे में अक्षत जानता था। वह शिवम की कंपनी है, यह सुनकर उसे धक्का लगा। दूसरी बात शिवम कैसे समझ गया कि वह किसी समस्या से जूझ रहा है, क्या उसे मन को पढ़ना भी आ गया है? अक्षत कुछ पल चुप रहा। फिर जैसे अंदर जमी हुई भावनाओं का बाँध टूट गया।

अक्षत – मुझे खुद नहीं पता यार, मेरे साथ क्या हो रहा है। सब कुछ होते हुए भी मन ठीक नहीं रहता। हर वक्त बेचैनी, डर, भविष्य की चिंता। कभी लगता है, मैं ही गलत हूँ... कभी लगता है, ज़िंदगी ही गलत है।

शिवम (शांत स्वर में) – आज के दौर में तू ही एक अकेला ऐसा नहीं है अक्षत। हर दूसरा आदमी यही महसूस कर रहा है। असफल लोगों को तो छोड़ो, आजकल सफल लोग भी खुश नहीं हैं। यही आज की सबसे बड़ी महामारी है, मन की अशांति। आनंद का अभाव।

अक्षत (थोड़ा चिढ़ते हुए) – समझ नहीं आता करूँ तो क्या करूँ? साइकोलॉजिस्ट से काउंसलिंग ली, मेडिटेशन किया, मोटिवेशनल टॉक सुने मगर सब टेंपररी सोल्यूशन्स हैं। कुछ मिनट का रिलीफ मिलता है, फिर मन उसी दुःख के भँवर में डूब जाता है।

शिवम – देख दोस्त! मन को सँभालना है तो पहले मन को समझना पड़ेगा। उसके खेल को जानना होगा कि मन में आखिर ऐसा क्या है, जो हमें इतना परेशान करके रख देता है। जिसके सामने हम इतना लाचार हो जाते हैं कि जीवन को सहजता से, खुशी से जीना ही भूल जाते हैं तब फिर हम इस समस्या को जड़ से मिटा जा सकते हैं, जिससे तू और तेरे जैसे ज़्यादातर लोग जूझ रहे हैं।

अक्षत – मगर कैसे?

शिवम – हमारे पूर्वजों ने हमें इसके रास्ते दिए हैं ग्रंथों के रूप में। उनमें से एक है- पतंजलि योग सूत्र। बस हमें इसमें दिए सूत्रों को समझना है और उन पर काम करना है। देखना फिर हमारी ऐसी कोई मुश्किल नहीं, जो हल न हो सके।

अक्षत – पतंजलि योग सूत्र! तुम कह रहे हो कि मैं अपनी नौकरी छोड़कर इन ग्रंथों को पढ़ने में लग जाऊँ? मुझे इसी दुनिया में रहना है भाई। मैं सब कुछ छोड़-छाड़कर हिमालय पर या किसी आश्रम में तो नहीं जा सकता न? तुम्हारे पास अगर इस दुनिया में कोई वर्केबल सोल्यूशन हो तो बताओ।

शिवम – पतंजलि योग सूत्र में आज के समय का ही सोल्यूशन है मेरे भाई क्योंकि इंसान का मन जैसे पहले था वैसा ही आज है। कैलेंडर पर साल बदल रहे हैं, लोगों के मन नहीं।

अक्षत – हज़ारों साल पहले लिखा गया ग्रंथ आज के इंसान के मन को कैसे समझ सकता है? मेरी आज की समस्याएँ हैं शॉर्ट डेडलाइन, डेडली कॉम्पिटिशन, खुद को लगातार प्रूव करते रहना, दूसरों की एक्सपेक्टेशन्स को मैच करते रहना, फेलियर का डर, फ्यूचर की सिक्युरिटी। ये सब पहले नहीं थीं।

शिवम – ये सब पहले भी थी और इन्हीं के निवारण के लिए ऋषि पतंजलि ने अपने योग सूत्र में कहा था, 'योगश्चित्त वृत्ति निरोध' यानी योग का अर्थ है, मन की वृत्तियों का शांत होना।

उन्होंने यह नहीं कहा कि सब कुछ छोड़-छाड़कर बैठ जाना योग है। उन्होंने कहा, मन की वृत्तियों यानी टेंडेंसीज़् को विलीन कर देना, संसार में रहते हुए सुख, शांति, आनंद के साथ जीवन जीने की कला सीख लेना योग है।

देख, आज तू परेशान है क्योंकि तेरा मन लगातार भाग रहा है। भूत, भविष्य, डर, अपेक्षाएँ, असुरक्षा, चिंता...! कहीं मैं गलत तो नहीं कर रहा, कहीं मैं कम तो नहीं कर रहा, दुनिया कहाँ पहुँच रही है, मैं पीछे तो नहीं रह गया, मेरा क्या होगा? यही सब चलता है न मन में?

अक्षत (धीरे से) – हाँ, बिलकुल यही हो रहा है।

शिवम – पतंजलि योग सूत्र हमें यह नहीं सिखाते कि दुनिया छोड़ दो या उसे बदल दो या समस्याओं से भागकर संन्यासी बनकर कहीं छिप जाओ बल्कि वे सिखाते हैं कि मन को कैसे समझा जाए। ऐसे विचार जो हमारे अंदर एंजाइटी, स्ट्रेस, तनाव, चिंता पैदा करते हैं, उन्हें कैसे हैंडल किया जाए। मन को कैसे शांत किया जाए कि वह दुश्मन बनकर हमारे लिए बाधा पैदा न करें बल्कि हमारा सच्चा हितैषी बने।

विश्वास के साथ मैं इतना कह सकता हूँ कि अगर कोई पतंजलि योग सूत्र को पढ़ ले, समझ ले और जीवन में उतार ले तो उसे सफल जीवन जीने की मास्टरी हासिल हो जाएगी। वह मन का गुलाम नहीं, मालिक बन जाएगा और मैं ये सब कुछ कहीं सुनी बात नहीं कह रहा हूँ, मैंने खुद अपने जीवन में अनुभव किया है इसीलिए बता रहा हूँ।

अक्षत पहली बार शिवम की बात ध्यान से सुनने लगा।

अक्षत – तो योग मतलब सिर्फ आसन और प्राणायाम वगैरह नहीं है?

शिवम (मुस्कुराते हुए) – नहीं। आसन तो सिर्फ शुरुआत है। पतंजलि का योग तो मन का विज्ञान है।

अक्षत (धीमे स्वर में) – अगर मैं इसे समझना चाहूँ तो शुरुआत कहाँ से करूँ?

शिवम – यहीं से। इसके पहले अध्याय से, जहाँ मन को समझना सिखाया जाता है, न कि दबाना।

अक्षत – शिवम! मुझे लगता है, मैं सफलता की दौड़ में खुद से बहुत दूर चला गया हूँ। चाहकर भी खुद को ढूँढ़ नहीं पा रहा हूँ।

शिवम – पतंजलि योग सूत्र उसी दूरी को मिटाने का रास्ता है। जैसे-जैसे इसके सूत्र को समझते जाओगे, मन की खोई शांति को भी पा लोगे और खुद को भी।

अक्षत ने गहरी साँस ली। पहली बार साँस हलकी लगी। यहीं से शुरू हुई मन के खेल में उलझे अक्षत की स्वयं की ओर यात्रा, पतंजलि योग सूत्र के पहले सूत्र के साथ।

2

चित्त को कैसे जानें

कल की सरप्राइज मीटिंग के बाद अक्षत और शिवम ने तय किया था कि वे शाम को रोज़ कुछ समय इसी कैफे में मिलेंगे। अक्षत जिसका कुछ दिनों से काम में बिलकुल मन नहीं लग रहा था, तय समय से कुछ जल्दी ही कैफे आ गया। वह एक कॉफी टेबल पर बैठा था लेकिन वास्तव में वहाँ था नहीं। उसका दायाँ हाथ कॉफी के मग पर था और बायाँ हाथ मोबाइल पर।

स्क्रीन ऊपर-नीचे हो रही थी। न्यूज़, मैसेजेस, नोटिफिकेशन्स, रील्स अक्षत उन्हें अनमना सा देख रहा था... चुपचाप। १०-१५ मिनट यूँ ही निकल गए तो उसने झल्लाहट में शिवम को फोन लगाया।

अक्षत – शिवम यार, कहाँ है तू? कबसे बैठा वेट कर रहा हूँ। कॉफी भी खत्म होने आई है।

शिवम (मुस्कुराकर) – सॉरी यार, बस पहुँच रहा हूँ १० मिनट में। अच्छा सुन, जब तक मैं आऊँ, तू एक काम कर। फोन बैग में डाल और अपने आस-पास के वातावरण से कनेक्ट हो जा। जैसे कॉफी का सिप लेते हुए उसे महसूस कर। कितनी गर्म है, कैसा स्वाद दे रही है, कहाँ-कहाँ से गुज़रती महसूस हो रही है और जब कॉफी खत्म हो जाए तो आँख बंद करके थोड़ी देर सुन, बाहर से क्या-क्या आवाज़ें आ रही हैं या मन के अंदर क्या-क्या थॉट्स चल रहे हैं। बस उन्हें देख और हाँ, फोन बिलकुल मत उठाना।

इतना कहकर शिवम ने फोन रख दिया। अब अक्षत सोचने लगा, 'यह क्या अजीब पागलपन है?' मगर शिवम ने कहा था तो उसने कोशिश की। फोन बैग में डाल चुपचाप बैठकर कॉफी के सिप लेने लगा और एक-एक सिप को नोट करने लगा। कुछ देर आँख बंद की। बाहर खड़े ऑटो में कोई गाना बज रहा था, उसे सुना। तभी अंदर विचार उठा, 'मैं यहाँ आया ही क्यों हूँ, क्यों फालतू में टाइमपास कर रहा हूँ? तभी बैग में रखे फोन से एक नोटिफिकेशन का साउंड आया। उसने तुरंत फोन उठा लिया।

नोटिफिकेशन शिवम के मैसेज का था और उसने लिखा, 'फोन क्यों उठाया? मना किया था न, वापस रख।'

नोटिफिकेशन पढ़कर अक्षत झेंप गया। वह चारों तरफ देखने लगा। शिवम बाहर ही खड़ा था और शीशे से उसे देख मुस्कुरा रहा था। फिर वह अंदर आ गया।

अक्षत – अच्छा बेटा! मुझ पर प्रैक्टिकल जोक अप्लाई किया जा रहा था, बाहर खड़े होकर तमाशा देख रहे थे।

शिवम (हँसते हुए) – तमाशा मैं नहीं देख रहा था, तुझे दिखाना चाहता था। चित्त का तमाशा।

अक्षत – चित्त का तमाशा! ये चित्त क्या है?

शिवम – इसे समझने के लिए पहले अपनी पिछली १५-२० मिनट की एक्टिविटीज पर नज़र डाल और बता कि तेरे अंदर क्या-क्या चला और तूने क्या किया? पर प्रॉमिस कर कि सब कुछ कपटमुक्त बताएगा। जो भी एक्सपीरियंस रहा, वही बताना वरना तू चित्त को समझ नहीं पाएगा।

अक्षत कुछ देर सोचता रहा और फिर बोला-

अक्षत – जब मैं यहाँ आ रहा था तो तेरे बारे में सोच रहा था। मेरे मन में तेरी पुरानी मेमरीज़ चल रही थी कॉलेज टाइम की तब तेरी पर्सनैलिटी, तेरी बातें, तेरी सोच बिलकुल अलग थी। तुझे बिलकुल सीरियसली नहीं लेता था। मैं तेरे इस ट्रान्सफॉर्मेशन पर बड़ा हैरान हूँ। सच कहूँ तो तुझे खुद से आगे बढ़ता देखकर थोड़ी जलन भी हुई।

शिवम (हँसते हुए) – थोड़ी या बहुत ज़्यादा? सोच-समझकर बोलना। कपटमुक्त रहने का वादा किया है तूने।

अक्षत (झेंपते हुए) – सच कहूँ तो ज़्यादा ही हुई।

शिवम – फिर तूने पहले थोड़ी क्यों कहा?

अक्षत – मुझे थोड़ी कहना जस्टिफाईबल लगा। ज़्यादा कहता तो शायद तुझे बुरा लग जाता।

शिवम – अच्छा फिर आगे क्या हुआ?

अक्षत – जब यहाँ आया और तुझे यहाँ नहीं देखा तो मुझे झल्लाहट हुई। मुझे लगा तू अभी भी पहले की तरह लेट लतीफ है और मैं तेरे चक्कर में अपना टाइम खराब कर रहा हूँ। फिर मैंने कॉफी ऑर्डर की और मोबाइल पर स्क्रोल करने लगा। कुछ खास नहीं था देखने के लिए मगर मुझे अकेले खाली बैठना अच्छा नहीं लगता और मोबाइल सबसे आसान रास्ता है, खुद को बिजी रखने का। जब रहा नहीं गया तो तुझे फोन कर लिया। फिर तूने मुझे प्रेजेंट में हो रही चीज़ें ऑब्जर्व करने को कहा तब मुझे बाहर खड़े ऑटो में बजता एक गाना सुनाई देने लगा, 'गोरे रंग पे ना इतना गुमान कर, गोरा रंग दो दिन में ढल जाएगा'। मैं इस गाने को सुनने लगा। मेरे अंदर इससे जुड़ी बहुत सी मेमरीज़ हैं क्योंकि किसी भी फंक्शन में मेरे पापा और मम्मी इसी गाने पर डांस किया करते थे। इस गाने से जुड़ी सारी पुरानी यादें ताज़ा हो गई। तभी फोन का नोटिफिकेशन सुनाई दिया और मैंने फोन उठा लिया।

शिवम – एक बात बता, जब फोन पर नोटिफिकेशन बजा तो क्या तूने खुद से पूछा या सोचा कि क्या तुझे फोन उठाना चाहिए?

अक्षत – नहीं यार! आदतन उठा लिया। मुझे तो पता भी नहीं चला कि मैंने कब फोन उठाकर मैसेज पढ़ा और फिर मुझे तू नज़र आया। तुझे देखकर थोड़ा सरप्राइज्ड भी हुआ, आज तू कुर्ते पायजामे में कैसे आ गया? क्या ऐसे ही ऑफिस जाता है?

शिवम – चल अब तेरी पिछली २० मिनट की लाइफ से चित्त को समझने की कोशिश करते हैं। सबसे पहले तो मेरे बारे में सोच रहा था यानी तेरी मेमरीज़ (यादें) एक्टिवेट हो रही थीं। मेमरीज़ हमारा वह डाटा होता है, जो हमारे किसी न किसी अनुभव से बनता है और हमारे अंदर सुप्त अवस्था में पड़ा रहता है। बाहर कोई घटना होती है तो उससे जुड़ी मेमरी पॉपअप हो जाती है। अगर मैं कल तुझे नहीं मिलता तो भी मेरे से जुड़ी मेमरी तेरे अंदर ही रहती मगर बाहर नहीं आती। मुझे देखकर ये मेमरी ट्रिगर हुई और बाहर आई।

अक्षत – यानी हमारे पूरे जीवन के अनुभव हमारे अंदर मेमरी के रूप में जमा होते रहते हैं?

शिवम – हाँ! और जब भी उससे जुड़ा कोई इनपुट डाटा मिलता है तो वे एक्टिवेट हो जाती हैं यानी वह दृश्य, वह घटना हमारे ध्यान क्षेत्र में सामने आ जाती है। जैसे

तूने बाहर वह गाना सुना और तेरे अंदर मम्मी-पापा से जुड़ी मेमरीज़ एक्टिवेट हो गईं। वैसे उस समय तुझे कैसा महसूस हो रहा था?

अक्षत – हँसी आ रही थी सोचकर और बाद में दुःख भी हुआ क्योंकि अब दोनों की शारीरिक अवस्थाएँ ऐसी नहीं कि वे ऐसा डांस कर सकें। उनका डांस अब केवल यादों में ही सीमित रह गया है।

शिवम – यानी मेमरीज़ ने विचार और इमोशन्स (भावनाएँ) जनरेट किए। सुख के, दुःख के।

अक्षत – हाँ। मैं इमोशनल हो गया था।

शिवम – तुझे मेरी सफलता से ईर्ष्या भी हुई। ईर्ष्या इसलिए हुई क्योंकि तूने खुद को कहीं न कहीं मुझसे कम महसूस किया, जो तुझे बुरा लगा। यहाँ पर सामने आई ईगो यानी अहंकार। अहंकार वह भाव है, जो खुद को सबसे ऊपर रखना चाहता है और ईर्ष्या भी हुई। ईर्ष्या को विकार, आदत, वृत्ति भी कहा जा सकता है। जब हम दूसरों को खुद से आगे बढ़ता देखते हैं तो यह टेंडेंसी आ जाती है। बार-बार मोबाइल देखना, बिना सोचे-समझे मेकैनिकली उसे हाथ में ले लेना और स्क्रोलिंग शुरू कर देना आजकल बहुत ही कॉमन टेंडेंसी है।

अक्षत – ओह। वाकई मोबाइल पर खुद-ब-खुद हाथ चले जाते हैं।

शिवम – समझ ले हमारे अंदर एक प्रोग्राम सेट हो जाता है। जो काम हम बार-बार करने लगते हैं, हमारा मस्तिष्क उन्हें ऑटोमैटिकली हमसे करवाने लगता है, बिना हमारी किसी योजना या प्रयास के। ये प्रोग्राम ही वृत्तियाँ या आदत हैं। फिर तूने एक निर्णय लिया कि तू ज़्यादा ईर्ष्या नहीं कहेगा, थोड़ी सी कहेगा ताकि मुझे बुरा न लगे। यहाँ पर काम किया तेरी बुद्धि ने, जो सही-गलत का निर्णय ले लेती है।

अक्षत – हाँ। ऐसा ही था।

शिवम – फिर मुझे कुर्ते पजामे में देखकर तुझे अजीब लगा क्योंकि तेरा बिलीफ सिस्टम कहता है यह ऑफिस आने का ड्रेस कोड नहीं है इसलिए फिर विचार उठे कि ऐसे कोई कैसे ऑफिस आ सकता है? है न?

अक्षत – हाँ। बात तो सही है।

शिवम – तो पिछले २० मिनट में तूने खेल देखा मेमरीज़ का, विचारों का, टेंडेंसीज का, अहंकार का, भावनाओं का, बुद्धि का, बिलीफ सिस्टम का।

अक्षत (आश्चर्य से) – ओह! ये तो मेरी रूटीन लाइफ के सामान्य से २० मिनट थे। मुझे नहीं पता था इसमें इतनी चीज़ें इनवॉल्व हैं।

शिवम (हँसते हुए) – नॉर्मली हम अपनी फिजिकल बॉडी पार्ट्स की एक्टिविटीज को फिर भी समझ लेते हैं। जैसे साँस लेना, दिल का धड़कना, खून का बहना लेकिन नॉन फिजिकल ऍक्टिविटी पर ध्यान ही नहीं देते। ज़्यादा से ज़्यादा अपने थॉट्स को देख पाते हैं और कुछ नहीं... ये सारी नॉन फिजिकल चीज़ें चित्त का ही हिस्सा हैं। समझ ले, चित्त वह फुटबॉल ग्राउंड है, जहाँ ये सब खिलाड़ी हैं और आपस में खेल खेल रहे हैं... हमारे जीवन का खेल।

बात बहुत गहरी थी। अक्षत को अभी कुछ क्लियर नहीं हुआ था इसलिए उसने पूछा-

अक्षत – वैसे चित्त को इंग्लिश में क्या कहते हैं?

शिवम – देख! अगर तू गूगल पर सर्च करेगा तो वहाँ पर चित्त को मन या माइंड कह दिया जाएगा। मन होता है विचारों का पुलिंदा और चित्त केवल मन नहीं है। मन चित्त का हिस्सा ज़रूर है मगर वह पूरा चित्त नहीं है।

चित्त कोई एक चीज़ नहीं बल्कि एक कलेक्टिव सिस्टम है, जिसमें है मन, बुद्धि, अहंकार (मैं का भाव), स्मृति (मेमरी), अवधारणाएँ (बिलीफ सिस्टम), संस्कार (स्ट्रॉंग बिलीफ सिस्टम), हमारे सारे अनुभव, हमारे द्वारा ली गई सारी जानकारी, वृत्तियाँ (आदतें, टेंडेंसीज़, पैटर्नस्), भावनाएँ और भी बहुत से प्रोग्राम। हिंदी में इसे चित्त कहा जाता है। आजकल इसे ह्यूमन इलेक्ट्रोमैग्नेटिक फील्ड भी कहते हैं। कुछ समझ आया?

अक्षत – यार बड़ी भारी नॉलेज है ये। ऐसा करते हैं एक कप कॉफी और पीते हैं।

शिवम – देख, तेरी एक और टेंडेंसी निकलकर आई। कुछ स्ट्रेसफुल सामने आए या कुछ समझ न आए तो चलो कॉफी पीते हैं मगर अब हम किसी टेंडेंसी के चक्कर में नहीं फँसेंगे, पहले उसे समझेंगे। चल थोड़ा बाहर घूमते हैं, समुद्र किनारे।

शिवम और अक्षत जुहू चौपाटी आ गए और चहल कदमी करने लगे। अक्षत के अंदर शिवम द्वारा समझाई गई बातें घूम रही थीं, जो उसे कनफ्यूज कर रही थीं। शिवम समझ गया कि उसे अक्षत को किसी दूसरे तरीके से सब कुछ समझाना पड़ेगा क्योंकि अगर वह चित्त नहीं समझा तो चित्त की वृत्तियों का निरोध भी समझ नहीं पाएगा। समस्या को समझ लेना उसके हल तक पहुँचाने का पहला कदम है और शिवम यही कदम उठाने जा रहा था।

3

चित्त – हमारा सॉफ्टवेयर सिस्टम

जुहू बीच पर शिवम और अक्षत बैठे हुए मुंबई की प्रसिद्ध भेलपुरी का आनंद ले रहे थे। शिवम आसमान को देखते हुए कुछ सोच रहा था और फिर ज़ोर से हँस पड़ा।

अक्षत – किस बात पर इतनी हँसी आ रही है हमें भी तो बताओ।

शिवम – ऐसे ही सोच रहा हूँ कि भगवान ने इंसान के रूप में एक कंप्यूटर बनाया और उस कम्प्यूटर (हम इंसानों) ने मशीन के रूप में कंप्यूटर बना लिया।

अक्षत – क्या कह रहे हो, इंसान और कंप्यूटर? क्या समानता है दोनों में?

शिवम – क्या नहीं है। देख, एक पूरा कंप्यूटर सिस्टम बेसिकली दो भागों में बँटा होता है। हार्डवेयर और सॉफ्टवेयर। हार्डवेयर वह हिस्सा है, जिसे हम छू सकते हैं, देख सकते हैं। वही सॉफ्टवेयर वह हिस्सा है, जिसे हम देख नहीं सकते लेकिन फिर भी वह उपस्थित है और काम कर रहा है। उसके बिना कंप्यूटर खाली बेकार डिब्बा है, क्यों सही बात है न?

अक्षत – हाँ बिलकुल सही है मगर इंसान?

शिवम – ह्यूमन सिस्टम भी तो ऐसा ही है। भौतिक शरीर उसका हार्डवेयर है और चित्त उसका सॉफ्टवेयर सिस्टम है। मस्तिष्क को CPU समझ लो, हमारा सेंट्रल प्रोसेसिंग सिस्टम। इंद्रियाँ जैसे आँख, नाक, कान, त्वचा ये हैं इनपुट-आउटपुट

डिवाइस की-बोर्ड, माउस, स्क्रीन जैसी हैं। वे बाहर की दुनिया से डेटा लेती हैं और देती हैं। जैसे अभी हम दोनों बहुत देर से बातें कर रहे हैं, एक-दूसरे की बातें सुन रहे हैं तो यह जो आँख, कान, मुँह से डाटा का लेन-देन हो रहा है, यह हमारे चित्त के अंदर जा रहा है। जिस पर हम ज़्यादा ध्यान देंगे, ज़्यादा फोकस करेंगे वह मेमरी में यानी हमारे डाटा बैंक में स्टोर हो जाएगा और बाकी ऐसे ही निकल जाएगा।

अक्षत – जैसे एक दिन में हम न जाने कितने लोगों के चेहरे देखते हैं मगर हमें सब याद नहीं रहते, जिन पर हम ज़्यादा ध्यान देते हैं, वे ही याद रह जाते हैं।

शिवम – बिलकुल ऐसा ही अंदर आई इनफार्मेशन के साथ होता है। जिस पर ज़्यादा फोकस होगा, वह साथ ठहर जाएगी। बाकी थोड़े समय बाद रिलीज हो जाएगी।

अब चित्त को आगे समझ। हमारा मन चित्त का वह हिस्सा है, जो उस डेटा पर बहुत सारी प्रोसेसिंग करता रहता है, हमारे सामने ऑप्शन्स पेश करता है। जैसे यह सही है या वह सही है। बुद्धि उस डेटा को प्रोसेस करके निर्णय लेती है कि एग्जॅक्टली क्या करना है और अहंकार उस पर 'मैं' का टैग लगा देता है। मैंने सोचा, मैंने निर्णय लिया, मेरे साथ ऐसा हुआ, मैंने यह किया, मैं वह करूँगा।'

अब जो भी हम बार-बार करते और सोचते हैं, वे संस्कार बनकर चित्त की मेमरी में सेव हो जाते हैं, ठीक वैसे जैसे कंप्यूटर में फाइलें जमा हो जाती हैं।

अक्षत – यानी सब कंप्यूटर जैसा ही चलता है?

शिवम – हाँ बिलकुल। अच्छा, एक बात बता कोई कंप्यूटर कब स्लो होता है या हैंग होता है, जब लोग कहते हैं कंप्यूटर ढंग से काम नहीं कर रहा?

अक्षत – जब उसमें एक साथ ज़रूरत से ज़्यादा प्रोग्राम चलते हैं तो वह स्लो हो जाता है या बैकग्राउंड में बेकार के प्रोग्राम रन होते रहते हैं, जो इसकी मेमरी और स्पीड खाते हैं या फिर कोई वायरस आ जाता है।

शिवम – बिलकुल सही बात। ह्यूमन सिस्टम में भी तब समस्या आती है, जब हमारे चित्त में ढेर सारे प्रोग्राम एक साथ चलते रहते हैं। चिंता, डर, अपेक्षा, पछतावा, क्रोध, बेकार की बड़बड़, अनावश्यक विचार ये सब बैकग्राउंड प्रोग्राम हैं जो हमारी RAM(रैंडम एक्सेस मेमरी) को घेर लेते हैं। RAM को चित्त का सबसे ऊपरी स्तर समझ लो, जिसे बहुत जल्दी और आराम से एक्सेस किया जा सकता है। हमारे रोज़मर्रा के काम-धाम, रूटीन थिंकिंग इसी स्तर से होते हैं। जैसे अपने घर में हम सुबह उठकर ऑफिस जाने तक के सब काम बिना सोचे-समझे रूटीन की तरह

आराम से कर लेते हैं। लेकिन अगर हम किसी दूसरे के घर में जाए या होटल में रहे तब हमारा यह रूटीन थोड़ा डिस्टर्ब होता है। तब हमें सजगता के साथ काम करने पड़ते हैं।

अक्षत – जैसे अपने घर में रात को लाइट जाने के बाद भी हम अंधेरे में सही जगह पर पहुँच जाते हैं क्योंकि पूरा नक्शा हमारे चित्त के ऊपरी स्तर पर छपा हुआ होता है लेकिन अनजान जगह पर ऐसा नहीं कर पाते। ठीक है न?

शिवम (हँसते हुए) – बिलकुल सही पकड़ा है तूने।

अक्षत – तो क्या ऐसे विचार भी हमें नुकसान देते हैं?

शिवम – नहीं ये तो हमारी सहायता करते हैं और हम इनसे चिपकते भी नहीं। बेकार के विचार वे होते हैं, जब कोई समस्या आने पर आने लगते हैं। जैसे अब क्या होगा, कैसे यह काम होगा, नहीं हुआ तो क्या होगा, लोग क्या कहेंगे? ऐसे अनावश्यक विचारों से जब हमारी RAM ज़रूरत से ज़्यादा भर जाती है तो कंप्यूटर की तरह हमारा सिस्टम भी स्लो या हैंग हो जाता है। हमें लगता है शरीर में एनर्जी ही नहीं बची, ज़िंदगी भारी हो गई है।

शिवम की बात सुनकर अक्षत गंभीर हो जाता है। शिवम उसके कंधे पर हाथ रखता है और गहराई से समझाता है।

शिवम – अक्षत, तू देख रहा है न कि बाहर से सब ठीक लग रहा है। करियर, पैसा, पहचान... फिर भी अंदर कोई चीज़ लगातार थकी हुई सी रहती है। असल में समस्या शरीर या परिस्थितियों में नहीं होती, समस्या चित्त के सॉफ्टवेयर में होती है। जैसे कंप्यूटर नया हो, हार्डवेयर बढ़िया हो लेकिन अगर उसमें पुराने, खराब या बेकार प्रोग्राम्स भरे हों तो वह बार-बार हैंग करेगा। बिलकुल वैसे ही हमारा चित्त बचपन से लेकर आज तक जो भी अनुभव करता है, उसे बिना छाँटे सेव करता चला जाता है। हर अपमान, हर डर, हर अधूरी इच्छा, सब कुछ मेमरी में जमा हो जाता है। अब ध्यान दें, जब कोई परिस्थिति आती है तो तू उसे सीधे नहीं देखता बल्कि अपने पुराने डेटा के फिल्टर से देखता है। किसी ने थोड़ा सा भी कुछ कह दिया और भीतर वही पुरानी फाइल खुल जाती है, 'मेरी कोई कदर नहीं... मैं उतना नहीं कर रहा हूँ जितना करना चाहिए... मुझे उतना फल नहीं मिला जितना मिलना चाहिए।'

यह कोई नई समस्या नहीं, यह बस पुराने प्रोग्राम का ऑटो रन है। इसी वजह से एक ही स्थिति में कोई शांत रहता है और कोई टूट जाता है। फर्क बाहरी घटना

में नहीं, चित्त के प्रोग्राम में होता है। जो भी इंसान डिप्रेशन, एंजाइटी, स्ट्रेस, टेंशन से जूझ रहा है, समझ लो उसके अंदर कोई न कोई ऐसा बेकार का प्रोग्राम ऑटो मोड में रन हो रहा है, जिसका उसे पता भी नहीं।

अक्षत – तो फिर इसका सोल्यूशन क्या है?

शिवम – वही सोल्यूशन है, जो स्लो और हैंग कंप्यूटर को वापस दुरुस्त करने के लिए यूज किया जाता है। उन सभी बेकार की ऐप्स और प्रोग्राम्स को देखना, जो सिस्टम को हानि पहुँचा रही हैं। फिर उन्हें बंद कर, सिस्टम से डिलीट कर देना। यही काम करते हैं ऋषि पतंजलि का अष्टांग योग मार्ग।

ये योग सूत्र हमारे अंदर कोई नई चीज़ नहीं जोड़ते। बस अनावश्यक ऐप्स बंद कर देते हैं। ध्यान में बैठने से, माइंडफुलनेस, होशपूर्ण जीवन जीने से अनवॉन्टेड बैकग्राउंड प्रोसेस रुकते हैं यानी मन में चलनेवाले बेकार के विचार रुक जाते हैं। वैराग्य से पुराने बेकार सॉफ्टवेयर अनइन्स्टॉल होते हैं और विवेक बुद्धि एंटीवायरस की तरह गलत पैटर्न, वृत्ति पकड़ लेती है, जिसे हम होशपूर्वक खुद से दूर कर देते हैं।

योग सूत्र का उद्देश्य चित्त को शांत करना है। उसमें से दुःख की मेमरी, टेंडेंसी को हटाना, बिलीफ सिस्टम डिलीट करना। जब ऐसा हो जाता है तब हमारे अंदर न हार्डवेयर की समस्या रहती है, न सॉफ्टवेयर की। यही पतंजलि का 'चित्त वृत्ति निरोध' है, यही असली सुकून है।

अक्षत – यह योग तो बहुत प्रैक्टिकल है।

शिवम – हाँ, योग बहुत व्यावहारिक है। वह यह नहीं कहता कि सोचो मत बल्कि यह कहता है कि हर सोच को चलने मत दो। तुम्हारे चित्त में वही सोच चलनी चाहिए, जिसे तुम चुनो। पतंजलि योग में ध्यान का मतलब है अपनी RAM को बेकार के विचारों और स्मृतियों से खाली करना। जब कोई शांति से बैठकर साँस पर ध्यान करता है तो अनजाने में बहुत से बैकग्राउंड प्रोग्राम बंद होने लगते हैं। प्राणायाम सिस्टम को ठंडा करता है, जिससे ओवरहीटिंग यानी बेचैनी कम होती है। और विवेक, यह सबसे ज़रूरी है जो हमें सिखाता है कि कौन सा विचार वायरस है और कौन सा ज़रूरी फाइल।

वैराग्य को लोग गलत समझते हैं। वैराग्य का मतलब सब छोड़ देना नहीं बल्कि जिस ऐप की ज़रूरत नहीं, जो हमारा नुकसान कर रही है, उसे छोड़ देना वैराग्य है। जब हम बार-बार किसी उम्मीद, किसी पहचान, किसी नतीजे को पकड़े

रहते हैं तो वही ऐप बैकग्राउंड में चलता रहता है। उससे जुड़े विचार आते रहते हैं और चित्त कभी खाली नहीं होता।

जब ध्यान, धारणा, अभ्यास, वैराग्य जैसी टेकनीक्स अप्लाय करने से चित्त साफ होने लगता है तब एक दिन ऐसा आता है, जब कोई भी प्रोग्राम अपने आप नहीं चलता। स्क्रीन साफ रहती है। उस स्थिति में न तनाव रहता है, न डर। बस आनंद ही आनंद रहता है।

अक्षत – अच्छा एक बात बता, इस पूरी ऐनालॉजी में विचार कहाँ हैं? वे कैसे पैदा होते हैं और क्या करते हैं? मैं इसे ज़रा अच्छे से समझना चाहता हूँ।

अब शिवम अक्षत को विचारों के बारे में समझाने जा रहा था।

4

विचार क्या हैं और कहाँ हैं

हमारे चित्त के दो हिस्से हैं, जिनके बारे में हम सबसे ज़्यादा बात करते हैं, जिन्हें सबसे ज़्यादा महसूस करते हैं लेकिन फिर भी उन्हें गहराई से नहीं समझते, वे हैं हमारा मन (विचारों का बैच/समूह) और भावनाएँ। अब अक्षत शिवम से इन्हीं दो महत्वपूर्ण विषयों की समझ लेने जा रहा था।

शिवम – विचार मन में उठनेवाला एक संवाद है, जो हम खुद के साथ करते हैं यानी मेंटल कन्वर्सेशन। अंदर चलनेवाली रनिंग कमेंट्री। कुछ काम के सिलसिले में, कुछ दूसरों के सिलसिले में और कुछ अपने बारे में। जैसे 'ये सही है, ये गलत है, मेरे साथ ऐसा क्यों हुआ, उसने मुझे ऐसा क्यों कह दिया, अब मैं उसे नहीं छोड़ूँगा, यह दुनिया कितनी बोर है, यहाँ कोई अपना नहीं, आगे मेरा क्या होगा?' ऐसा ही कुछ बस नॉन स्टॉप चलता रहता है।

विचार चित्त में चलनेवाला ऑटोमैटिक प्रोसेस है। जो आते-जाते रहते हैं। अगर उन पर ज़्यादा ध्यान न दिया जाए, उन्हें पकड़कर बैठा न जाए तो ये आसानी से चले भी जाते हैं। लेकिन अगर उन्हें पकड़कर रखें तो वे स्मृति में जमा हो जाते हैं।

अक्षत – जैसे?

शिवम – जैसे सुबह बिस्तर पर एक विचार आया, 'अरे लेट हो रहा है, जल्दी उठता हूँ वरना ऑफिस को लेट हो जाऊँगा' इस विचार ने तुझे उठा दिया और फिर इस विचार की ज़रूरत नहीं रही, वह चला गया। फिर ऑफिस गया जहाँ पर तुझे

पता चला कि तेरे किसी असाइनमेंट का क्रेडिट तेरे बॉस ने ले लिया। फिर एक स्ट्राँग विचार सामने आया, 'मेरे साथ हमेशा ऐसा ही होता है। काम मैं करता हूँ, फल कोई और ले जाता है।' अब तू इस विचार से चिपक गया, पुराने ऐसे सभी एक्सपीरियंसेस याद करने लगा। अब यह विचार जल्दी नहीं जाएगा बल्कि मान्यता (बिलीफ) बनकर मेमरी में जमा हो जाएगा। जो विचार बार-बार दोहराए जाते हैं, वे हमारे बिलीफ सिस्टम बन जाते हैं।

अक्षत – अरे यार! तू मन भी पढ़ने लगा क्या? तू मेंटलिस्ट हो गया क्या? सच में मेरा बॉस मेरे काम का क्रेडिट ले लेता है और मैं ठीक यही सोचता हूँ।

शिवम (हँसते हुए) – यह एग्जांपल तो यूनिवर्सल है मेरे भाई! ज़्यादातर बॉस ऐसा ही करते हैं और लगभग सारे एम्प्लॉई ऐसा ही सोचते हैं।

देख, जैसे जब कंप्यूटर ऑन होता है तो ढेर सारे प्रोसेस अपने आप शुरू हो जाते हैं। उनमें से कुछ ज़रूरी होते हैं, कुछ बेकार। ठीक ऐसे ही जैसे जब हम जागते हैं, चित्त में अपने आप विचार उठने लगते हैं। इनमें से कई ऑटो स्टार्ट प्रोग्राम होते हैं, जो पुराने संस्कारों से जुड़े रहते हैं। जैसे ही कोई ट्रिगर मिलता है, वही पुरानी सोच फिर से चल पड़ती है। असल में हम जान-बूझकर विचारों को पैदा नहीं करते, वे खुद से चल पड़ते हैं। हम बस उन्हें चलने की अनुमति देते हैं क्योंकि हम उनके लिए अवैर नहीं रहते।

ये भी जान ले, विचार RAM* (सतही मन) में चलते हैं, हार्ड डिस्क में नहीं। RAM खाली हो तो सिस्टम तेज़ चलता है, RAM भरी हो तो हैंग करता है। जब तू हर विचार को सच मान लेता है, उससे जुड़कर, उस पर रिएक्शन करता है तो मानो तू उसे हाई प्रायोरिटी दे देता है। फिर वे RAM में हमेशा रहते हैं और उसे व्यस्त कर देते हैं। चिंता, डर, पछतावे, गुस्से से जुड़े विचार ऐसे ही इंफाइनाइट लूपवाले (अनंत चक्र में फँसे हुए) प्रोग्राम हैं, जो खुद ही चलते रहते हैं और हमारे सिस्टम को थका देते हैं।

अब हार्ड डिस्क को अलमारी समझ ले। वहाँ पुरानी फाइलें, फोटो, दस्तावेज

**शिवम ने आज की भाषा में कितनी सरलता से चित्त को समझा दिया। पाठकों की समझ के लिए थोड़ा बता दें कि कंप्यूटर में RAM यानी रैंडम एक्सेस मेमरी वह जगह है, जहाँ वर्तमान के समय जो काम चल रहा है, वही रहता है। जैसे अभी स्क्रीन पर जो खुला है, वही RAM में रहता है। इसलिए वहाँ अगर एक साथ बहुत सारे फाइल्स खुले हों तो कंप्यूटर स्लो हो जाता है।)*

रखे रहते हैं। वे अभी इस्तेमाल नहीं हो रहे हैं लेकिन ज़रूरत पड़ते ही निकाले जा सकते हैं।

वर्तमान के विचार RAM जैसे हैं, जो अभी मन में चल रहे हैं। संस्कार, मान्यताएँ, पुराने अनुभव हार्ड डिस्क जैसे हैं जो भीतर जमा हैं। कभी किसी परिस्थिति या घटना से ट्रिगर होकर कोई पुराना अनुभव, स्मृति मन की RAM में आ जाती है तब उसी के बारे में विचार चलने लगते हैं। अब मान लीजिए, किसी से झगड़ा हो गया या कोई बुरी घटना हो गई तो उससे जुड़े नए, पुराने, सभी विचार बार-बार मन में चलते रहेंगे, जिससे हमें मन भारी लगने लगता है।

शिवम की बात सुनकर अक्षत कुछ सोचने लगा, फिर बोला-

अक्षत - अब मैं अपने अंदर चलनेवाले विचारों को पकड़ पा रहा हूँ मगर मुझे इमोशन्स पर क्लैरिटी नहीं मिल रही है। क्या इमोशन्स और थॉट्स अलग-अलग हैं या दोनों एक ही हैं? क्योंकि मैं देखता हूँ हमारे थॉट्स ही हमें बेचैन करते हैं, दुःखी करते हैं, परेशान करते हैं?

अब अक्षत चित्त के एक और हिस्से को समझना चाह रहा था, जिसका हमारे जीवन में बहुत महत्वपूर्ण स्थान है। वह हैं हमारे इमोशन्स यानी भावनाएँ। अब शिवम भावनाओं का रहस्य खोलने जा रहा था।

5

भावनाएँ और उनका हम पर असर

शिवम और अक्षत समुद्र किनारे बैठे हुए थे। बात करते-करते कब शाम हो गई, पता ही नहीं चला। दोनों डूबते हुए सूरज को देख रहे थे। सूरज की गहरी लालिमा से समुद्र की लहरें नारंगी हो चली थी। उस दृश्य को देखकर शिवम कहने लगा-

शिवम – तुम भावनाओं के बारे में समझाना चाहते थे न? देखो, क्या चल रहा है? विचार, भावना, शरीर का खेल।

अक्षत – सामने तो सूरज डूब रहा है।

शिवम – डूबता सूरज हमें विचार और भावनाओं का संबंध दिखा रहा है। देखो यह जो आकाश है न, इसे समझ लो हमारा चित्त। इस वक्त आकाशरूपी चित्त में सूरजरूपी एक गहरा विचार छाया हुआ है, जिसने बाकी सभी विचारों को पीछे छोड़ दिया। उस गहरे विचार के असर से नारंगी प्रकाशरूपी भावनाएँ सागर तक पहुँच रही हैं और उसे अपने रंग में रंग रही हैं।

अक्षत – सागर क्या है?

शिवम – सागर को समझ, हमारा शरीर। जब हमारे अंदर एक स्ट्राँग विचार उठता है तो उसका असर भावना (इमोशन) कहलाता है, जो शरीर पर संवेदनाओं यानी फीलिंग्स के रूप में महसूस की जा सकती हैं। जैसे सागर सूरज की किरणों के प्रभाव

से लाल दिख रहा है। ऐसे ही विचारों का भावनात्मक प्रभाव शरीर में दिखाई देता है।

शिवम की बात सुनकर अक्षत मौन रहा। वह अभी भी भावनाओं को समझने की कोशिश कर रहा था तभी शिवम को कुछ याद आया।

शिवम – अच्छा, तुझे याद है कॉलेज में जब फर्स्ट ईयर के एग्जाम हुए थे तो रिजल्ट आने से पहले तेरी क्या हालत हुई थी?

अक्षत – वह एक्सपीरियंस मैं कैसे भूल सकता हूँ? आज भी उसके सपने आ जाते हैं, जो मुझे और डराते हैं। रिजल्ट आने से पहली रात कितनी तबीयत खराब हो गई थी मेरी, लूज मोशन्स, वोमिटिंग... ऍडमिट होना पड़ा था।

शिवम – हाँ तो अपने जीवन के उस अनुभव को याद कर कि तब तुझे क्या-क्या थॉट्स आ रहे थे?

अक्षत – फर्स्ट ईयर में बिलकुल पढ़ाई नहीं की थी। पेपर अच्छे नहीं गए थे। फेल होने का डर था और पापा ने कह दिया था, अगर फेल हुआ तो वापस बुला लेंगे, आगे नहीं पढ़ाएँगे। बस इसी बात से डर गया था। सारा दिन सोचता था, फेल हो गया तो क्या करूँगा, घर वापस जाऊँगा तो पापा कितना डाँटेंगे, पढ़ाई छुड़ाकर दुकान पर बैठा लेंगे, मेरे भविष्य का क्या होगा, लोग क्या कहेंगे?

शिवम – इन विचारों ने पैदा की डर, स्ट्रेस, एंजायटी, शर्मिंदगी की भावनाएँ, जिसने असर डाला तेरे डाइजेस्टिव सिस्टम पर। डॉक्टर तो यही कहेगा कि 'तुम्हें इनडाइजेशन हो गया, स्टमक अपसेट हो गया है', मगर प्रॉब्लेम पेट में नहीं, विचारों में पैदा हुई थी। विचारों से आई भावनाओं में और भावनाओं से आई शरीर पर।

जैसे मैं बहुत से इवेंट्स में स्पीकर बनकर जा चुका हूँ मगर आज भी स्टेज पर जाने से पहले मुझे विचार आते हैं, 'अगर मैं कुछ भूल गया तो... अगर ढंग से न बोल पाया तो...', इन विचारों से मुझे एंजाइटी होती है और मेरे पेट में बटरफ्लाई उड़ती महसूस होती है।

यही साइकल है- विचार... विचार से पैदा हुए इमोशन्स... इमोशन्स से पैदा हुई फीलिंग्स, जिनका असर शरीर पर होता है।

विचार भाषा में आते हैं और भावना फीलिंग में। विचार एक संदेश है और भावना उस संदेश का शरीर में अनुवाद। जब भी हम किसी विचार को सच मान लेते हैं, जैसे 'मुझे ठेस पहुँची है, कुछ गलत हो जाएगा, मैं सुरक्षित नहीं हूँ' तो ठीक उसी

क्षण उसके अनुरूप भावना पैदा होकर शरीर पर उतर आती है।

अक्षत – ओह! यानी हमारी बॉडी की प्रॉब्लम्स बॉडी की नहीं होती, मन की होती है?

शिवम – हाँ शारीरिक समस्याओं की जड़ चित्त में ही छिपी होती है। मेमरी में, किसी पुराने एक्सपीरियंस में, बिलीफ सिस्टम में, जो विचारों और भावनाओं के द्वारा शरीर तक पहुँच जाती है। सीने में भारीपन, पेट में खिंचाव, चेहरे पर गर्मी, आँखों में नमी, शरीर के किसी भाग में कंपन, त्वचा पर रैशेज कुछ भी हो सकता है। जैसे स्ट्रेस, चिंता, तनाव से अकसर लोगों के बाल झड़ने लगते हैं।

अक्षत – अरे! यह तो बड़ी अजीब बात है। आसमान में सूरज निकलता है और वह अपनी किरणों से समुद्र को लाल कर रहा है, वह भी इसकी इजाजत के बिना। तो इसमें समुद्र की क्या गलती? वह बेचारा तो विक्टिम (पीड़ित) बन गया न? गड़बड़ी चित्त में चल रही है मगर झेलना तो शरीर को पड़ता है, इसमें शरीर की क्या गलती?

हम इंसान खुद को बड़ी तोप मानते हैं मगर हम भी बस हार्डवेयर, सॉफ्टवेयर में बँटे हैं। जब सब कुछ ऑटोमैटिकली ही हो रहा है, फिर हमारा खुद पर कंट्रोल ही क्या है? हमारे साथ तो चित्त खेल खेल रहा है। जीवन में घटनाएँ आ रही हैं, जिन पर हमारा कोई कंट्रोल नहीं और वह हमारे अंदर जमा होकर अपनी छाप छोड़ रहे हैं। इस डाटा को मन प्रोसेस कर रहा है विचार, भावनाएँ और अलग-अलग अनुभूतियाँ दे रहा है। सुख-दुःख, निराशा, गुस्सा, तनाव, चिंता, डिप्रेशन सब चित्त का खेल है। शरीर भुगत रहा है। इसमें मैं कौन हूँ, कहाँ हूँ, मेरा क्या वजूद है?

अक्षत की बात सुनकर शिवम मुस्कुरा उठा। उसे तसल्ली हुई कि उसने जो कुछ भी बताया है, अक्षत ने उसे ध्यान से सुना तभी तो उसके मन में एक नया प्रश्न उठ खड़ा हुआ कि इस पूरे शरीर और चित्त के सिस्टम में मैं कौन हूँ, मेरा अस्तित्व कहाँ है? यह बहुत महत्वपूर्ण सवाल उठा था, जिसका जवाब अब शिवम को देना था।

6

इस हार्डवेयर-सॉफ्टवेयर का यूजर कौन

अक्षत को शिवम की यह ऐनालॉजी तो समझ आ गई थी कि हम जिसे शीशे में देखकर 'मैं' कहते हैं, दरअसल वह एक कंप्यूटर जैसी मशीन है। जो हार्डवेयर हमें दिखता है, वह एक शरीर और उसके अंदर जो कुछ सॉफ्टवेयर चल रहा है, वह है चित्त (मन, बुद्धि, स्मृति, अनुभव, भावनाएँ)। अब अक्षत के भीतर सवाल उठता है कि इन दोनों के बीच वह कौन है, उसका क्या अस्तित्व है! शिवम को इसी सवाल का जवाब देना था।

शिवम – अक्षत, तुझे एक इंटरेस्टिंग बात बताता हूँ। बात सच्ची है मगर मैं जानता हूँ, तू यकीन नहीं करेगा।

अक्षत – तू कह रहा है सच्ची है तो सच्ची ही होगी, बता क्या बात है।

शिवम – ३ साल पहले मैं अमेरिका गया था। वहाँ पर मेरी मुलाकात एक रोबोटिक प्रोफेशनल से हुई थी। उसने अपने लिए एक ऐसा रोबोट तैयार किया था, जो उसके सारे काम हैंडल कर ले। घर की सफाई, कपड़े, बर्तन धोना, पौधों में पानी डालना, सब्ज़ी काटना, रोज़ सुबह उसे अलार्म बजाकर उठा देना, सेट किए हुए रिमाइंडर देना कि कब दवाई लेने का टाइम हो गया, कब एक्सरसाइज करने का, उसके फेवरेट टी.वी. प्रोग्राम के टाइम टी.वी. ऑन कर देना आदि। अगर वह घर पर नहीं है तो माइक के ज़रिए घर पर आनेवाले इंसान को जवाब दे देना, उसके नहाने के समय पर पहले ही गीजर ऑन कर देना और भी न जाने क्या-क्या।

इस तरह से उसने अपना एक ऐसा पर्सनल असिस्टंट तैयार कर लिया था, जो उसके सारे काम इंसानों से बेहतर कर देता। बिना सवाल पूछे, बिना लापरवाही या छुट्टी किए। उसने रोबोट को इंस्ट्रक्शन्स फीड की थी। वह केवल उन्हीं इंस्ट्रक्शन्स यानी सूचनाओं का पालन करके काम करता। इस तरह से उसने अपना जीवन बहुत आसान कर लिया था। वह अपने इस क्रिएशन पर बड़ा खुश था और इसे अपना बड़ा अचीवमेंट मानता था।

कुछ समय बाद कृत्रिम बुद्धिमत्ता (AI) का विकास हुआ और उसका उपयोग करके उस इंजीनियर ने अपने रोबोट को ऐसा आत्मनिर्भर बना दिया कि अब उसे किसी इंस्ट्रक्शन की भी ज़रूरत न पड़े। वह अपने आपसे फाइंड आउट कर ले कि उसे क्या-क्या काम करने हैं और कैसे। वह रोबोटिक इंजीनियर अब ज़्यादा खुश था क्योंकि उसे रोबोट को कुछ कमांड भी नहीं देने पड़ते थे। रोबोट उसकी सोच से ज़्यादा और बेहतर काम करने लगा था।

एक साल तक यह सिस्टम बहुत बढ़िया चला। फिर एक दिन वह कुछ गड़बड़ करने लगा। ई-मेल के गलत रिप्लाई देने लगा, घर आए लोगों को उलटे-सीधे जवाब दे देता, गलत समय पर अलार्म बजा देता, गलत समय पर पानी गर्म कर देता, पौधों में ज़रूरत से ज़्यादा पानी डाल देता। सारे काम उलटे-पुलटे करने लगा। वह रोबोट जो उस इंजीनियर ने अपनी सुविधा के लिए तैयार किया था, उसने उसी की ज़िंदगी हमेशा के लिए नर्क कर दी। जब मैं पिछले साल उससे मिला तब उसने मुझे अपना दुखड़ा सुनाया कि ये रोबोट हर काम गलत कर रहा है। मैं इससे बड़ा दुःखी हूँ।

अक्षत – मगर हमेशा के लिए ज़िंदगी नरक क्यों हो गई भई? जब वह इतना इंटेलिजंट है तो अपने रोबोट को ठीक भी कर सकता है, उसका कंट्रोल अपने हाथ में ले सकता है, इसमें समस्या क्या है?

शिवम – समस्या यह हो गई कि किसी मेडिकल कंडीशन के कारण वह भूल गया कि वह रोबोट केवल उसी का क्रिएशन है। उसी ने उस रोबोट को प्रोग्राम किया है, उसे कृत्रिम बुद्धिमत्ता देकर ऑटो मोड में डाला है इसलिए केवल वही उसे सुधार सकता है। लेकिन अब उसे न कोई पासवर्ड याद थे, न कोई ऐसी तकनीक जिससे वह रोबोट का कंट्रोल अपने हाथ में ले सके या उसे शटडाउन कर सके। अब इसका नुकसान यह हुआ कि वह इंजीनियर रोबोट के हर गलत काम का नुकसान आज भी झेल रहा है।

अक्षत कुछ देर चुप रहा और शिवम को घूरने लगा, फिर बोला।

अक्षत – पक्के से तुम मुझे यह कहानी बनाकर सुना रहे हो। यह सच्चाई हो ही नहीं सकती।

शिवम – यह सौ प्रतिशत सच्ची घटना है। मैंने पहले ही कहा था, बात सच्ची है मगर तुम्हें यकीन नहीं होगा। दरअसल यह कहानी हर इंसान की है, जिसने अपने चित्तरूपी सॉफ्टवेयर, शरीररूपी हार्डवेयर को मिलाकर एक रोबोट बनाया। उसे खुद से प्रोग्राम किया और फिर पीछे हट गया। अब वह रोबोट ऑटोमैटिक मोड में रन हो रहा है, मनमर्ज़ी कर रहा है लेकिन इंसान का उस पर कोई कंट्रोल ही नहीं क्योंकि वह भूल गया है कि रोबोट केवल एक मशीन है और उसे चलानेवाला यूज़र, कंट्रोलर, प्रोग्रामर कोई और है।

तुमने मुझसे पूछा था न इस चित्त शरीर, मन, बुद्धि के खेल में मैं कहाँ हूँ? इस खेल को बनानेवाले तुम हो और उससे खेलनेवाले भी तुम ही हो मगर तुमने इन्हें ऑटो मोड में डाल रखा है, इनसे अपना कंट्रोल हटा लिया है। इस वजह से ये तुम्हारे द्वारा जमा की गई जानकारी के आधार पर आपस में खुद से ही खेल को आगे बढ़ा रहे हैं।

अक्षत – तुम कहना क्या चाह रहे हो, मेरे जीवन में जो कुछ भी हो रहा है, वह मेरी वजह से ही है?

शिवम – बिलकुल तुम्हारे द्वारा जमा की गई जानकारी और उसके आधार पर तुम्हारे द्वारा लिए गए निर्णय, तुम्हारे द्वारा किए गए कर्मों के कारण आए हुए परिणाम तुम्हारे सामने आ रहे हैं।

अक्षत – तुम्हारा कहना है कि मेरे जीवन का आधार वह सारी जानकारी है, जो मैं बाहर से ले रहा हूँ। मगर मुझे यह बात अभी भी समझ नहीं आ रही है, जो जानकारी मेरे चित्त में जमा हो रही है, उसके लिए मैं कैसे ज़िम्मेदार हूँ? हमारे आस-पास इतनी घटनाएँ घट रही हैं, हमारे साथ लोग अलग-अलग तरह का व्यवहार कर रहे हैं, हमें अलग-अलग अनुभव हो रहे हैं, जो मेरे अपने हाथ में नहीं। फिर मैं चित्त की गतिविधियों का ज़िम्मेदार कैसे हुआ?

अक्षत की बात अपनी जगह सही थी। हमारे सामने की घटनाओं, दृश्यों के लिए हम तो ज़िम्मेदार नहीं, दुनिया में इतना कुछ चल रहा है, हिंसा, युद्ध, बुराइयाँ जो हमारे जीवन पर बहुत बुरा असर डाल रही हैं मगर उनके लिए भी हम ज़िम्मेदार नहीं। यदि ऐसा है तो हमारे अंदर इन सब चीज़ों को देखकर डर, असुरक्षा, चिंता या तनाव आते हैं तो यह हमारा क्रिएशन कैसे हुआ? इसी पहेली को शिवम आगे सुलझाने जा रहा था।

7

पलट तेरा ध्यान किधर है

ज़्यादातर लोग सोचते हैं कि अगर हम जीवन में कुछ परेशानी, तनाव, चिंता, कमी, दुःख, डिप्रेशन महसूस कर रहे हैं तो उसके ज़िम्मेदार हम नहीं, दूसरे लोग हैं, बाहरी परिस्थितियाँ हैं। हम तो दूसरों की करनी के शिकार हैं। इस तरह से वे पीड़ित मानसिकता में रहते हैं। मगर क्या वाकई यह सच है या हमारी गलतफहमी? इसी रहस्य से शिवम आगे परदा उठाने जा रहा था।

शिवम – अच्छा अक्षत, ज़रा याद करो उस क्षण को, जब तुम कैफे में बैठे हुए थे और मैंने तुम्हें कहा था, बाहर की आवाज़ें सुनो तब तुम्हें एक गाना सुनाई दिया था, जिसने तुम्हारे पैरेंट्स से जुड़ी मेमरी एक्टिवेट की थी। कौन सा गाना था वह?

अक्षत – गोरे रंग पे ना इतना गुमान कर।

शिवम – अच्छा, इस गाने से पहले कौन सा गाना चल रहा था?

अक्षत – इससे पहले... पता नहीं। मैंने नहीं सुना था।

शिवम – कोई बात नहीं। चलो यह बताओ इसके बाद कौन सा गाना चला था?

अक्षत – मैंने तो इसके बाद का गाना भी नहीं सुना। तुम कैफे में आ गए थे और फिर हम बातों में लग गए थे।

शिवम – अब ज़रा इसे समझो, तुमने एक गाना सुना मगर उससे पहले भी गाना बज रहा था और उसके बाद भी बजा, जो तुमने नहीं सुना। क्यों? गाना भी था, तुम्हारे पास

कान भी थे, तुम एक ही जगह बैठे हुए थे, फिर भी कुछ नहीं सुना, ऐसा क्यों हुआ?

अक्षत (कुछ सोचते हुए) – पता नहीं।

शिवम – इसका कारण है कि हम वही जानकारी ग्रहण करते हैं, जिस पर ध्यान देते हैं। हम कहते हैं न कि कान सुनते हैं, आँखें देखती हैं मगर ऐसा नहीं है। हमारी कोई भी इंद्रिय अकेले कुछ नहीं कर सकती। वह तभी कुछ रिसीव करती है, जब उसके साथ हमारा ध्यान जुड़ा हो। और ध्यान को कहाँ लगाना है, कहाँ नहीं, यह हम ही तय करते हैं। हमारे ध्यान पर हमारा कंट्रोल होता है।

अब इस पूरे सिस्टम को एक बड़े दृष्टिकोण से देखो। वह हम ही हैं, जो नकारात्मक चीज़ों पर ध्यान देकर उन्हें अपने चित्त में आमंत्रित करते हैं, उन्हें जमा करते हैं। फिर उन नकारात्मक डाटा के आधार पर गलत बिलीफ सिस्टम और टेंडेंसी बनाते हैं। जिससे हमारे अंदर विचार भी नकारात्मक ही चलते हैं, जो हमारे शरीर पर भी भावनाओं के ज़रिए बुरा प्रभाव डालते हैं।

अब देख, आजकल सभी के फोन में यू-ट्यूब ऐप है, जिस पर हर तरह का डाटा, हर तरह की जानकारी मौजूद है। अच्छी भी, बुरी भी। आध्यात्मिक भी और वासनाओं को बढ़ानेवाली भी। एक घर में उस यू-ट्यूब पर हनुमान चालीसा या भजन चलाए जाते हैं, जिससे घर की ऊर्जा सकारात्मक और भक्तिमय होती है। उसी यू-ट्यूब पर किसी दूसरे घर में गीता का पाठ सुना जा रहा है और ज्ञान बढ़ाया जा रहा है। उसी यू-ट्यूब पर एक इंसान दुनिया में चल रहे दो देशों के बीच लड़ाई, भ्रष्टाचार, हिंसा की खबरें सुन रहा है और डर रहा है कि इस दुनिया का क्या होगा? हमारे बच्चे इस धरती पर कैसे रहेंगे? उसे उसके अंदर डर, असुरक्षा, चिंता के विचार पैदा हो रहे हैं। इसी यू-ट्यूब पर कोई देख रहा है कि स्वस्थ रहने के लिए कैसा आहार होना चाहिए, कौन सी एक्सरसाइज करनी चाहिए। वह अपने जीवन में स्वास्थ्य को आमंत्रित कर रहा है यानी एक ही सोर्स से सब अलग-अलग तरह की जानकारी ले रहे हैं, जिसका उनके जीवन पर अलग-अलग प्रभाव पड़ रहा है।

अक्षत – यह तो सही बात है। मेरी मम्मी भी यू-ट्यूब पर हर वक्त कोई न कोई प्रवचन सुनती रहती है। वहीं मेरे पापा सारा दिन न्यूज़ से चिपके हुए बड़बड़ाते रहते हैं- यहाँ बुरा हो रहा है, वहाँ बुरा हो रहा है।

शिवम – यही जवाब है तेरी बात का। परिस्थितियाँ, जानकारियाँ सबके लिए लगभग बराबर ही होती हैं मगर वह उनमें से कौन सी जानकारी लेकर अपने चित्त में जमा करता है, यह केवल उसके ध्यान पर, उसके चयन पर निर्भर करता है। देख,

आजकल डिजिटल क्रांति का दौर है। झूठा फेक डाटा प्रसारित करके लोगों की धारणाएँ बदली जा सकती हैं, कलेक्टिव रूप से उनके अंदर डर, असुरक्षा, नफरत से भरे हिंसात्मक विचार पैदा किए जा सकते हैं। ये ट्रेंड आजकल पूरी दुनिया में देखने को मिल रहा है। ऐसा इसलिए हो रहा है क्योंकि लोगों ने किसी भी जानकारी को लेते हुए जागरुक रहना छोड़ दिया है।

आज के समय में अंदर आ रही जानकारियों और उसके साथ होनेवाली चित्त की प्रोसेसिंग के प्रति सचेत रहकर यह जानना ज़रूरी है कि अगर हमारे साथ कुछ गलत चल रहा है तो उसके ज़िम्मेदार हम खुद हैं। कुछ ऐसा डाटा अपने अंदर जमा कर लिया है, जो हमारे जीवन में नकारात्मक चीज़ों को आकर्षित कर रहा है। इसलिए यह समझना बहुत ज़रूरी है क्योंकि जब हम अपनी ज़िम्मेदारी लेते हैं तभी अपनी स्थिति को सुधार सकते हैं।

तुम कहते हो, तुम्हें जीवन में कुछ कमी लगती है, जीवन बहुत बोझिल लगने लगा है तो सबसे पहले इस बात को स्वीकार करना होगा कि मैंने ही कुछ गलत चीज़ों पर फोकस करके, अपने अंदर कुछ ऐसा स्टोर किया है, जिससे मेरे अंदर ऐसे विचार, ऐसी भावनाएँ पैदा हो रही हैं जिससे बेवजह ही ज़िंदगी बोझिल लगने लगी है और फिर इन्हें दूर करने की भी ज़िम्मेदारी लेनी होगी। वह हम ही हैं, जो अपनी ज़िंदगी को नर्क भी बना सकते हैं और स्वर्ग भी।

इतना कहकर शिवम चुप हो गया और अक्षत गहरी सोच में डूब गया। शिवम ने उसे थोड़ी देर इस सच्चाई के साथ रहने दिया, फिर धीरे से बोला-

शिवम – मेरे भाई! हमारा ध्यान, हमारी अटेंशन, हमारी अवैरनेस ही वह लगाम है, जो हमारे जीवन को फिर से कंट्रोल में कर सकती है। अगर इस लगाम को हमने अपने हाथों में नहीं रखा और छोड़ दिया तो इसे हमारी टेंडेंसी थाम लेगी। वह हमारी मालिक बन जाएगी। फिर वह हमारा जीवन अपने हिसाब से चलाएगी, हमसे बिना पूछे। इसीलिए ऋषि पतंजलि ने चित्त को समझने पर और उसकी वृत्तियों को पहचानकर, उन्हें शांत करने पर जोर दिया। इसी पर उन्होंने पूरा ग्रंथ लिख डाला।

अक्षत – सच कहूँ तो अब तक मैं अपनी हालत का ज़िम्मेदार हमेशा दूसरों को ही ठहराता था। कभी अपने बॉस को, कभी अपने पैरेंट्स को, कभी इस दुनिया को, कभी भगवान को... आज मुझे पहली बार एहसास हो रहा है कि मैंने कभी अपनी ज़िम्मेदारी खुद नहीं ली मगर अब मैं तैयार हूँ लेने के लिए। इसके लिए मुझे क्या करना होगा?

शिवम – ऋषि पतंजलि ने इस बात का जवाब स्टेप बाय स्टेप दिया है। उन्होंने पहले चित्त को समझाया है, फिर इसे शांत करने के तरीके भी बताए हैं। इसकी शुरुआत करनी होगी सबसे पहले अपने चित्त का आकलन करने से। उसकी हर हलचल को, हर हरकत को देखना होगा। कैसे हमारा ध्यान किस इंद्रिय से जुड़ता है; कैसे हम उससे कोई सिग्नल यानी डेटा लेते हैं; कैसे वह हमारे चित्त में दबी मेमरीज़ को एक्टिवेट करता है या फिर एक नई मेमरी जोड़ देता है; कैसे उससे विचार पैदा होते हैं। फिर वे विचार भावनाएँ पैदा करते हैं और भावनाएँ शरीर पर असर डालती हैं। कब कौन सी टेंडेंसी पैदा होकर हमारी लगाम अपने हाथ में ले लेती है। ये सब सिर्फ होते हुए पूरे साक्षी भाव से देखना होगा, बिना किसी रेजिस्टंस के, बिना किसी जजमेंट के। अगर चित्त को समझ लिया तो समझ लो आधी जंग जीत ली।

अक्षत – तेरी इस बात पर मुझे प्रोफेसर दुबे की बात याद आ गई, जो कहा करते थे- अगर प्रॉब्लम अच्छे से समझ ली तो समझ लो सोल्यूशन मिल गया। अगर इसे यहाँ अप्लाई करूँ तो कहा जाएगा, अगर चित्त को समझ लिया तो समझो उसे शांत भी कर लिया।

शिवम (हँसते हुए) **–** अरे वाह! बढ़िया है। ऋषि पतंजलि आज जहाँ भी हैं, बहुत खुश होंगे, उन्हें एक और शिष्य मिल गया। अब आज से तुम्हारा यही होमवर्क है। हफ्तेभर तक इस चित्त की रेकी करनी है, इस पर गहरी नज़र बनाए रखनी है।

अक्षत (हँसते हुए) **–** जो आज्ञा गुरुदेव! अब चलते हैं, बहुत देर हो गई। कल मिलते हैं फिर।

शिवम – हाँ सच में बहुत देर हो गई है। अरे मगर मैं तुझसे एक ज़रूरी बात पूछना तो भूल ही गया। चल छोड़ कहीं तेरा मूड खराब न हो जाए, कल बात करेंगे।

अक्षत – अरे इतनी भी देर नहीं हुई और क्या फर्क पड़ता है। हो भी गई तो घर पर कौन बैठा मेरा इंतज़ार कर रहा है। पूछ न क्या बात है? मेरे मूड की चिंता मत कर, वह खराब नहीं होगा। अब मैंने अपने मूड का कंट्रोल अपने हाथ में ले लिया है, सो डोंट वरी। पूछ, क्या पूछना है।

चित्त के बारे में इतनी अंडरस्टैण्डिंग पाकर अक्षत आत्मविश्वास से भरा था कि अब कोई बात उसका मूड खराब नहीं कर सकती क्योंकि वह चित्त को समझ गया, वह किसी बात का असर खुद पर होने ही नहीं देगा। क्या वास्तव में ऐसा हुआ? इस खेल में किसकी जीत हुई? चित्त वृत्ति रूपी सॉफ्टवेयर की या उस यूजर अक्षत की, जो उसे ऑपरेट कर रहा था? जानेंगे, अगले अध्याय में।

8

अभ्यास का आरंभ

शिवम और अक्षत चहलकदमी करते हुए समुद्र का किनारा छोड़कर बाहर सड़क पर आ गए और एक कैफे में बैठ गए। दोनों ने फालूदा कुल्फी ऑर्डर की। ऑर्डर आने में अभी देर थी। अक्षत शिवम के उस सवाल का इंतज़ार कर रहा था, जिसे पूछने में वह हिचकिचा रहा था। फाइनली शिवम ने पूछ ही लिया।

शिवम (हिचकिचाहट से) – लास्ट मंथ मैं चेन्नई गया था। एयरपोर्ट पर मुझे शिवानी मिली थी।

शिवानी का नाम सुनकर अक्षत के चेहरे पर पहले एक हल्की मुस्कान आई। झूठी मुस्कान। फिर पलभर में गायब हो गई। आँखें कहीं दूर टिक गईं। जैसे मेमरी में जमा कोई पुरानी फाइल अपने आप खुल गई हो, जिसके खुलने से अक्षत असहज हो रहा था। शिवम ने आगे कहना शुरू किया।

शिवम – वह बेंगलुरु जा रही थी। वहाँ जॉब करती है। पिछले साल ही शादी हुई है। बहुत खुश लग रही थी।

इतना सुनते ही अक्षत की असहजता धीरे-धीरे क्रोध का रूप लेने लगी। जो भावनाएँ बाहर नहीं आ पा रही थीं, वे अंदर ही साँसों के साथ दौड़ने लगीं। अक्षत पूरी कोशिश करने लगा, उसकी मनोदशा शिवम तक न पहुँचे। अभी तो इतना ज्ञान सुना है। वह शिवम के आगे कमज़ोर नहीं पड़ना चाहता था इसलिए सहज होने का अभिनय करते हुए बोला–

अक्षत – अच्छी बात है। हर किसी को खुश रहना ही चाहिए। अच्छा लगा सुनकर।

शिवम – देख यार! वैसे तो ये तेरा पर्सनल मैटर है, फिर भी मैं जानना चाह रहा था आखिर ऐसा हुआ क्या था, जो तुम दोनों का ब्रेकअप हुआ था? तुम दोनों के प्रेम की तो कॉलेज में मिसाल दी जाती थी। आइडियल कपल माना जाता था तुम्हें। वैसे तो मैं सब भूल गया था मगर शिवानी को देखकर मेमरी एक्टिवेट हो गई इसलिए पूछ रहा हूँ। अगर तुझे सही नहीं लगता तो जवाब मत देना।

इतना पूछकर शिवम चुप रहा। अक्षत के भीतर पुरानी फाइलें ऐसे खुलने लगीं, जैसे चार साल पुरानी नहीं, कल ही की बात हो। सीने में हल्का कसाव, जबड़ा अपने आप भींच गया।

अक्षत – देख ब्रेकअप उसने किया था, मैंने नहीं इसलिए यह सवाल तुझे उसी से पूछना चाहिए। मेरी तरफ से तो सब सही था, उसी ने मुझ पर न जाने क्या-क्या इल्ज़ाम लगा दिए। मैं डॉमिनेट करता हूँ, पजेसिव हूँ, मुझमें मेल ईगो भरा हुआ है। अब तू ही बता, मेल हूँ तो मेल ईगो आएगा ही न, इसमें कौन सी बड़ी बात हो गई?

शिवम – चल छोड़! अच्छा यह बता, क्या उसके बाद जीवन में फिर कोई नहीं आया क्या? तूने अभी तक शादी क्यों नहीं की?

अक्षत – कहावत है न दूध का जला छाछ भी फूँक-फूँककर पीता है। उस अनुभव के बाद मुझे किसी पर विश्वास ही नहीं होता। मैं तो सोसायटी में यही देख रहा हूँ, आजकल की लड़कियाँ रिश्ते नहीं निभाती। वे अपने मन की चलाती हैं। जबकि रिलेशनशिप में दूसरे का खयाल करना पड़ता है। लड़कियों का स्वभाव कमिटमेंट, प्रेम, अपनापन जैसे नहीं रहे।

शिवम – और लड़कों का?

अक्षत – वह तो पहले भी ऐसे ही थे और आज भी मगर लड़कियाँ बहुत सेल्फिश और एरोगंट हो गई हैं। मैं अकेला ही भला हूँ। अपनी मर्ज़ी का मालिक।

कहते हुए अक्षत की साँसें तेज़ हो रही थीं। आँखों में गुस्सा और अतीत की पीड़ा, सब कुछ एक साथ झलक आए। इतने में फालूदा कुल्फी आ गई मगर अक्षत से खाई नहीं जा रही थी।

अक्षत – बहुत देर हो गई यार, अब चलता हूँ। कल मिलूँगा।

शिवम – क्यों, क्या हुआ? शिवानी का नाम सुनकर मूड ऑफ हो गया?

अक्षत (झेंपते हुए) – मूड क्यों ऑफ होगा? उससे अब मेरा कोई मतलब नहीं। मैं उसे भूल चुका हूँ। बस थक गया हूँ इसीलिए जल्दी जाना चाहता हूँ।

शिवम (मुस्कुराते हुए) – बस ५ मिनट बैठ। अभी क्या हो रहा है, नोटिस कर।

अक्षत – क्या मतलब?

शिवम – अपने चित्त में झाँक और देख, वहाँ क्या उठक-पटक चल रही है। बिना रेजिस्टंस के, बिना जजमेंटल हुए बस देख। ऋषि पतंजलि इसे साक्षी भाव से देखना कहते हैं। यही उनकी पहली शिक्षा है जिसे उन्होंने 'अभ्यास' कहा है।

अक्षत – अभ्यास! मगर किस चीज़ का?

शिवम – चित्त को शांत करने का अभ्यास। जिसकी शुरुआत है, चित्त की अवस्था को, उसमें उठनेवाली तरंगों को केवल साक्षी भाव से देखना। मुझे कहीं शिवानी नहीं मिली थी। मुझे पता था, आज भी वह तेरी दुखती रग है इसीलिए मैंने उसे छुआ ताकि चित्त में ज़बरदस्त हलचल मचे और यहाँ से जाने से पहले एक प्रैक्टिकल सेशन हो जाए। इतनी थ्योरी पढ़ाई है, कुछ तो प्रैक्टिकल भी होना चाहिए न।

शिवम के कहने पर अक्षत ने ध्यान दिया।

साँस भारी थी। छाती में गर्मी थी। गुस्सा उबल रहा था। अक्षत को लगा जैसे वह अतीत के उस क्षण पर जाकर खड़ा हो गया है, जहाँ उनका ब्रेकअप हुआ था। उसे उतना ही गुस्सा आ रहा है, बेचैनी हो रही है, जितनी तब हुई थी। इंज्युअर्ड मेमरी नाग की तरह फन उठाकर बाहर आ रही थी। ढेरों नकारात्मक विचार चलने लगे हैं। जिन्हें शिवम उसके चेहरे पर, आँखों में पढ़ पा रहा था।

शिवम – देख मैंने सिर्फ एक नाम लिया और चित्त ने पूरी फिल्म चला दी। पुरानी यादें ट्रिगर हुईं, उनसे गुस्से की, शिकायत की वृत्ति उठी।

अक्षत कुछ पल चुप रहा। फिर बोला-

अक्षत – और अंदर ये भी चल रहा है कि उसने मेरे साथ गलत किया।

शिवम – बस! इसी विचार से तू अपने अहंकार के दर्शन कर सकता है। 'मेरे साथ गलत हुआ' ऐसा स्टेटमेंट अहंकार ही देता है। इस स्टेटमेंट से जुड़े बहुत से विचार चित्त में चलते होंगे कि शिवानी की क्या-क्या गलती थी और तू कहाँ-कहाँ सही था। अहंकार हर हाल में खुद को सही और दूसरे को गलत दिखाना चाहता है। इस अहंकार से भरे विचार को तूने इतना ज़्यादा दोहराया होगा कि उसने मन में एक

धारणा बना दी, पक्का बिलीफ कि 'आजकल की लड़कियाँ रिश्ते नहीं निभाती।' अब तेरे जीवन में यही बिलीफ आगे काम करेगा और कभी कोई स्थाई, सच्चा रिश्ता नहीं बनने देगा।

इस प्रैक्टिकल क्लास को समझो कि क्या-क्या हुआ। मैंने बस एक नाम लिया। तूने उस पर फोकस किया। उस नाम ने तेरे चित्त में पड़ी हुई पुरानी इंज्युअर्ड मेमरीज़ को छेड़ा तो भूचाल आ गया। वृत्तियों का, विचारों का, भावनाओं का, शरीर पर भावनाओं का, अहंकार का और बिलीफ सिस्टम का।

यह सुनकर अक्षत की भौंहें सिकुड़ गईं। वह हैरत में पड़ गया।

अक्षत – तो इसका मतलब मैं अब भी उसी अनुभव में फँसा हूँ?

शिवम – बात फँसनेवाली नहीं है। बात यह है कि जो भी घटनाएँ हमारे साथ हो रही हैं, उनकी छाप हमारे चित्त में पड़ जाती है और हम पर असर डालती है। उस असर को कम या ज़्यादा करना हमारे अपने हाथ में होता है।

खैर वह कैसे होता है, अभी हमें इस पॉइंट पर बात नहीं करनी है। अभी सिर्फ चित्त को, उसकी हरकतों को देखने का अभ्यास करना है। अगर तू यह देख पाया तो समझ ले आज की क्लास सफल रही।

अक्षत ने कुछ क्षण के लिए आँखें बंद की। सीने में धड़कन साफ महसूस हो रही थी। गुस्सा अब भी था लेकिन उसमें थोड़ी कमी आ गई थी। साँस भी नॉर्मल होने लगी थी।

शिवम – इस वक्त कुछ करने की ज़रूरत नहीं। बस इस पूरे प्रोसेस को देख कि कैसे याद उठी, कैसे शरीर गरम हुआ, कैसे 'मेरे साथ गलत हुआ' वाली आवाज़ आई। कहाँ पर विश्वास जमा है कि किसी लड़की पर विश्वास नहीं करना है। सब कुछ देख।

अक्षत ने धीमी साँस ली और आँखें खोली।

अक्षत – बड़ा अजीब अनुभव है यह। इससे पहले जब भी कुछ ऐसा होता था तो बस मैं विचारों के साथ बह जाता था। समय कहाँ निकल गया, पता ही नहीं चलता था। खुद का दूसरे कार्य (टी.वी. या मोबाइल देखने) से ध्यान हटाने की कोशिश करता था मगर कभी इस तरह से इसका सामना नहीं किया था।

अब मैं इसे देख रहा हूँ। गुस्सा और शिकायतें हैं मगर इस समय वे मुझ पर ऐसा असर नहीं डाल रही, जैसे पहले डालती थी।

शिवम – तू गुस्से को हटा नहीं रहा, तू बस उसे ऑब्जर्व कर रहा है, उससे अलग होकर। यही अभ्यास है जिसे ज़्यादा से ज़्यादा करना है।

अक्षत (झिझकते हुए) – यार तुझे तो अब बहुत नॉलेज हो गई है चित्त की, ह्यूमन साइकोलॉजी की। एक बात सच-सच बता, क्या उस रिश्ते में मेरी गलती थी, जैसा वह कहती थी? मैं तो पूरी तरह कमिटेड था, फिर मैं कहाँ गलत था?

अक्षत का सवाल सुनकर शिवम के चेहरे पर खुशी की हल्की लहर आ गई। जो इंसान खुद को गलत मानने को तैयार नहीं था, फाइनली उसके मन में अपने प्रति संदेह आया, जिसने यह सवाल उठाया, 'मैं कहाँ गलत था?' उसके इस सवाल के जवाब में छिपा था एक बड़ा रहस्य। चित्त के एक हिस्से का विश्वास मत यानी बिलीफ सिस्टम। इसके बारे में शिवम उसे समझाने जा रहा था।

9

खेल बिलीफ सिस्टम का

अक्षत का यह सवाल जैसे हवा में ठहर गया था, 'मैं कहाँ गलत था?' कुछ देर तक शिवम ने जवाब नहीं दिया। बस मुस्कुराया। उसने कुल्फी का चम्मच धीरे से घुमाया और बोला-

शिवम – तेरे मुँह से यह सवाल सुनकर मुझे बड़ी तसल्ली हुई। यह सवाल इस बात का संकेत है कि आज का अभ्यास काम कर गया। अब तू सही-गलत के फ्रेम से बाहर झाँकने के लिए तैयार है।

अक्षत – मतलब?

शिवम (हल्के से हँसते हुए) – सही-गलत कुछ नहीं होता मेरे भाई। यह सबसे बड़ा भ्रम है। हम पूरी ज़िंदगी इसी भ्रम में जीते हैं कि कोई एक सही है और दूसरा गलत।

असल में यह द्वंद्व इंसानों का नहीं बल्कि उनके बिलीफ सिस्टम का होता है। एक बिलीफ सिस्टम खुद को सही और दूसरे को गलत मानता है।

अब देख, रामायण की कथा में रावण के दो भाई थे- कुंभकरण और विभीषण। कुंभकरण का बिलीफ सिस्टम था हर हाल में परिवार और भाई का साथ देना। उसने ऐसा ही किया। उसकी नज़र में वह सही था और विभीषण गलत। वहीं दूसरी ओर विभीषण का बिलीफ सिस्टम था, हर हाल में सत्य और नैतिकता का साथ देना। इसलिए उसने उसी पक्ष का साथ दिया, जो नैतिक रूप से सही था यानी

श्रीराम का। उसकी दृष्टि में वह सही था, कुंभकरण और रावण गलत। अब जो लोग कुंभकरणवाला बिलीफ सिस्टम रखते हैं, उन्हें वही हमेशा सही लगेगा और विभीषण घर का भेदी लगेगा। लेकिन जो लोग विभीषणवाला बिलीफ सिस्टम रखते हैं, उनके लिए विभीषण हमेशा एक आदर्श नायक रहेगा।

इस तरह से देखा जाए तो हर कोई अपनी जगह सही है। अपनी जगह तू भी सही है और अपनी जगह शिवानी भी सही है।

अक्षत (संदेह से) – ऐसा कैसे हो सकता है, कोई एक ही सही हो सकता है न?

शिवम – देख, हर इंसान अपने साथ एक अदृश्य चश्मा लेकर चलता है। उस चश्मे का नाम है, बिलीफ सिस्टम।

जो उसने बचपन में देखा, सुना, झेला, सीखा माता-पिता से, समाज से, फिल्मों से, अनुभव से। वही सब मिलकर उसका विश्वास मत यानी बिलीफ सिस्टम तैयार करता है। इंसान के लिए उसका बिलीफ सिस्टम ही तय करता है कि रिश्ता कैसा होना चाहिए, पार्टनर में क्या-क्या खूबी होनी चाहिए, प्यार कैसे दिखना चाहिए, क्या अपेक्षाएँ रखना सही है और क्या गलत है। जो इंसान के बिलीफ सिस्टम से मैच करता है, वह उसकी नज़र में सही है और जो मैच नहीं करता वह गलत है।

अक्षत – तो मेरे और शिवानी के बीच?

शिवम – तुम दोनों दो अलग-अलग बिलीफ सिस्टम लेकर आए थे। तू शायद यह मानता था कि प्यार में परवाह का मतलब है कंट्रोल करना। अगर मैं पूछ रहा हूँ, रोक रहा हूँ तो इसका मतलब मैं रिश्ते में सीरियस हूँ। मुझे ऐसा करने का पूरा हक है।

दूसरी तरफ हो सकता है शिवानी का बिलीफ यह रहा हो कि रिश्ते में स्पेस ज़रूरी है। कोई किसी के लिए निर्णय नहीं ले सकता है, किसी पर कंट्रोल नहीं कर सकता।

अब बता इसमें गलत कौन है? अगर तू सूक्ष्मता से देखे तो पता चलेगा कि हमारे समाज ने पुरुषों को कंट्रोलरवाला बिलीफ सिस्टम दिया है और स्त्रियों को झुकनेवाला। इसलिए पुरुष खुद को हमेशा स्त्रियों से उच्च समझता आया है और स्त्रियाँ समर्पित दासी।

लेकिन अब समय के साथ स्त्रियों का बिलीफ सिस्टम बदल रहा है। वे रिश्ते में बराबरी चाहने लगी हैं मगर पुरुष अपने बिलीफ सिस्टम में बदलाव लाने को

तैयार नहीं। उनकी अपेक्षा वहीं रहती हैं, जैसे उनकी मम्मी अपनी रिलेशनशिप में पिता से दबकर रही, वैसे ही उनकी पत्नी या पार्टनर भी रहे। इसीलिए रिलेशनशिप में समस्याएँ आ रही हैं।

अक्षत – फिर इसका हल क्या है?

शिवम – जब लड़के मान्यताओं में बदलाव लाने के लिए तैयार होंगे तब समय के साथ उनके बिलीफ सिस्टम में भी बदलाव आएँगे। नया बिलीफ सिस्टम कहेगा, 'रिलेशनशिप सफल बनानी है तो पार्टनर को बराबरी का दर्जा देना होगा, उसकी भावनाओं का, स्पेस का सम्मान करना होगा।'

वैसे अब यह होने लगा है। लड़के, लड़कियों को बराबरी का हक, स्पेस, इमोशनल सपोर्ट देने लगे हैं। फिर भी पूरे परिवर्तन में एक-दो पीढ़ी और लगेंगी।

शिवम के तर्क से अक्षत की भौंहें ढीली पड़ने लगी।

अक्षत – मतलब मैं जो कर रहा था, वह मुझे सही लग रहा था और उसे वही चीज़ गलत लग रही थी?

शिवम – बिलकुल। दरअसल समस्या तब पैदा होती है, जब हम अपने बिलीफ को यूनिवर्सल सत्य मान लेते हैं। देख यही बात सिर्फ तुम दोनों तक सीमित नहीं है। पूरी दुनिया इसी वजह से लड़ रही है। धर्म, जाति, जेंडर, रिश्ते, पड़ोसी सब जगह कलेक्टिव बिलीफ सिस्टम टकरा रहे हैं।

अक्षत – कलेक्टिव बिलीफ सिस्टम?

शिवम – हाँ। पर्सनल बिलीफ तो तेरा अपना है। लेकिन समाज, देश मिलकर भी कुछ मान्यताएँ बना देते हैं। जैसे लड़की को ऐसा होना चाहिए, लड़का ऐसा ही होता है, शादी के बाद यह करना ही पड़ेगा। बच्चे स्त्री को ही पालने चाहिए और कमाना पुरुषों को ही चाहिए। इस उम्र तक शादी हो जानी चाहिए और इस उम्र तक बच्चे हो जाने चाहिए। करियर में स्त्रियों को ही समझौता करना चाहिए, परिवार में शांति के लिए स्त्री को ही चुप रह जाना चाहिए। ये सारे बिलीफ सिस्टम समाज की देन हैं। तू अनजाने में वही कलेक्टिव बिलीफ लेकर रिश्ते में गया और जब शिवानी उस फ्रेम में फिट नहीं हुई तो अहंकार ने कहा, 'गलती उसकी है, मैं तो सही हूँ।'

अक्षत की आँखों में हल्की नमी आ गई।

अक्षत – तो क्या मैं रिश्ते को नहीं, अपने विश्वासों को बचा रहा था?

शिवम (संतोष से) – अब तू सही सवाल पूछ रहा है। जब भी किसी रिश्ते में झगड़ा होता है, असल में दो लोग नहीं लड़ रहे होते बल्कि दो बिलीफ सिस्टम आमने-सामने खड़े होते हैं। ऐसे में जो जीतता है, वह रिश्ता नहीं होता। अहंकार होता है, केवल अहंकार। इंसान की तो हार होती है। वह अपने चित्त की वृत्तियों से हार जाता है। दरअसल हमारा बिलीफ सिस्टम ही हमारी वृत्तियाँ तय करता है कि कब हम गुस्सा करेंगे, कब चुप रहेंगे, कब निराश होंगे, कब खुश होंगे। जैसे अगर मेरे बिलीफ सिस्टम में है, 'ज़्यादा पैसा कमाकर ही खुशी मिलती है' तो मैं खुशी पाने के लिए पैसा कमाने की होड़ में ही लगा रहूँगा, भले ही इसके लिए अपना स्वास्थ्य, पर्सनल लाइफ, रिश्तों को दाँव पर क्यों न लगा दूँ?

अक्षत गहरी साँस लेकर पीछे कुर्सी से टिक गया। सीने में अब गर्मी नहीं थी, बस एक भारी सच्चाई थी। न वह गलत था, न शिवानी। गलती बस एक थी। वह अपने बिलीफ सिस्टम के प्रति, चित्त के खेल के प्रति जागरूक नहीं था।

अक्षत – तो अब आगे क्या करूँ?

शिवम – अभी कुछ मत कर। सिर्फ यह देख, तेरे अंदर कौन-कौन से बिलीफ काम कर रहे हैं। वे किस बात पर ट्रिगर होते हैं। किस जगह अहंकार 'मैं सही हूँ और सामनेवाला गलत' चिल्लाता है। याद रख, बिलीफ सिस्टम को बदलना बाद की बात है। पहली साधना है, उसे अभ्यास से पहचानना। समझ ले, चित्त एक समुद्र है जिसकी गहराइयों में न जाने कैसे-कैसे अनदेखे, अनजाने मोती छिपे हैं। तुझे बस गोता लगाना है और उन्हें देखना है। लेकिन ऐसा करते हुए इसमें ऋषि पतंजलि की एक सीख और जोड़नी है। उसके बिना अभ्यास अधूरा है।

अक्षत – वह क्या है?

शिवम ऋषि पतंजलि की किस शिक्षा की बात कर रहा था, जिसके बिना चित्त को देखने का अभ्यास अधूरा था? यह जानेंगे, अगले अध्याय में।

10

वैराग्य बिना अभ्यास अधूरा

कैफे से निकलकर दोनों सड़क किनारे खड़े थे। समुंदर दिखाई नहीं दे रहा था लेकिन उसके लहरों की आवाज़ हवाओं में गूँजकर अपनी उपस्थिति का एहसास दिला रही थी। उस आवाज़ को सुनकर अक्षत हँसकर बोला-

अक्षत (हँसते हुए) – इस वक्त समुंदर भी मेरे चित् जैसा हो चला है, दिखाई नहीं देता मगर शोर बहुत कर रहा है।

शिवम – इसीलिए बहुत से मनुष्यों ने मानव चित् की तुलना समुंदर से की है। समुंदर की तरह चित् की गहराई का भी कोई अंत नहीं। वह अपने अंदर न जाने क्या-क्या छिपाए बैठा है। बिलीफ सिस्टम, यादें, स्मृतियाँ, वृत्तियाँ, इच्छाएँ, विकार आदि। जैसे हम समुंदर के नाम पर केवल उसकी सतह पर उठनेवाली लहरों को देख सकते हैं, ठीक ऐसे ही चित्त से उठनेवाले विचारों और भावनाओं को देख सकते हैं। इसे समझने के लिए चित्त रूपी समुंदर के अंदर गहराई से उतरना होगा।

अक्षत – अच्छा एक बात बता, अगर मैं विचारों को, भावनाओं को देख लूँ तो क्या यही काफी है? इसके अलावा और क्या करना है?

शिवम – देखना मात्र काफी नहीं है मगर देखना ही स्टार्टिंग पॉइंट है। यही अभ्यास की शुरुआत है। लेकिन इस अभ्यास के साथ एक और बात जोड़नी है, जो है वैराग्य।

ऋषि पतंजलि बहुत साफ कहते हैं-

अभ्यास-वैराग्याभ्यां तन्निरोधः

यानी चित्त की वृत्तियाँ अभ्यास और वैराग्य, इन दोनों के मेल से ही जानी जा सकती हैं और उन्हें शांत भी किया जा सकता है।

अक्षत – अभ्यास तो समझ में आ गया यानी ध्यान, अवैरनेस से देखना मगर वैराग्य... इसका क्या मतलब हुआ? क्योंकि जहाँ तक मैंने सुना है वैराग्य का मतलब है सब कुछ छोड़-छाड़कर, दुनिया से दूर जाकर कहीं एकांतवास में रहना।

शिवम – तूने ऐसा इसलिए सुना है क्योंकि वैराग्य के बारे में लोगों की ऐसी ही गलत धारणा है। दरअसल वैराग्य का मतलब संसार, परिवार, सुख-सुविधाओं, कर्तव्यों से मुँह मोड़कर चले जाना नहीं है। वैराग्य का मतलब है- राग को छोड़ देना। राग, जिसका का मतलब है चिपकाव... यानी वैराग्य हुआ, किसी भी चीज़ से न चिपकना।

अपनी बात समझाने के लिए शिवम ने ज़मीन से एक छोटा सा पत्थर उठाया और हथेली में कसकर पकड़ लिया।

शिवम – समझ ले यह पत्थर एक विचार है, जो अभी-अभी मुझे आया है, 'उसने मेरे साथ गलत किया।' अब मैंने इस विचार रूपी पत्थर को ऐसे कसकर पकड़ लिया।

ऐसा कहते हुए शिवम ने मुट्ठी कस ली।

शिवम – अब इस पत्थर को कस के मुट्ठी में पकड़ने से मुझे दर्द भी होगा, चुभन भी होगी। हो सकता है खून भी बहने लगे, फिर भी मैं इसे छोड़ता नहीं हूँ।

फिर शिवम ने धीरे से मुट्ठी खोल दी और बोला-

शिवम – देख, अब मैंने मुट्ठी को खोल दिया। पत्थर आराम से मेरे हाथ में है। मैंने इसे फेंका नहीं, फिर भी मुझे यह कोई तकलीफ नहीं दे रहा है। यहाँ जो बात समझनेवाली है, वह यह कि मुट्ठी ढीली करना ही वैराग्य है।

वैराग्य यह नहीं कहता कि पत्थर फेंक दो। वह कहता है, हथेली खोल दो और पत्थर को केवल देखो। अगर उसका हाथ पर कुछ असर हो रहा है तो उसे भी केवल देखो। कोई विरोध मत करो। इस तरह वैराग्य के साथ अभ्यास करने से तुम पत्थर से जुड़ी किसी भी वेदना से मुक्त हो जाओगे। पत्थर अपना असर खो देगा।

अक्षत शिवम के हाथ में रखे पत्थर को ध्यान से देख रहा था। कुछ देर सोचने के बाद बोला-

अक्षत – तो क्या पत्थर फेंकना बेहतर नहीं है? जो चीज़ कष्ट दे सकती है, उसे हाथ में रखना ही क्यों?

शिवम – तुम्हारे अंदर जो यह सवाल उठा, यही बहुत से लोगों के मन में उठता है। लेकिन यह समझनेवाली बात है कि पत्थर को फेंक देना परिस्थिति से पलायन है, मुक्ति नहीं। जो लोग अपनी समस्याओं को छोड़कर, घर-परिवार त्यागकर कहीं चले गए, ज़रा उनसे जाकर पूछो क्या वे समस्यारूपी पत्थर को फेंक पाएँ, क्या उसके असर से मुक्त हो पाएँ? नहीं! उनका मन उसी पत्थर में अटका रहता है, उसी के बारे में विचार चलते रहते हैं। उनके अंदर क्रोध, ग्लानि, असफल होने की भावना, पछतावा, दुःख या ऐसी ही कोई वृत्ति पैदा हो जाती है। और इसका मतलब है और बहुत से पत्थरों को उठाकर अपने हाथ में कसकर रख लेना।

अक्षत – फिर भी बात कुछ पल्ले नहीं पड़ी।

शिवम – अच्छा, इसे एक उदाहरण से समझते हैं।

एक दिन एक इंसान की अपने ऑफिस में अपने बॉस से बहुत कहा-सुनी हो गई। समझ ले यह परिस्थिति एक पत्थर है। उसने गुस्से में बिना सोचे-समझे रिजाइन करने का निश्चय कर लिया यानी पत्थर को हाथ से फेंकने का। अब इसके दो परिणाम होंगे या तो वह नौकरी छोड़कर बेरोज़गार हो जाएगा और बहुत सी दूसरी समस्याओं को आमंत्रित कर लेगा या फिर वह कोई दूसरी नौकरी तलाश लेगा। लेकिन दूसरी नौकरी में भी वापस ऐसा कुछ होने की संभावनाएँ हैं।

अब जरा सोच, अगर उस इंसान की वृत्ति बन गई है, कोई विपरीत परिस्थिति आने पर उसे छोड़कर भाग जाने की तो वह आगे भी ऐसा ही करेगा और बार-बार समस्याओं का सामना करेगा। लेकिन अगर वह एक बार यह सीख ले कि उस स्थिति को वैराग्य और अभ्यास के साथ कैसे हैंडल किया जाए तो जीवन में भले ही विपरीत परिस्थितियाँ आ जाएँ, वह समस्या नहीं बनेंगी, उसे दुःख और तनाव नहीं देगी। यही है पत्थर को खुली हथेली में रखकर केवल वैराग्य भाव से देखना।

अक्षत शिवम की बात से सहमत था। उसे अपना एक काला पक्ष नज़र आने लगा। उसके सामने अतीत के ऐसे बहुत से दृश्य तैरने लगे, जब उसने पलायन करना चुना था। वह पिछले दो सालों में तीन नौकरियाँ बदल चुका था, फिर भी संतुष्ट नहीं

था। कहीं का माहौल टॉक्सिक लगता, कहीं लगता कि विकास रुक रहा है, कहीं बॉस से नहीं बनती और कुछ न कुछ ऐसा हो जाता कि वह तुरंत रिजाइन करके कंपनी छोड़ देता। आज उसे अपनी पलायन करने की वृत्ति स्पष्ट दिखाई दे रही थी।

अक्षत – दोस्त! आज तूने मुझे आइना दिखा दिया है। सचमुच मुझे वैराग्य को सीखने और जीवन में अप्लाई करने की बहुत ज़रूरत है।

शिवम – अभ्यास और वैराग्य, ये दो ऐसे चप्पू हैं, जिनके सहारे जीवन की नाव आसानी से आगे बढ़ती जाती है और हम इस यात्रा का आनंद लेते जाते हैं। अभ्यास हमें शक्ति देता है कि जब मन में कोई विचार या भावना उठे तो हम उसे देख सकें और वैराग्य हमें यह समझ देता है कि हम उससे जुड़े नहीं। उसे अपनी पहचान न बना लें।

जैसे कोई पेंटर बड़ी सुंदर पेंटिंग बनाता है। पेंटिंग बनाते हुए वह बहुत खुशी का अनुभव महसूस कर रहा होता है। यह अभ्यास है मगर फिर अगला विचार आता है- 'देखो, मैं कितना अच्छा पेंटर हूँ, जो इस पेंटिंग को देखेगा, मेरा लोहा मानेगा' यानी उसे अपनी पेंटिंग के साथ चिपकाव है।

यह बिना वैराग्य का अभ्यास है, जो अहंकार को और ज़्यादा मज़बूत कर देता है। कोई कहता है, 'सब माया है, कुछ करने की क्या ज़रूरत है।' यह बिना अभ्यास का वैराग्य है। ऐसा वैराग्य इंसान को आलसी और अकर्मण्य बना देता है।

पतंजलि इसलिए दोनों को साथ रखते हैं। उनके अनुसार ज़िंदगी एक नाव है। अभ्यास और वैराग्य उसकी दो पतवार हैं। कोई एक चलाओगे, दूसरा नहीं तो नाव गोल-गोल घूमती रहेगी, आगे नहीं बढ़ेगी। दोनों का संतुलित प्रयोग होगा तभी नाव सहजता से आगे बढ़ेगी और नाव चलानेवाले को भी यात्रा का आनंद आएगा।

अक्षत – ओह! आज ज़िंदगी की कितनी गहरी बात समझ आई है। सच कहूँ तो मुझे लगता था हज़ारों साल पुराने हमारे जो ग्रंथ हैं, वे इंसान को जीवन से भागकर संन्यासी हो जाना सिखाते हैं मगर आज पता चल रहा है, वे तो जीवन को सही तरीके से जीना सिखाते हैं। मैंने आज से तुझे ही अपना गुरु बना लिया। बताइए गुरुदेव! मेरे लिए अब आगे क्या आज्ञा है?

अक्षत शिवम के सामने हाथ जोड़कर, सिर झुकाकर जिस तरह से खड़ा हुआ, उसे देखकर शिवम को हँसी आ गई। उसने अपना हाथ आशीर्वाद देने की मुद्रा में उठाया और कहा-

शिवम (हँसते हुए) – गुरुदेव तुमसे प्रसन्न है बच्चा! आज से अगले एक हफ्ते तक बस इतना कर, अपने शरीर से अपनी पहचान हटा ले और दूसरे के शरीर से भी उसकी पहचान हटा ले। खुद को एक कंप्यूटर सिस्टम समझकर साक्षी भाव से चलता-फिरता, प्रतिक्रियाएँ करता देख और ऐसे ही दूसरे को भी देख। जब चिपकाव टूटेगा तो देखना सरल हो जाएगा। इस तरह वैराग्य के साथ अपने और दूसरों के चित्त को देखने की आदत डाल।

जब कोई गुस्सा करे तो तुरंत जज मत कर। देख, गुस्से के पीछे उसकी क्या मान्यताएँ रही होगी, क्या वृत्ति उठी होगी। सामनेवाला अगर कुछ कह रहा है तो क्यों कह रहा है। वैराग्य के साथ उसकी जड़ में जाने की कोशिश कर।

जैसे बचपन में मैं देखा करता था, मेरी एक गलती पर कभी तो मम्मी मुझे बहुत डाँटती थी और कभी नज़रअंदाज़ कर देती थी तब मुझे समझ नहीं आता था। मगर अब मैं उन घटनाओं को याद करता हूँ तो समझ आता है, जब मम्मी की घर में किसी बात पर पापा से कहा-सुनी हो जाती थीं और वे अपना गुस्सा उन पर ज़ाहिर नहीं कर पाती थीं तो हम पर उतारती थीं। जब उनका मूड अच्छा होता था तो वे गलती को नज़रअंदाज़ कर देती थीं। यानी उनकी प्रतिक्रिया सामनेवाले की गलती नहीं बल्कि उनकी भावनाएँ तय करती थी। जो इंसान भावनात्मक रूप से कमज़ोर होता है, वह ऐसा ही करता है।

इस तरह से अभ्यास करने से तू दूसरों को अच्छी तरह समझ सकेगा।

अक्षत – और अपने लिए क्या करूँ?

शिवम – अपने लिए कोई बहुत बड़ा नियम नहीं, बस एक छोटा सा अभ्यास चुन। रोज़ रात सोने से पहले १०-१५ मिनट चुपचाप बैठना। पूरी होश के साथ, फिर वैराग्य के साथ देखना।

अभी किस चीज़ से चिपका हुआ है? किसी की तारीफ, किसी क्रेडिट की उम्मीद, किसी के लिए दिल में गुस्सा या शिकायत है, किसी पुराने पछतावे की फाइल खुली है। जो कुछ भी है, उसे बस देख। इससे तुझे अपनी खबर मिलेगी।

जो भी दिखाई दे रहा है, उसे कसकर पकड़ने की बजाय हथेली खोल दे। उसे आकर गुज़र जाने दे।

याद रख, चित् का महासागर विशाल है लेकिन तेरे पास दो सबसे भरोसेमंद पतवार हैं, अभ्यास और वैराग्य। उन्हें संतुलन में चलाता रहा तो किनारा अपने आप आ जाएगा।

अब विदा लेने का समय आ गया था। शिवम ने अक्षत को आगे बढ़कर गले लगाया और बोला -

शिवम - अब हम एक हफ्ते बाद वापस मिलेंगे और मेरा विश्वास कर, आज जो सीखा है अगर इसका थोड़ा भी अभ्यास कर लिया तो तुझे खुद में ही बहुत सकारात्मक परिवर्तन नज़र आएँगे। एक हफ्ते बाद एक नया अक्षत मुझसे मिलने आएगा।

वादा करके शिवम चला गया। अक्षत कुछ देर वही चुपचाप खड़ा रहा। पहली बार उसे भीतर कोई भारीपन नहीं, एक शांत स्थिरता महसूस हुई। वह जान गया था, अब वह भाग नहीं रहा था, देख रहा था और यही पतंजलि योग सूत्र की शुरुआत थी।

11

चित्त की पड़ताल का अभ्यास

अक्षत देर रात घर लौटा। शिवम के साथ जो गहरी बातचीत हुई थी, उसके असर से मन में एक अजीब सी शांति थी। पहली बार करियर की, व्यक्तिगत जीवन की समस्याओं के अलावा वह कुछ और सोचने पर मजबूर हुआ था। जो कुछ सीखकर आया था, उसे लेकर कोई बड़ा उत्साह नहीं था लेकिन पहले जैसा भारीपन भी नहीं था। बस एक सजगता का भाव था। जैसे भीतर कोई बैठा हुआ हो, जो सब कुछ देख रहा हो।

वह कपड़े बदलकर सोने के लिए लेट गया और रोज़ की तरह सोने से पहले सोशल मीडिया की रील देखने लगा।

अंदर से आवाज़ आई –

अक्षत (मन में) – रोज़ सोने से पहले ऐसा ही करता हूँ। यह वृत्ति है। बार-बार ऐसा करने से रील देखने की आदत ऑटो मोड में आ चुकी है।

अक्षत ने इस विचार को भी देखा। चेहरे पर एक मुस्कान आ गई। उसे खुशी हुई कि जो कुछ शिवम ने उसे समझाया था, वह उसे पकड़ पा रहा था।

पहली ही रील में एक पोस्टर था, जिसमें श्रीकृष्ण खड़े हुए अर्जुन को उपदेश दे रहे थे। बैकग्राउंड में आवाज़ आ रही थी-

हे पार्थ! मनुष्य का जीवन समस्या नहीं है। उसे समस्या बना देती है उसकी अपनी सोच। जिस बात को तुम बार-बार सोचते हो, वही धीरे-धीरे तुम्हारा विश्वास बन जाता है और वही विश्वास भाग्य बनकर सामने आ जाता है। तुम्हारा भाग्य कोई और नहीं रचता, तुम स्वयं रचते हो। इसलिए अपनी सोच को सँभालो अर्जुन! युद्ध बाहर नहीं, सबसे पहले अपने अंदर लड़ा जाता है, अपनी ही सोच से।

यह संदेश सुनकर अक्षत को लगा जैसे इस समय समस्त ब्रह्मांड उसे उस ज्ञान को समझाने का प्रयास कर रहा है, जो पतंजलि योग सूत्र में लिखा है। कभी शिवम के माध्यम से, कभी फोन के माध्यम से उस तक संकेत पहुँच रहे हैं।

अक्षत ने मन ही मन यूनिवर्स को धन्यवाद दिए और संकल्प लिया, वह इस ज्ञान को ग्रहण करने और जीवन में उतारने के लिए तैयार है। इसके बाद उसे बहुत दिनों बाद चैन की नींद आई।

अगली सुबह अक्षत के लिए बहुत खास थी। उसने उठते ही एक विचार दोहराया कि आज वह सब कुछ वैराग्य भाव से देखने का अभ्यास करेगा। सुबह के सारे काम उसने अपने विचारों को देखते हुए किए। फिर नियत समय पर सोसायटी के गेट पर ऑफिस की बस आई।

अक्षत खिड़कीवाली सीट पर बैठ गया।

बस चली ही थी कि ड्राइवर ने अचानक ब्रेक मारा। पीछे से किसी ने झुंझलाकर कहा, 'अरे भाई! ठीक से चलाया करो।'

अक्षत के भीतर हल्की सी चुभन हुई।

पहले वह पलटकर कुछ कह देता। कम से कम मन में तो कुछ नकारात्मक बड़बड़ा देता लेकिन आज उसने उस चुभन को नोटिस किया। जवाब देने की चाहत को भी।

अक्षत (मन में) – अरे यह तो वही है। बाहर एक घटना हुई, उसे कानों ने सुना। उस जानकारी को चित्त में भेजा। अब उस जानकारी के आधार पर पुराने पैटर्न जवाब देने को मचल रहे हैं, अंदर प्रतिक्रिया उठ रही है क्योंकि अंदर प्रोग्रामिंग सेट है कि कोई ऐसा बोलेगा तो ऐसी प्रतिक्रिया देनी है।

अक्षत ने ये सब कुछ अपने भीतर घटित होते हुए देखा, वैराग्य के साथ साक्षी भाव से। बस ऑफिस पहुँची। अक्षत नीचे उतरा। ऑफिस में घुसते ही बॉस की आवाज़ कानों में पड़ी।

बॉस – अक्षत! केबिन में आओ ज़रा। कुछ ज़रूरी डिस्कस करना है।

बस इतना सुनते ही अक्षत के पेट में हल्का सा खिंचाव हुआ। मन में एक पुराना वाक्य उभरा, 'डिस्कस क्या खाक करेगा, जब भी मुँह खोलेगा, कुछ बुरा ही बोलेगा, हर बार की तरह मेरे काम में कमियाँ निकालेगा।'

कुछ सेकंड के लिए अक्षत इन विचारों से चिपककर बह गया, फिर अचानक उसे याद आया।

अक्षत (मन में) – ओह! बिलीफ सिस्टम। यह मेरा बिलीफ है कि बॉस टॉक्सिक है। हमेशा बुरा ही बोलेगा।

यह पकड़ में आते ही वह मुस्कुरा उठा और एक निश्चय किया, आज बॉस के सामने कोई भी प्रतिक्रिया देने से पहले कुछ क्षण रुकेगा। पूरी घटना को साक्षी भाव से देखेगा। जो भी कहेगा पूरे होश के साथ, जागृति से कहेगा।

केबिन में पहुँचते ही बॉस बोले-

बॉस – तुमने जो रिपोर्ट भेजी थी, उसमें कुछ पॉइंट्स मिसिंग हैं। तुम्हें कितनी बार समझाया है, भेजने से पहले कम से कम तीन-चार बार उसे रिव्यू कर लिया करो मगर तुम सुनते ही नहीं।

यह सुनते ही अक्षत ने महसूस किया, उसके शरीर में एक गरम लहर दौड़ पड़ी है। यह फीलिंग उसके शरीर पर असर डाल रही थी। फिर अक्षत का मन तुरंत सफाई देने दौड़ा, 'मेल देर से आया था, टाइम कम था। मुझे इतनी ही इन्फॉर्मेशन दी गई थी, डाटा कम था।'

मगर अक्षत रुका। उसने कोई बहाना नहीं दिया। वह सिर्फ ये सब होते हुए देख रहा था। अपने भीतर उठती हुई बेचैनी, ईगो हर्ट होना, हाथों में तनाव, जवाब देने को मचलता दिमाग... उसने सब साक्षी भाव से देखा।

अक्षत (मन में) – यह वही पत्थर है, जो इस वक्त मेरे हाथ में है मगर मुझे मुठ्ठी कसनी नहीं है, खुली रखनी है।

उसने खुद को सँभाला और बड़ी विनम्रता से कहने लगा-

अक्षत – सॉरी सर! आप कह रहे हैं तो ज़रूर कुछ मिसिंग हुआ होगा। मैं अभी देखकर सुधार कर देता हूँ। आगे से ध्यान रखूँगा और आपको निराश नहीं करूँगा।

अक्षत ने पहली बार किसी घटना पर प्रतिक्रिया नहीं दी थी बल्कि एक ताज़ा कर्म किया था। उसने पहली बार बड़ी विनम्रता से अपनी गलती स्वीकार की थी वरना हमेशा बहानों की एक लंबी लिस्ट तैयार रखता और उसे सुनाना शुरू कर देता, जिससे बॉस बहुत चिढ़ा करते थे।

बॉस कुछ पल चुप रहे। फिर बोले-

बॉस – ठीक है। जानते हो, तुम्हारा ऐनालिसिस सबसे अच्छा होता है। बस रिपोर्ट जल्दबाज़ी में बना देते हो। इसमें सुधार ले आओगे तो तुम्हारे प्रेजेंटेशन बेस्ट बनेंगे।

सुनकर अक्षत के भीतर फिर कुछ उठा- एक हल्की खुशी। इस बात की कि उसने पूरी घटना को साक्षी भाव से देखा और अपने पुराने पैटर्न अनुसार प्रतिक्रिया नहीं दी। दूसरी खुशी इस बात की भी कि उसने अपनी गलती स्वीकारी तो बॉस का भी सुर बदल गया। वह अपनी सीट पर लौटा और देखा रिपोर्ट में वाकई दो पॉइंट मिसिंग थे, जो महत्वपूर्ण थे। उसने नई रिपोर्ट बनाई। उसे तीन बार रिव्यू किया। जब विश्वास हो गया कि यह पूरी तरह सही है तो बॉस को भेज दिया।

अब उसके अंदर अपने उस बिलीफ सिस्टम पर मंथन चल रहा था, जो बॉस के लिए बनाया हुआ था। वह बिलीफ सिस्टम शक के कटघरे में खड़ा हो गया था कि न बॉस टॉक्सिक है, न कोई और। सबके अंदर से चित्त के आधार पर क्रिया-प्रतिक्रिया का खेल चल रहा है।

दोपहर तक दो-तीन और ऐसे मौके आए।

कहीं झुंझलाहट, कहीं अप्रेजल की उम्मीद, कहीं पुरानी आदत का उभार, कभी किसी जूनियर के काम पर गुस्सा लेकिन आज फर्क यह था कि वह बह नहीं रहा था, बस केवल देख रहा था।

रात को घर पहुँचा। माँ रसोई में थी।

माँ (थोड़े गुस्से में) – इतनी देर हो गई, फोन भी नहीं किया। इस घर में सब अपनी चलाते हैं, किसी को मेरी फिक्र नहीं।

पहले अक्षत माँ की हर बात पर झुंझला जाता। आज भीतर वही प्रतिक्रिया उठी, 'घर में घुसते ही बड़बड़ चालू, इतना तो सोचना चाहिए कि थक-हारकर घर आया हूँ'... वह जवाब देने ही वाला था कि याद आया उसे वैराग्य के साथ चित्त का अभ्यास करना है। वह सँभला और माँ को साक्षी भाव से देखने लगा।

माँ के चेहरे पर थकान थी, दिनभर का बोझ था, चिंता भी थी। अक्षत को माँ की हालत पर तरस आ गया। वह सोचने लगा, 'इस उम्र में भी माँ उसका कितना ध्यान रखती है। कितना समय हो गया, उसने माँ के पास बैठकर अच्छे से बात भी नहीं की। उसे ग्लानि हुई और उसने इस ग्लानि को भी साक्षी भाव से देखा।'

अक्षत (प्यार से) – सॉरी माँ, मैं फोन नहीं कर पाया। मीटिंग लंबी खिंच गई थी पर आगे से फोन करना याद रखूँगा।

माँ कुछ नहीं बोली। बस सिर हिला दिया। उस रात खाना खाते हुए अक्षत ने माँ के साथ खूब बातें कीं और बाद में उनके साथ बैठकर चाय भी पी।

रात को कमरे में आकर अक्षत बिस्तर पर बैठ गया। फोन बिस्तर से दूर ही छोड़ दिया। शिवम की आवाज़ उसके भीतर गूँज रही थी, 'अपने और दूसरों के चित्त को देखना, बहुत कुछ पता चलेगा।' आज पहली बार उसे साफ दिख रहा था कि लोग वही नहीं होते, जो वे कहते हैं।

वे वही होते हैं, जो उनके भीतर चित्त में चल रहा होता है। बॉस की कड़वाहट, माँ की चिंता और उसका अपना गुस्सा। सब अलग-अलग तरह की चित्त की तरंगें थीं और वह अब उनसे चिपक नहीं रहा था।

सोने से पहले अक्षत चुपचाप बैठ गया। साँसें नहीं गिनी, कुछ ठीक करने की कोशिश नहीं की, कोई कल्पना नहीं की। बस आज बिताए हुए दिन को किसी फिल्म की तरह देखा।

आज कहाँ चिपकाव आया, कहाँ अहंकार उठा, कौन-कौन से बिलीफ सिस्टम सक्रिय हुए, कहाँ पलायन की इच्छा हुई, कैसे विचार उठे, कहाँ वह उनके साथ बह गया और कहाँ साक्षी बनकर किनारे पर बैठा रहा।

चित्त का समुद्र शोर कर रहा था लेकिन अब वह डरावना नहीं लग रहा था। अक्षत उसे जान गया था। वह चित्त की लहरों से लड़ नहीं रहा था, तैरना सीख रहा था। यही अभ्यास वैराग्य की असली शुरुआत थी।

12

पाँच महाक्लेश कौन से हैं

पूरा एक सप्ताह बीत गया था अक्षत को अपने चित्त की साक्षी भाव से जाँच-पड़ताल करते हुए। उसे लग रहा था जैसे पहली बार उसने खुद को इतने करीब से देखा है। बिना बचाव के, बिना सफाई दिए, बिना बहाने बनाए। अब तक उसकी आदत थी कि वह दूसरों को ज़्यादा जज करता था। उन्हें देखकर, उनके शब्दों से, उनके व्यवहार से, उनकी गलतियों से तुरंत उनके बारे में पक्की राय बना लेता था। लेकिन इस बार दृश्य बदल गया था। देखनेवाला और देखा जानेवाला दोनों वही था। जैसे ही कोई विचार उठता, वह उसमें बहता नहीं था, बस नोट करता था- 'अच्छा ये रहा गुस्सा, यह तुलना, यह पुरानी स्मृति... ये रही एक और मान्यता, जिसकी जड़ें कितनी गहरी हैं!'

उसे पहली बार समझ आया कि 'मैं' और 'मेरे विचार' एक नहीं हैं। यह दूरी बनते ही उसमें अपने प्रति स्पष्टता उभरने लगी, होश जगने लगा।

इस दौरान उसने अपने चित्त में कई दिलचस्प पैटर्न देखे। जैसे एक ऑटोमैटिक ट्रेन अपने तय रूट पर अपने आप चलती रहती है, ड्राइवर बस बैठा रहता है। वैसे ही उसका मन भी पुराने विश्वासों और यादों की पटरियों पर ऑटो पायलट मोड में दौड़ता रहता था। किसी ने एक वाक्य कहा और भीतर से तुरंत पुरानी मेमरी निकल आई। कॉलेज का अपमान, बचपन की तुलना, प्रशंसा, श्रेय की भूख। उसने देखा कि उसका बिलीफ सिस्टम कैसे हर अनुभव को पुराने साँचे में ढाल देता है- 'लोग

ऐसे ही होते हैं, मेरे साथ हमेशा यही होता है। तबीयत खराब लग रही है, लगता है यह पूरा सप्ताह ऐसे ही जाएगा...।'

कई विचार नए लगते थे लेकिन गौर करने पर वे पुराने रिकॉर्ड की तरह बजते थे, बस रिमिक्स वर्जन में।

यह समझ आते ही अक्षत को एहसास हुआ कि वह जीवन नहीं जी रहा था बल्कि स्मृतियों और प्रोग्रामिंग का रिप्ले देख रहा था। यही देखने की क्षमता उसके जागरण की पहली आहट थी।

आज वह शिवम से मिलने के लिए बेहद उत्साहित था, उसे अपना रिपोर्ट कार्ड जो प्रस्तुत करना था। वही जगह, वही सड़क, वही कैफे लेकिन अक्षत वह नहीं था।

आज शिवम पहले से बैठा था। अक्षत ने मिलते ही उसे बड़े जोश के साथ हाय कहा। शिवम देखते ही समझ गया कि उसकी बॉडी लैंग्वेज से पुरानी निराशा उतर चुकी है और कुछ नया सीखने का उत्साह बना हुआ है। बैठते ही अक्षत बोला-

अक्षत – दोस्त! तुम्हें जितने धन्यवाद दूँ कम हैं। तुमने मेरी आँखें खोल दीं। अब मुझे कुछ-कुछ साफ दिखाई देने लगा है।

शिवम (आश्चर्य से) – क्या?

अक्षत – यही कि ज़्यादातर लोग असल में इंसान नहीं हैं। वे ऑटोमैटिक रोबोट हैं।

हर किसी के भीतर एक तय प्रोग्राम चल रहा है। कोई ट्रिगर दबाओ, वही समान प्रतिक्रिया बाहर आएगी।

शिवम (हँसते हुए) – और तुम्हारा अपने बारे में क्या खयाल है?

अक्षत – मैं भी अभी उन्हीं रोबोट की पंक्तियों में खड़ा हूँ। बस तुमने मेरे अंदर एक अनोखा प्रोग्राम रन कर दिया है, अवैरनेस का प्रोग्राम। जो इस रोबोट के अंदर चलनेवाली हर क्रिया-प्रतिक्रिया की निगरानी कर रहा है।

शिवम – निगरानी के बाद क्या पता चला तुम्हें?

अक्षत – बहुत कुछ। जैसे मन मुताबिक न हुआ तो गुस्सा आता है; कोई इच्छा पूरी न हुई तो निराशा आती है; घर में किसी ने टोक दिया तो चिड़चिड़ापन हावी

हो जाता है; किसी से तारीफ मिलती है तो फूलकर कुप्पा हो जाता हूँ; किसी ने नज़रअंदाज़ कर दिया तो टूट जाता हूँ।

और सबसे अजीब बात जानते हो क्या पकड़ में आई... जीवन का हर हफ्ता, पिछले हफ्ते का लगभग कॉपी-पेस्ट होकर चल रहा है, कोई नवीनता नहीं।

शिवम – तो कैसा लगा तुम्हें यह अभ्यास करके?

अक्षत – लग रहा है जैसे किसी गहरी नींद से जाग गया हूँ।

शिवम – हाँ। जिस दिन इंसान अपने ऑटो-पायलट मोड में रन हो रहे जीवन को देखो तो समझ लो उसी दिन अविद्या टूटनी शुरू होती है।

अक्षत (आश्चर्य से) – अविद्या? यह क्या है?

शिवम – पतंजलि योग सूत्र का एक श्लोक है-

अविद्यास्मितारागद्वेषाभिनिवेशाः क्लेशाः

यानी हमारे दुःखों की जड़ पाँच क्लेश हैं। फिर शिवम ने उँगलियों पर गिनना शुरू किया।

शिवम – ऋषि पतंजलि द्वारा बताया गया पहला क्लेश है अविद्या यानी अज्ञान, इग्नोरेंस। यह सबसे गहरी प्रोग्रामिंग है, जो लगभग हर इंसान में चल रही है।

मूल रूप से अविद्या का अर्थ है, अपने वास्तविक स्वरूप को भूल जाना और यह मान लेना कि 'मैं वही हूँ, जो मेरे विचार हैं, जो मेरी भावनाएँ हैं। अर्थात जो शरीर सामने शीशे में दिखाई दे रहा है, वही मैं हूँ।'

जब तक इंसान यह नहीं देखता कि वह विचारों, भावनाओं, विश्वासों, घटनाओं, शरीर को देख रहा है यानी अनुभव कर रहा है तब तक वह अविद्या में है। इसके बारे में हम आगे भी बात करेंगे।

अक्षत – तो अब मेरी क्या स्थिति है?

शिवम – तुमने इस अविद्या से बाहर आने के लिए पहला कदम उठा लिया है, जो है वैराग्य के साथ चित्त का अभ्यास।

अक्षत (उत्साहित होकर) – अरे वाह! यानी मैं सही राह पर हूँ। अब दूसरा क्लेश कौन सा है?

शिवम – दूसरा क्लेश है अस्मिता यानी अहंकार। यह हमारे चित्त में लगातार चलनेवाली 'मैं' की आवाज़ है। 'मैं सही हूँ... मेरे साथ गलत हुआ, मुझे ऐसा ही होना चाहिए... मेरा घर, मेरा पैसा, मेरा परिवार, मेरे बच्चे, मेरा खानदान, मेरा शरीर, मेरा रुतबा, मैं विशेष और सबसे अलग...' सच कहूँ तो हर क्लेश की जड़ यही इकलौता क्लेश है।

यह वही है, जो हर अनुभव को अपने चारों ओर घुमा देता है।

अक्षत – यहाँ मेरा एक सवाल है। हमारी दूसरी मुलाकात में तुमने इंसान को कंप्यूटर सिस्टम की ऐनालॉजी से समझाया था कि हमारा हार्डवेयर पार्ट है, भौतिक शरीर और सॉफ्टवेयर पार्ट है, चित्त। इन दोनों से अलग मैं हूँ उसका यूजर। तो अब इस ऐनालॉजी में यह अहंकार कहाँ रहता है? यह तो मेरे साथ ही रहता होगा न यानी यूजर के साथ।

शिवम – यूजर को यह ऐसा आभास दिलाता है मगर यह रहता कंप्यूटर सिस्टम के साथ ही है। इसे चित्त में दौड़ता एक प्रोग्राम ही समझो। सबसे गहरी मान्यता का प्रोग्राम, जो इस कंप्यूटर को यकीन दिलाता है कि वही अपना कंट्रोलर भी है और यूजर भी। इसीलिए तो इंसान अपनी पहचान शरीर, मन, भावनाओं, स्मृतियों के साथ जोड़ता है। ऐसा इसी अहंकार की गहरी मान्यता के कारण होता है।

तभी तो तुम कहते हो- मेरा हाथ, मेरा मन, मेरा मूड, मेरा शरीर। यह नहीं कहते न 'मैं हाथ हूँ, मैं मन हूँ।' अगर किसी के हाथ-पैर नहीं हैं तो भी वह है न। ऐसे ही नींद में मन गायब हो जाता है तो भी वह रहता है। जो यूजर है, अनुभव कर्ता है, साक्षी है।

अक्षत (बड़ी गहराई से) – ओह! बड़ी गहरी बात है यह।

शिवम – अहंकार को अच्छी तरह समझ लेना बहुत बड़ी बात है। इस पर हम आगे भी बात करेंगे।

अब तीसरे क्लेश को समझो, जो है राग यानी आकर्षण, आसक्ति, चिपकाव।

राग को समझाते हुए ऋषि पतंजलि कहते हैं- सुखानुशयी रागः। अर्थात जिस चीज़ से हमें सुख मिला हो, उसके प्रति मन में जो लगाव या चिपकाव बन जाता है, वही राग है। जैसे तारीफ, सुख-सुविधाएँ, रिश्ते, पहचान, कोई सुखद घटना इनसे हमें लगाव हो जाता है। मन में चाह उठती है, 'यह मुझे चाहिए ही चाहिए या फिर ये जो मेरे पास है, यह मुझसे अलग नहीं होना चाहिए।'

अगर तुम शांति से बैठकर अपने राग पर मनन करो तो बहुत लंबी लिस्ट बन जाएगी। राग बड़ी बलवान भावना है। इससे ही तो सारी अपेक्षाएँ जन्म लेती हैं।

अक्षत – ओह! वाकई यानी जिसे कोई राग नहीं है, उसे मुक्त ही समझो।

शिवम (मुस्कुराते हुए) – ऐसा नहीं है मेरे भाई! एक बात जान लो, हमें सिर्फ राग नहीं बाँधता, द्वेष भी बाँधकर रखता है। हम किसी प्रियजन से ज़्यादा बड़ा बंधन एक दुश्मन से बाँध लेते हैं। राग से भी बड़ा बंधन है द्वेष। ऋषि पतंजलि के अनुसार यही चौथा क्लेश है। इसे परिभाषित करते हुए वे कहते हैं- दुःखानुशयी द्वेषः। अर्थात जिस अनुभव से हमें दुःख या पीड़ा मिली हो, उसके प्रति मन में जो नफरत, विरोध या उससे दूर हटने की प्रवृत्ति बन जाती है, वही द्वेष है।

अक्षत – अच्छा! यानी हमारा मन अगर किसी चीज़ से भागना चाहता है तो इसका कारण वह चीज़ नहीं बल्कि उसके प्रति मन में उपजा द्वेष है।

शिवम – हाँ। बिलकुल ठीक समझा तुमने।

जो दुःख दे, उससे भागना। फिर चाहे वह कोई इंसान हो, कोई परिस्थिति या कोई याद हो जिसे देखकर मन कहे, 'मुझे यह नहीं चाहिए।' यही है द्वेष यानी विकर्षण की भावना। बस यहीं से हम वास्तविकता से पलायन शुरू कर देते हैं।

राग-द्वेष ये दो शब्द ऐसे थे, जिनके बारे में अक्षत ने अब तक काफी बार सुना था। माँ भी रोज एक भजन में भगवान से प्रार्थना किया करती थी- 'राग-द्वेष से मुक्ति की' मगर इनका क्या अर्थ है, यह अक्षत को आज पता चला।

अक्षत के ध्यान क्षेत्र में बहुत कुछ आने लगा, अपने राग जैसे उसे अपनी पर्सनल लाइफ में किसी का हस्तक्षेप पसंद नहीं है, कोई उसका सामान छू भी दे तो उसे गुस्सा आ जाता है। उसे अपनी इमेज से बड़ी अटैचमेंट है।

इसके अलावा उसे बड़ा बुरा लगता है जब कोई उसे क्रिटिसाइज करे। वह किसी भी तरह की आलोचना बर्दाश्त नहीं कर पाता। वह सोचने लगा कि कहीं बार-बार नौकरी बदलने की आदत के पीछे का कारण द्वेष तो नहीं था। कुछ तो था, जिससे वह बार-बार भागना चाहता था।

अब अक्षत के अंदर अपने राग और द्वेष से मुक्ति का रास्ता जानने की इच्छा जगने लगी थी। शिवम ने उसे इस पर कौन सा तरीका बताया, यह अगले अध्याय में जानेंगे।

13

क्लेशों के समाप्ति की शुरुआत

अक्षत और शिवम कैफे में बात कर रहे थे। अक्षत इस वार्तालाप को और आगे बढ़ाना चाहता था इसलिए वह शिवम से बोला-

अक्षत - यार चलो उसी बीच पर चलते हैं, जहाँ अभ्यास की शुरुआत हुई थी। कितना अच्छा अनुभव रहा था वह। इतना कुछ सिखाया था तुमने मुझे और मुझे समझ भी आया था।

शिवम (हँसते हुए) - देखो दोस्त! फँस गए न राग के जाल में।

अक्षत (आश्चर्य से) - मतलब?

शिवम - ऐसे ही तो जन्म लेता है राग।

कोई सुखद अनुभव हुआ नहीं कि मन उसे बार-बार दोहराने की इच्छा करने लगता है। चाहे वह एक अच्छी मीटिंग हो, किसी की प्रशंसा हो, एक सुकूनभरी यात्रा हो, छुट्टी हो, बातचीत हो, कोई जगह, कोई अनुभव हो, हमारे मन पर उसकी एक छाप बन जाती है। फिर हम उसी अनुभव को दोबारा पाने के लिए मचलने लगते हैं। जैसे एक बच्चा जब पहली बार चॉकलेट खाता है तो उसे बहुत मज़ा आता है। इससे उसके मन में राग पैदा हो जाता है। फिर वह बार-बार चॉकलेट खाना चाहता है। जब उसे चॉकलेट मिलती है तो वह खुश होता है, नहीं मिलती तो रोता है।

ऐसा ही हम बड़े भी करते हैं। किसी सुखद अनुभव के पीछे बार-बार भागते हैं, यह महसूस किए बिना कि यह भागना ही हमारे दुःख का कारण बन सकता है। द्वेष के साथ भी हम ठीक यही दोहराते हैं। जब हमें कोई अनुभव पीड़ा देता है, चाहे वह कोई असफलता हो, कोई व्यक्ति हो, बीमारी हो, अपमानजनक व्यवहार हो तो हम घृणा करने लगते हैं, उससे पीछा छुड़ाकर भागने लगते हैं। यह महसूस किए बिना कि जिन चीज़ों का हम सबसे अधिक विरोध करते हैं, वे ही हम पर सबसे अधिक प्रभाव बनाए रखती हैं, हमें कमज़ोर कर देती हैं। इसलिए बेहतर है इनका सामना किया जाए और इन्हें समझ से दूर किया जाए।

अक्षत – वही तो मैं जानना चाहता हूँ, इन सारे क्लशों को दूर कैसे किया जाए? मैं इस रास्ते पर चलने के लिए तैयार हूँ मगर मुझे रोड मैप चाहिए।

शिवम (हँसते हुए) – ऋषि पतंजलि द्वारा दिया गया अष्टांग मार्ग यही रोड मैप है दोस्त, जिस पर अगर चल दिए तो तुम नहीं जानते, तुम्हें क्या प्राप्त होगा। जिसके बारे में तुम अभी सोच भी नहीं सकते।

अक्षत – सोच तो नहीं सकता मगर प्रत्यक्ष देख ज़रूर सकता हूँ तुम्हारी आँखों में। मुझे भी ऐसी निश्चिंतता चाहिए जैसी तुम्हारी आँखों में है। ऐसी ही हँसी चाहिए, जैसी तुम्हारे चेहरे पर है। मुझे ऐसे ही जीवन जीना है, जैसे तुम जी रहे हो सुख, शांति, आनंद से भरपूर।

शिवम – तुम भी जीयोगे मेरे दोस्त क्योंकि तुम्हारे अंदर इस मार्ग पर चलने की प्यास भी जग पड़ी है और प्रार्थना भी। आज पहले हम ऋषि पतंजलि द्वारा बताए गए पाँचवें क्लेश को समझ लेते हैं, फिर अष्टांग मार्ग पर चलने की यात्रा शुरू करेंगे।

अक्षत – ओह! कौन सा है पाँचवाँ क्लेश?

शिवम – यह ऐसा क्लेश है, जिसे पकड़ना बहुत मुश्किल है क्योंकि यह बेहद सूक्ष्म है। ऋषि पतंजलि ने इसे कहा है, अभिनिवेश।

अच्छा एक बात बताओ, तुम घर में मज़े से बैठकर टी.वी. पर लाइव क्रिकेट मैच देख रहे हो। तुम्हें मैच में बहुत मज़ा आ रहा है। क्या उस समय तुम्हारे मन में कोई डर रहेगा?

अक्षत – एक ही डर हो सकता है... अपने देश के हार जाने का डर।

शिवम – और अगर मैच में तुम्हारा देश न खेल रहा हो या कोई और फेवरेट देश न खेल रहा हो तब... क्या तब कोई डर हो सकता है?

अक्षत – नहीं... तब तो कोई डर नहीं होगा।

शिवम – डर होगा मगर वह दिखाई नहीं देगा क्योंकि वह बहुत सूक्ष्म है। वह होगा लाइट चले जाने का डर या टी.वी. प्रसारण के रुक जाने का डर या नेटवर्क बंद पड़ जाने का डर। ये ऐसे डर हैं जो बैकग्राउंड में बह रहे हैं। चूँकि सब कुछ ठीक चल रहा है इसलिए सामने खुलकर नहीं आते। लेकिन मौका मिलते ही ये डर हमें धर-दबोच लेते हैं।

ऐसा ही सबसे बड़ा डर है, अभिनिवेश का। यह जीवन से मोह और मृत्यु के भय का नाम है। यह सबसे गहरा और प्रभावशाली क्लेश है, जो एक छोटी सी चींटी में भी होता है और बड़े से बड़े बलशाली हाथी या इंसान में भी।

अक्षत – मैं तुम्हारी बात कुछ-कुछ समझ रहा हूँ। मैं खुद अपने बारे में यही कहता था कि मुझे मरने से डर नहीं लगता, न ही फ्लाइट से डर लगता है। मगर कुछ महीनों पहले मुझे किसी ऑफिशियल काम से सिंगापुर जाना था। जिस दिन मेरी टिकट बुक हुई, ठीक उसी दिन एयर इंडिया का प्लेन क्रैश हो गया तब मैंने अपने भीतर छिपे हुए इसी डर को महसूस किया। बार-बार खयाल आ रहे थे, अगर मैं उस फ्लाइट में होता तो क्या होता? अगर मेरे साथ ऐसा हो गया तो क्या होगा? मेरी फ्लाइट के जाने तक पूरी दुनिया में बहुत सी ऐसी घटनाएँ हो गईं और सच में पहली बार मुझे फ्लाइट में डर लगा।

शिवम – हाँ! सही पकड़ा तुमने। कितने लोग कहते हैं, हम मरने से नहीं डरते मगर कहीं भूकंप आ जाए तो उन्हें डर सताता है कि अगर हमारे इलाके में भूकंप आ गया तो क्या होगा? बॉर्डर पर युद्ध चल रहा हो तो डर आता है, हमारे एरिया में मिसाइल आ गिरी तो क्या होगा?

यह डर हर किसी में है, जिसके पीछे एक छिपी हुई इच्छा है, 'मैं हमेशा बना रहूँ, मेरा अस्तित्व कभी समाप्त न हो।'

अक्षत – ऐसी इच्छा हर किसी में होगी तो क्या यह गलत है?

शिवम – यहाँ बात सही और गलत की नहीं है। बात है इस इच्छा की जड़ को समझने की और जड़ है- अविद्या, अज्ञान।

चूँकि हमने अविद्या के कारण ही खुद को इस शरीर से जोड़ लिया है, उसे ही अपनी पहचान मानने लगे हैं इसलिए जब शरीर के समाप्त होने का विचार आता है तो भीतर डर पैदा होता है। हम मानकर बैठे हैं कि शरीर खत्म तो हम भी खत्म।

यही डर हमारे भीतर राग, द्वेष को और अधिक मज़बूत कर देता है। जो चीज़ें सुख देती हैं, उनसे हम इसलिए चिपक जाते हैं क्योंकि वे हमें ज़िंदा होने का अनुभव कराती हैं। हम चाहते हैं हमारी साँसें हमेशा चलती रहें और वे सारे सुख हमारे साथ रहें।

इसके साथ ही जो चीज़ें दुःख देती हैं, उनसे हम इसलिए दूर भागते हैं क्योंकि वे हमें अस्थिरता और अंत की याद दिलाती हैं। इसी को अभिनिवेश कहा गया है। जीवन से चिपके रहने और परिवर्तन से डरने की प्रवृत्ति।

अक्षत – मुझे एक बात याद आ रही है, जब पूरी दुनिया में कोरोना फैला हुआ था तब जिन्हें कोई बीमारी नहीं था, जो अपने घरों में सुरक्षित थे, वे भी इतने डरे-सहमें बैठे हुए थे। कोई सुबह-शाम काढ़ा पी रहा था, कोई घर में धुआँ जला रहा था। मेरे एक अंकल थे, जो कहा करते थे, लोगों को यह बीमारी उतना नहीं मारेगी, जितना इस बीमारी का डर मार देगा।

शिवम – सही कह रहे थे वे। बीमारी से ज़्यादा उसका डर हमें कमज़ोर करता है। हमारी इम्यूनिटी कम कर देता है, जिससे बीमारी हम पर ज़्यादा गहरा असर डालती है। सच कहूँ तो दुनिया में जो भी तनाव, संघर्ष, युद्ध, हिंसा चल रहे हैं, चाहे लोगों के बीच, देशों के बीच, जाति-धर्म के बीच उन सबके पीछे सबसे बड़ा कारण यही अभिनिवेश है।

अक्षत – वह कैसे?

अक्षत – 'कहीं मैं खत्म न हो जाऊँ, मेरी पहचान न मिट जाए, मेरा देश, धर्म, जाति न मिट जाए, कोई मेरी पोजिशन से मुझे हटाकर, खुद उस पर कब्ज़ा न कर ले, कोई दूसरा मुझे कंट्रोल न करे...' ऐसे डर मन में रखकर लोग एडवांस में ही लड़ाई-झगड़ा करने लगते हैं।

तू जो एक हफ्ते से अपने अंदर देख रहा है न, वह इन पाँच क्लेशों का लाइव प्रदर्शन है। ऑफिस में, घर में, बस में अपने भीतर इन्हीं का खेल चल रहा है।

अक्षत कुछ पल चुप रहा।

अक्षत – तो अब आगे क्या? क्या अब सिर्फ देखता रहूँ?

शिवम – नहीं। अब आगे बढ़ना है, इन क्लेशों को देखते हुए, इनके असर को जानते हुए। जिस दिन इंसान अपने क्लेशों को चलते हुए देख लेता है, उसी दिन दुःख की पकड़ ढीली पड़नी शुरू हो जाती है।

अक्षत (हाथ जोड़कर हँसते हुए) – ठीक है गुरुदेव! अब मेरे लिए क्या आज्ञा है?

शिवम (हँसते हुए) – आज्ञा नहीं, होमवर्क है तुम्हारे लिए। अगले कुछ दिनों का रोड मैप, जिसमें तुम्हें अपने अंदर सभी क्लेशों का चेहरा दिखेगा।

तो दिन में जब भी तुम अपने आपको सिर्फ शरीर, नाम या पहचान से जोड़कर सोचो, जैसे 'मैं ऐसा हूँ, मेरे साथ ऐसा हो गया' तो एक पल रुककर देखना।

अपने आपसे पूछना, 'क्या मैं सच में सिर्फ यही हूँ या यह अविद्या की जड़ है, जो मुझे सीमित दिखा रही है?'

जब कोई तुम्हारी प्रशंसा करे या आलोचना करे तब अपने भीतर उस 'मैं' को महसूस करना, जो कभी खुश हो जाता है तो कभी दुःखी।

ध्यान से देखना और खुद से पूछना, 'क्या यह वह अस्मिता (अहंकार) का चेहरा है, जो मैं बनकर सामने आ रहा है?'

जब अचानक किसी चीज़ की तीव्र इच्छा उठे, जैसे कुछ स्पेशल खाने की, फोन देखने की या किसी सुखद अनुभव की तो तुरंत उसे करने से पहले एक पल रुकना। देखना क्या यह राग का चेहरा है, जो मुझे अपनी ओर खींच रहा है?

जब तुम किसी काम को टालो, किसी व्यक्ति से बचने की कोशिश करो या किसी परिस्थिति से दूर भागना चाहो तब रुककर देखना और खुद से पूछना, 'क्या यह द्वेष है, जो मुझे पीछे धकेल रहा है?'

जब तुम्हें किसी चीज़ का डर या असुरक्षा महसूस हो, जैसे कुछ खो जाने का डर, असफल होने का डर या किसी अंत का डर तब उसके असर में आने की बजाय उसे ध्यान से देखना कि 'क्या यह अभिनिवेश है, जो अपनी पकड़ मज़बूती से बनाए रखना चाहता है?'

याद रखना, तुम्हें इन भावनाओं को बदलना नहीं है और न ही अपने ऊपर कोई निर्णय देना है। बस देखना है जैसे एक साइंटिस्ट लैब में अपने प्रयोग को बड़े धैर्य और सजगता से देखता है।

धीरे-धीरे तुम्हें समझ आएगा कि ये सब एक ही पेड़ के हिस्से हैं, जो चित्त में उगा हुआ है। इसकी जड़ अविद्या है, तना अस्मिता (अहंकार) है। इसकी डालियाँ हैं राग, द्वेष और अभिनिवेश।

साथ ही यह भी याद रखना कि सजगता ही वह कुल्हाड़ी है, जो एक दिन इस पेड़ को उसकी जड़ से काट सकती है।

तो बस आज का तुम्हारा होमवर्क यही है।

दिनभर अपने भीतर के इस पेड़ को देखना। उसकी जड़ को, तने को, शाखाओं को फलते, फैलते देखना। जिस क्षण उन्हें जान लोगे, उसी क्षण से उसकी जड़ें ढीली होने लगेंगी।

अक्षत ने गहरी साँस ली और फिर शिवम से विदा ली। आज उसे भविष्य का डर नहीं था। क्योंकि अब वह जानता था उसके कदमों के नीचे एक अनिश्चित राह नहीं बल्कि एक पक्का रोड मैप है, जो उसे एक सुंदर, सफल, सहज, आनंदित जीवन की ओर ले जाएगा। उसका यही विश्वास ऋषि पतंजलि के अष्टांग योग की शुरुआत थी।

14

अष्टांग मार्ग की पूर्व तैयारी – क्रिया योग

अगले कुछ दिन अक्षत के लिए कुछ अलग ही थे। वह पहले से ज़्यादा जागरूक हो गया था। ऑफिस जाना, मीटिंग करना, घर लौटना, दोस्तों से बात करना सब कुछ वैसे ही चल रहा था लेकिन अब उसके देखने का तरीका बिलकुल बदल गया था। उसकी दृष्टि जैसे अर्जुन की दृष्टि हो चली थी। हर सामान्य बात के पीछे छिपी महत्वपूर्ण बात ढूँढ़ लेनेवाली दृष्टि।

एक दिन ऑफिस में मीटिंग के दौरान अक्षत के बॉस ने उसकी बहुत तारीफ की। वे शब्द रह-रहकर उसके दिमाग में घूम रहे थे, 'अक्षत, इस प्रोजेक्ट को जिस तरह तुमने सँभाला है, वह कमाल है।' अक्षत के भीतर खुशी की लहर दौड़ गई। पहले की तरह वह उस खुशी में बह जाता लेकिन इस बार उसे शिवम का होमवर्क याद आ गया।

वह कुछ पल के लिए चुप बैठ गया और अपने भीतर झाँकने लगा।

अक्षत (मन में) **–** इस वक्त जिसे इतना अच्छा लग रहा है, क्या यह वही 'मैं' है जो तारीफ से फूल जाता है?

उसने महसूस किया कि भीतर से एक आवाज़ कह रही थी, 'मैं अच्छा हूँ, सबसे बेहतर हूँ।' उसे सुनकर अक्षत हल्के से मुस्कुराकर बुदबुदाया।

अक्षत – ओह यही तो है, जिसे ऋषि पतंजलि ने अस्मिता कहा है।

उसे पहली बार ऐसा लगा, जैसे वह अपने भीतर किसी और को काम करते हुए देख रहा हो। अगली शाम जब वह घर लौटा, बहुत थका हुआ था। सोफे पर बैठते ही उसके मन में आया, चलो फोन उठाकर थोड़ी देर सोशल मीडिया देख लेते हैं। हाथ फोन की ओर बढ़ा ही था कि अचानक वह रुक गया।

अक्षत – एक मिनट यह इच्छा अचानक कहाँ से आ गई?

वह कुछ पल शांत बैठ गया और अंदर चल रही आवाज़ सुनने लगा। मन जैसे कह रहा था, 'थोड़ा मज़ा चाहिए, थोड़ी राहत चाहिए... ऑफिस की बातों से।'

अक्षत धीरे से बोला-

अक्षत – हम्म! यही तो है राग।

फोन कुछ देर के लिए वहीं पड़ा रहा। वह बस अपने भीतर चित्त में चल रहे खेल देखता रहा।

अगले ही दिन ऑफिस में एक मुश्किल काम सामने आ गया। उसे लगा यह काम बहुत झंझटवाला है।

मन ने तुरंत कहा, 'क्या बोरिंग काम है, कौन अपना सिर खपाए, जूनियर को थमा देता हूँ।' अक्षत फिर रुक गया।

अक्षत (मन में) – क्या यही है द्वेष, जो मुझे इस काम से दूर भागने के लिए कह रहा है?

अब उसे क्लेशों से भरी चित्त की चंचलता देखना किसी खेल जैसा लगने लगा था। कभी राग सामने आ जाता, कभी द्वेष, कभी अस्मिता।

एक शाम जब वह ऑफिस से घर लौट रहा था तो पुलिस ने रूट डायवर्ट किया हुआ था। जिस रोड से वह रोज़ घर जाता था, वहाँ पर एक्सीडेंट हो गया था। एक बड़ा ट्रक पलट गया था, जिसके नीचे एक कार दब गई थी। उसमें बैठे चारों लोग घटनास्थल पर ही मर गए थे।

अचानक उसके मन में एक अजीब सा खयाल आया।

अक्षत (मन में) – अगर उस कार की जगह मेरी कार होती तो? अगर मैं दबकर मर जाता, लोग इतनी फ्यूचर प्लॉनिंग में लगे रहते हैं, क्या फायदा उसका! कभी भी कुछ भी हो सकता है, ज़िंदगी का कोई भरोसा नहीं।

इस खयाल ने अक्षत को बहुत देर तक पकड़े रखा लेकिन फिर वह बाहर आया। उसने ध्यान से उस भावना को देखा।

अक्षत – ओह! यह अभिनिवेश है। मृत्यु का डर, खुद को खो देने का डर... तो क्या मृत्यु का डर भी शांत होकर देखा जा सकता है... अगर हम उससे भागे नहीं तो क्या होगा?

कुछ ही दिनों में अक्षत को एक अद्‌भुत बात समझ में आने लगी। उसके भीतर जो कुछ भी चल रहा था- खुशी, दुःख, डर, इच्छा, अहंकार सब किसी न किसी क्लेश के ही रूप थे। जैसे-जैसे वह उन्हें देखता जा रहा था, उनका असर थोड़ा-थोड़ा कम होने लगा था। जितना वह उन क्लेशों को साक्षी भाव से देखने लगा था, उतना ही उसके अंदर उन क्लेशों से हमेशा के लिए मुक्त होकर आनंदित जीवन जीने की प्यास जगने लगी थी।

एक हफ्ते बाद अक्षत फिर उसी कैफे में बैठा था, जहाँ वह अकसर शिवम से मिलता था। थोड़ी देर बाद शिवम भी आ गया।

शिवम (हँसते हुए) – तो दोस्त! कैसी रही लैब में रिसर्च?

अक्षत – कमाल की रही। पहले तो मुझे लगता था मेरे अंदर बस मैं ही हूँ। अब पता चल रहा है कि मेरे अंदर क्लेशों का पूरा नाटक चल रहा है। अब समझ आ रहा है कि ये क्लेश कितने सूक्ष्म हैं। कभी तारीफ मिलती है तो अहंकार फूल जाता है। कुछ अच्छा दिखता है तो मन तुरंत उसे पकड़ना चाहता है। किसी मुश्किल काम से बचने का मन करता है और कभी-कभी बिना वजह डर भी उठ जाता है। यही सब चल रहा है लेकिन एक अजीब बात भी हो रही है।

शिवम – क्या?

अक्षत – जैसे-जैसे मैं इन्हें देखता गया, इनकी ताकत कम होने लगी। मैं पहले से बेहतर और खुला हुआ महसूस कर रहा हूँ।

शिवम – बहुत बढ़िया! इन्हीं विकारों से संबंधित तुम्हें एक मजेदार मगर महत्वपूर्ण बात बताता हूँ। तुमने किसी को कुल्फी खाते देखा होगा या तुमने भी कभी ऐसा किया होगा। ऐसी घटनाएँ हमें बहुत गहरा संकेत देती हैं।

जैसे कोई कुल्फी खा रहा हो और उसका दूसरा हाथ नीचे लगा हो तो समझो यह उसका मोह है; कुल्फी खत्म होने के बाद भी वह डंडी चाटता रहे तो यह लोभ है; अगर आधी कुल्फी खाकर आधी गिर जाए और भीतर हलचल उठे तो वह क्रोध

है; और यदि सामनेवाले की कुल्फी अब तक खत्म न हुई हो तो उस वक्त मन में उठती भावना ईर्ष्या है।

यदि तुम इन सूक्ष्म भावों को पहचानने लगे हो तो समझो कि तुम सच में मुक्ति की दिशा में बढ़ रहे हो।

अक्षत – वाकई कितनी साधारण सी बात है मगर इस उदाहरण में कितना गहरा अर्थ छिपा है। मैंने न जाने कितनी बार कुल्फी खाई होगी या दूसरों को खाते देखा होगा लेकिन कभी इस दृष्टि से सोचा ही नहीं। अब यह बात जीवनभर याद रहेगी।

शिवम (मुस्कुराते हुए) – बहुत अच्छे! अब वह समय आ गया है, जब हम उस मार्ग की शुरुआत करें, जिसके बारे में मैंने तुम्हें बताया था।

ऋषि पतंजलि का अष्टांग मार्ग।
अक्षत तुरंत सीधा और अलर्ट होकर बैठ गया।

अक्षत – मैं तैयार हूँ।

शिवम – लेकिन अष्टांग योग की यात्रा शुरू करने से पहले ऋषि पतंजलि एक और महत्वपूर्ण बात बताते हैं। वे कहते हैं कि क्लेशों को कमज़ोर करने के लिए तीन अभ्यास बहुत ज़रूरी हैं, जिन्हें सम्मिलित रूप से क्रिया योग कहा गया है।

अक्षत – क्रिया योग! वह क्या है?

शिवम – ऋषि पतंजलि का एक योग सूत्र है-

तपःस्वाध्यायेश्वरप्रणिधानानि क्रियायोगः।

इसका अर्थ है- तप (अनुशासन), स्वाध्याय (आत्म अध्ययन) और ईश्वर प्रणिधान (ईश्वर के प्रति समर्पण) ही क्रिया योग है।

अक्षत (उत्सुक होकर) – ये क्या होते हैं? कहीं तप का अर्थ वह तपस्या तो नहीं, जिसे जंगलों, पहाड़ों में जाकर किया जाता है?

शिवम – नहीं! तप का वास्तविक अर्थ है, अपने जीवन में जागरूकता और अनुशासन लाना।

जब हमारा मन पुराने ढर्रे पर चलना चाहता है लेकिन हम जागरूक रहकर सही काम चुनते हैं तो यह तप है।

जैसे तुमने बेवजह आदतन फोन उठाने से पहले खुद को रोका तो यह भी तप का ही एक रूप है।

अक्षत (खुशी से) – यानी मैं जो कर रहा हूँ, वह एक तरह की तपस्या ही है?

शिवम – बिलकुल। जागरूकता से जीवन जीना तप है। क्रिया योग के दूसरे चरण स्वाध्याय का अर्थ है, अपनी आंतरिक अवस्था का अध्ययन करना, उसे समझना। अपने विचारों, भावनाओं और व्यवहार को देखना। पिछले दो हफ्ते से तुम यही तो कर रहे हो, है न?

अक्षत – हाँ सच है।

शिवम – मगर क्रिया योग का तीसरा चरण जो है, ईश्वर प्रणिधान। तुम्हें अब इसे भी अपनी प्रैक्टिस में शामिल करना है। क्योंकि अगर यह शामिल नहीं किया तो उस स्रोत तक नहीं पहुँच पाओगे, जो इस पूरे खेल का मास्टरमाइंड है।

अक्षत – क्या मतलब है इसका, ज़रा समझाओ।

शिवम – इसका मतलब है जीवन के हर परिणाम को एक बड़े नियम या सत्ता के हाथ में छोड़ देना। उस सत्ता को तुम स्रोत, सुप्रीम पॉवर, ग्रेट यूनिवर्स, ईश्वर, सेल्फ... जो भी नाम देना चाहो, दे सकते हो। उस पॉवर के प्रति पूर्ण रूप से समर्पित होकर जीवन जीना ही ईश्वर प्रणिधान है और यही है क्रियायोग का आखिरी और सबसे महत्वपूर्ण चरण।

अक्षत – इसे थोड़ा और समझाओगे क्या? मतलब यह कैसे किया जा सकता है?

शिवम – देखो, जब तक जीवन है कुछ न कुछ इच्छाएँ रहेंगी, लक्ष्य भी रहेंगे, जिनके लिए हम लगातार प्रयास करते रहेंगे। यही जीवन की गति है लेकिन होता यह है कि इच्छाओं को हम अपना मान लेते हैं और लक्ष्य को भी, साथ ही उनके परिणामों को भी। और इसी राग के कारण हम सुख-दुःख के चक्कर में उलझ जाते हैं। जबकि करना यह है हम अपना प्रयास पूरी ईमानदारी से करें लेकिन परिणाम को पकड़कर न बैठें। इच्छा को ईश्वर की इच्छा बना लें, लक्ष्य को भी ईश्वर की नौकरी समझ लें। परिणाम से खुद को न बाँधें। जो होगा, उसे खुशी से स्वीकार करें। उस पर अच्छा-बुरा, सफलता-असफलता का लेबल न लगाएँ। जो मिला, उसे बस ईश्वर का प्रसाद समझकर ग्रहण करें।

यही है ईश्वरप्रणिधान। ईश्वर की रजा में राज़ी रहकर जीना। यही समर्पण मन के सारे बोझ उतारकर उसे हल्का करता है। यही समर्पण हमेशा साथ रहनेवाली खुशी का अनुभव कराता है।

अक्षत कुछ देर तक सोचता रहा। फिर बोला-

अक्षत – मतलब वैराग्य के साथ क्लेशों को देखना शुरू करके, मैं अनजाने में क्रिया योग का अभ्यास ही कर रहा था लेकिन उसमें समर्पण जोड़ना बाकी रह गया था।

शिवम – बिलकुल और उसके बिना योग में सफलता नहीं मिल सकती; अहंकार नहीं छूट सकता; क्लेश खत्म नहीं हो सकते। मुझे खुशी है, तुमने समर्पित होने को स्वीकार किया। अब वह समय आ गया है, जब हम उस सूत्र को समझें, जिससे पूरा योग दर्शन शुरू होता है।

अक्षत (उत्सुकता से) – कौन सा?

शिवम – अथ योगानुशासनम्।

अक्षत – इसका मतलब?

शिवम – इसका सरल अर्थ है– अब योग का अनुशासन प्रारंभ होता है लेकिन यहाँ 'अथ' शब्द बहुत गहरा है। यह 'अब' तब आता है, जब इंसान जीवन में बहुत कुछ देख चुका होता है। जब उसे समझ आने लगता है कि सुख के पीछे भागना और दुःख से भागना ही उसके संघर्ष का कारण है। जब वह अपने इन क्लेशों को पहचानने लगता है तब उसके भीतर एक सच्ची खोज पैदा होती है, उसी क्षण से योग की शुरुआत होती है।

अक्षत की आँखों में चमक आ गई।

अक्षत – मतलब मेरे अंदर जो खोज शुरू हुई है, वही 'अथ' है?

शिवम – बिलकुल। योग किसी किताब से शुरू नहीं होता। वह तब शुरू होता है, जब इंसान सच में जानना चाहता है, 'मैं कौन हूँ और इस दुःख के चक्र से कैसे मुक्त हो सकता हूँ?'

अक्षत कुछ देर तक चुप बैठा रहा। उसे लगा जैसे उसके भीतर कोई नया दरवाज़ा खुल रहा है। अब तक तो पूर्व तैयारी चल रही थी। अब यात्रा सच में शुरू होने जा रही है। शिवम बताने जा रहा था पतंजलि योग सूत्र का पहला मार्ग 'यम', जिसे जानना और जीवन में अपना लेना, न सिर्फ अक्षत के लिए ज़रूरी नहीं है बल्कि उन सभी मनुष्यों के लिए ज़रूरी है, जो एक सुंदर, स्वस्थ, सुरक्षित, विकसित समाज में रहना चाहते हैं।

क्या है यह पहला मार्ग 'यम' और क्या है इसका महत्त्व, जानेंगे अगले अध्याय में।

15

पतंजलि अष्टांग मार्ग का पहला अंग – 'यम'
यम का पहला महाव्रत (स्तंभ) – 'अहिंसा'

शिवम की गाइडन्स में अक्षत की पूर्व तैयारी हो चुकी थी। अब वह पतंजलि अष्टांग मार्ग को समझकर, उस पर चलने के लिए पूरी तरह तैयार था। भीतर चल रहे क्लेश, अवसाद के बादल छट चुके थे। अब थी तो बस कुछ उच्चतम जानने की जिज्ञासा और उत्साह। इन्हीं विचारों के साथ आज वह शिवम से मिलने आया था।

अक्षत – शिवम मेरे दोस्त, मेरे गुरु अब और इंतज़ार नहीं हो रहा। मुझे बताओ यह अष्टांग मार्ग क्या है?

शिवम मुस्कुराया। उसने पानी का एक घूँट लिया और धीरे से बोलना शुरू किया।

शिवम – अष्टांग योग यानी आठ अंगोंवाला मार्ग। यह कोई एक अभ्यास या फिलासॉफी नहीं है बल्कि जीवन को पूरी तरह संतुलित और शुद्ध करने की प्रक्रिया है, जिसे ऋषि पतंजलि ने आठ अंगों में समझाया है। इन्हें आठ सीढ़ियाँ कह सकते हैं। जो हैं- यम, नियम, आसन, प्राणायाम, प्रत्याहार, धारणा, ध्यान और समाधि।

अक्षत (धीरे-धीरे दोहराते हुए) – आठ सीढ़ियाँ मतलब एक-एक करके ऊपर चढ़ना होगा?

शिवम – बिलकुल। इनमें हर सीढ़ी ज़रूरी है। किसी को लाँघकर जल्दी ऊपर नहीं पहुँचा जा सकता। वरना नींव मज़बूत नहीं होगी तो ऊपर की मंज़िल टिकेगी नहीं।

अक्षत – मैं तुम्हें वचन देता हूँ कि एक-एक करके ही ऊपर जाऊँगा और ज़रूर जाऊँगा, कोई शॉर्टकट नहीं। बस यह बताओ शुरुआत कहाँ से होती है?

शिवम – शुरुआत होती है यम से, जो इस पूरे मार्ग की नींव है।

अक्षत – यम मतलब?

शिवम – यम का अर्थ है, समाज के प्रति हमारा नैतिक आचरण। हम दूसरों के साथ कैसे जीते हैं, कैसे व्यवहार करते हैं, यही यम है।

अक्षत – मुझे एक बात समझ में नहीं आई। यहाँ तो बात अपने आध्यात्मिक विकास की हो रही है, फिर दूसरे कहाँ से बीच में आ गए? क्या अपनी आध्यात्मिक प्रगति के लिए इस पर भी ध्यान देना ज़रूरी है?

शिवम – हाँ बिलकुल! इसका कारण है, हमारा कोई अलग, अकेला अस्तित्व नहीं है। हम एक कलेक्टिव कॉन्शियसनेस यानी सामूहिक चेतना का हिस्सा हैं। कोई खुद को कितना भी अलग करके देखे, फिर भी वह समाज का, दुनिया का हिस्सा है। हमारी उपस्थिति, हमारा हर कार्य, हर भाव, हर विचार, हर शब्द दूसरों को प्रभावित करता है और उनकी प्रतिक्रियाएँ हमें प्रभावित करती हैं।

सोचो, अगर हम दिन में २ घंटे पूजा-पाठ करें, मेडिटेशन करें लेकिन बाकी समय दूसरों पर क्रोध करें, झूठ बोलें, चुगली करें तो क्या उस मेडिटेशन का कोई फायदा होगा?

अक्षत – नहीं।

अक्षत – इसीलिए आंतरिक शुद्धि से पहले बाहरी व्यावहारिक शुद्धि भी ज़रूरी है। यदि हमारा बाहरी जीवन झूठ, मक्कारी, हिंसा, बेईमानी से भरा है तो हम अपने भीतर कितनी भी शांति खोजने की कोशिश करें, अशांत ही रहेंगे क्योंकि जो बाहर देंगे, वहीं वापस लौटकर जीवन में आएगा। अगर हम किसी को हँसी-मज़ाक में भी एक ताना मार देते हैं, जिसका उसे बुरा लगता है तो याद रखो, वह भी किसी न किसी रूप में वापस लौटकर आता है और हमें दुःख देता है।

अक्षत – मैं तुम्हारी बात समझ रहा हूँ। दूसरों के साथ किए जानेवाले व्यवहार को भी सुधारना ज़रूरी है।

शिवम – इसे ऐसे समझ लो हमें अपना घर साफ करना है। लेकिन उसे साफ करने से पहले हम घर की ऐसी खिड़कियाँ, दरवाज़े बंद कर रहे हैं, जहाँ बाहर से गंदगी

आ रही है ताकि घर में नया कचरा जमा न हो। इसीलिए ऋषि पतंजलि ने सबसे पहला अंग 'यम' के पाँच महाव्रत दिए हैं। वे कहते हैं-

अहिंसा सत्यास्तेय ब्रह्मचर्यापरिग्रहा यमाः।

इसका अर्थ है- अहिंसा, सत्य, अस्तेय, ब्रह्मचर्य और अपरिग्रह ये पाँच महाव्रत हैं। ये सिर्फ महाव्रत नहीं हैं, ये वे आधार हैं, जो मन को शुद्ध करते हैं और क्लेशों को कमज़ोर करते हैं। चलो इन्हें एक-एक करके समझते हैं।

पहला महाव्रत है- अहिंसा यानी हिंसा न करना।

अक्षत (खुशी से) – मुझे यह सीखने की ज़रूरत नहीं। मैंने कभी किसी के साथ हिंसा नहीं की।

शिवम (मुस्कुराकर) – हिंसा का मतलब सिर्फ किसी को मारना नहीं है। किसी के प्रति बुरा सोचना, कठोर शब्द बोलना भी हिंसा है। इतना ही नहीं, अपने बारे में बुरा सोचना, खुद को भी नुकसान पहुँचाना भी हिंसा ही है।

अक्षत – जैसे?

शिवम – 'मेरे से कुछ होता ही नहीं, मुझे कुछ समझ ही नहीं आता, मैं इसके मुकाबले कितना कमतर हूँ, मैं किसी को खुश नहीं रख पाता।' ऐसे बार-बार खुद को कोसना भी अपने प्रति की गई हिंसा है। जानते हो, सिगरेट, शराब जैसे हानिकारक व्यसन करना, ज़रूरत से ज़्यादा खाना खाना यानी ओवरईटिंग भी खुद के प्रति हिंसा है और एक हिंसा तो तुम ज़रूर करते हो, जिसका मुझे पता है।

अक्षत (आश्चर्य से) – वह क्या?

शिवम – ज़रूरत से ज़्यादा काम करना। आजकल की पीढ़ी का जो ट्रेंड बना हुआ है, ज़्यादा सफल होने के चक्कर में खुद को इतना ज़्यादा काम में झोंक देना कि शरीर बुरी तरह थक जाए, पाचन क्रिया बिगड़ जाए, नींद डिस्टर्ब हो जाए यह भी खुद के प्रति की जानेवाली हिंसा ही है मेरे दोस्त। जो खुद को बड़ा अहिंसक मानता है, वह भी कहीं न कहीं अपने प्रति हिंसा करता है।

शिवम की बात सुनकर अक्षत सन्न रह गया। अब तक तो हिंसा का मतलब उसके लिए केवल दूसरों को मारना, पीटना, कष्ट देना ही था मगर अपने प्रति किया गया व्यवहार भी कितना हिंसा से भरा हो सकता है, इसके बारे में तो आज पता चला। अक्षत को आज पहली बार समझ में आया कि वह बेकार में ही दूसरों को

अपनी हालत के लिए दोषी ठहराता रहा। जितना नुकसान उसने खुद का किया है- बुरा सोचकर, बुरा बोलकर, बुरा महसूस कर, बुरा व्यवहार कर, बुरा खान-पान कर, उतना तो किसी दूसरे ने भी नहीं किया।

शिवम – देखा चौंक गए न? कड़वी है मगर बात सच है। अगर हम अपने प्रति की जानेवाली हिंसा के लिए जागरूक हो जाए तो उसे दूर करने की ज़िम्मेदारी भी हम खुद लेते हैं। वरना हमेशा अपनी बुरी हालत के लिए दूसरों को ही दोष देते रहते हैं, खुद को कभी नहीं बदलते।

अक्षत – इसीलिए लोगों के जीवन में कोई परिवर्तन नहीं आ पाता। आज मुझे समझ आ रहा है सच्ची आध्यात्मिकता का क्या मतलब है। इसका अर्थ है जागरूकता- अपने प्रति, दूसरों के प्रति, जीवन के प्रति। मैं अपने आस-पास इतने लोगों को सारा दिन पूजा-पाठ करते हुए, भक्ति-भजन करते हुए देखा करता था और सोचता था, 'ये तो इतना भगवान का नाम लेते हैं, फिर उनके जीवन में कोई परिवर्तन क्यों नहीं आता?' आज मिसिंग लिंक समझ आई- वह है जागरूकता... होशभरा जीवन जीना।

शिवम – सच्चाई यह है कि जागरूकता ही हमें अहिंसक बना सकती है।

अक्षत – मैं पूरी कोशिश करूँगा हर तरह से अहिंसक होने की, अपने प्रति भी और दूसरों के प्रति भी। यम का दूसरा महाव्रत कौन सा है?

शिवम – यम मार्ग का दूसरा महाव्रत हम दो-तीन दिन बाद समझेंगे। यह कोई रेस नहीं है, जिसे जल्दी-जल्दी दौड़कर पूरा करना है। ये पतंजलि योग सूत्र हैं, जिन्हें एक-एक करके गहराई से समझना है और जीवन में आत्मसात करना है।

इन दिनों अपने अंदर उठनेवाली हिंसा और अहिंसा का अवलोकन करो। कब किसके लिए गुस्सा आया, जाने-अनजाने किसे दुःख दिया। भाव, विचार, वाणी, क्रिया से कब हिंसा हुई, किसी दूसरे के लिए या खुद के लिए। फिर यह जानने की कोशिश करो कि उस हिंसा को देखकर क्या हुआ? क्या उसका असर समाप्त हो पाया? क्या हिंसक से अहिंसक होने की यात्रा शुरू हुई। फिर आगे बढ़ेंगे दोस्त!

अक्षत को एक नया होमवर्क मिल गया था। उसने मुस्कुराते हुए शिवम से विदा ली, इस निश्चय के साथ कि वह हर तरह की हिंसा से मुक्त होगा। अगली मुलाकात में अक्षत को यम मार्ग का कौन सा महाव्रत पता चला, जानेंगे अगले अध्याय में।

16

यम का दूसरा महाव्रत – 'सत्य'

अक्षत ने शिवम से अब तक जो समझ प्राप्त की थी, वह उसे लागू करने की कोशिश कर रहा था। कभी घटनाओं को और खुद को साक्षी भाव से देख पा रहा था और कभी नहीं।

इस समय उसका सारा फोकस अहिंसक होने पर था, इस कारण उसका व्यवहार दूसरों के प्रति बड़ा विनम्र हो चला था। वह मुँह से जो भी बात निकालता, सोच-समझकर निकालता। इस बात का पूरा खयाल रखता कि उसकी किसी बात से किसी दूसरे को दुःख न पहुँचे।

अक्षत में आए इस परिवर्तन को लोग नोटिस करने लगे थे, घर पर भी और ऑफिस में भी। माँ अक्षत से खुश रहने लगी थी और उसके वे सभी जूनियर भी, जो अक्षत का सामना करने से कभी डरा करते थे।

पिछले दो दिन बड़े टेंशनभरे थे। कंपनी के टॉप मैनेजमेंट से ऑर्डर आया था कि अगले ३ महीनों में १०% लोगों को नौकरी से निकालना है। अक्षत को ज़िम्मेदारी मिली थी, अपने नीचे काम करनेवाले २५ लोगों में से तीन लोगों को निकालने की। वे तीन लोग ऐसे थे, जिनका काम अक्षत को भी पसंद नहीं था। वह खुद कहा करता था, 'ये फालतू लोग हैं, इन्हें कंपनी से बाहर कर देना चाहिए।' मगर जब ऐसा करने की ज़िम्मेदारी उसे मिली तो उसके हाथ-पाँव फूल रहे थे। ऐसा करना उसे हिंसा लग रही थी।

अक्षत पूरी रात बैठकर सोचता रहा कि इस समस्या का क्या कोई सही हल निकल सकता है?

अगले दिन वह ऑफिस गया और उन तीनों के साथ एक-एक करके मीटिंग की। वह किसी को यह नहीं बता पाया कि उनका नाम नौकरी खोनेवालों की लिस्ट में आ चुका है। उसने उन्हें इतना समझाया कि आनेवाला समय बड़ा चुनौतियोंभरा हो सकता है, जिसका सामना करने के लिए उन्हें अपने स्किल्स बढ़ाने होंगे, फलाँ-फलाँ कोर्स करने होंगे ताकि करियर में उन्हें आगे बढ़ने के चान्सेस हो। अक्षत ने उन्हें बातों-बातों में इशारे भी दिए कि उन्हें बाहर दूसरी जगह पर अप्लाई करना शुरू कर देना चाहिए।

अक्षत ने उन्हें ऐसी प्लॅनिंग करके दी कि अगर वे उन पर चले तो उन्हें कोई न कोई अच्छी जॉब मिल ही जाएगी।

अक्षत उनकी इस तैयारी में व्यक्तिगत रूचि ले रहा था और उन्हें गाइड भी कर रहा था। इसी चक्कर में उसे शिवम से मिलने में दो दिन लेट हो गया। आज जब मुलाकात हुई तो शिवम ने हँसते हुए पूछा-

शिवम - क्या हुआ दोस्त! तुम्हें तो दो दिन पहले आना था, कहीं पतंजलि योग सूत्र सीखने का जोश ठंडा तो नहीं पड़ गया?

अक्षत - नहीं यार! ऑफिस में कुछ टेंशन चल रही थी और मैं यम का पहला चरण, अहिंसा पर चलने की पूरी कोशिश कर रहा था।

शिवम - तो कोशिश सफल रही?

अक्षत - वह मुझे नहीं पता। मैं अपनी तरफ से १००% कर रहा हूँ, बाकी भगवान जाने। अब मैंने सब उन्हीं पर छोड़ दिया है।

शिवम (मुस्कुराते हुए) - मुझे यह देखकर बहुत खुशी हो रही है कि तुमने क्रिया योग का तीसरा चरण ईश्वर प्रणिधान जीवन में उतार लिया। इस मार्ग पर चलते हुए ईश्वर के प्रति समर्पण बहुत ज़रूरी है। वरना साधक खुद को ही कर्ता मानकर सारा बोझ अपने कंधे पर डालकर रखता है। इस राह पर चलते हुए कुछ ऊँच- नीच हो जाती है तो कभी निराश हो जाता है, कभी थक जाता है, कभी हार मानकर यह कहते हुए पीछे हट जाता है कि 'बहुत मुश्किल है, मुझसे नहीं हो पाएगा।' लेकिन जब ये सारा बोझ हम ईश्वर के चरणों में समर्पित कर देते हैं तो मुक्त हो जाते हैं। न सफलता

हमारी, न असफलता, न जीत हमारी, न हार। हम पूरे उत्साह से अपनी राह चल रहे हैं, बाकी सब ईश्वर के हाथ में। यही एटीट्यूड हमें अंतिम लक्ष्य तक पहुँचाता है।

अक्षत – सही कह रहे हो तुम। गीता में भी तो यही कहा है, कर्म करो और फल ईश्वर के हाथों में छोड़ दो। अब मुझे यम के दूसरे चरण को समझना है।

शिवम – यम का दूसरा महाव्रत है, 'सत्य'। सत्य का मतलब सिर्फ सच बोलना नहीं है बल्कि सत्य को जीना भी है। सत्य को देखना और उसे स्वीकार करना, यह भी इसी चरण में आता है। जैसे तुम अब अपने अंदर उठ रहे राग, द्वेष, अस्मिता आदि विकारों को ईमानदारी से देख रहे हो तो यह भी सत्य है।

ऋषि पतंजलि कहते हैं, हमें हमेशा सत्य के पक्ष में रहना चाहिए। सत्य को सुनें, सत्य को देखें, सत्य को स्वीकार करें, सत्य को जीएँ, सत्य ही कल्याण का मार्ग है।

शिवम की बात सुनकर अक्षत गहरी सोच में डूब गया। उसकी आँखों के सामने पिछले कुछ दिनों से ऑफिस में चल रही बातें घूमने लगीं। उसने शिवम से धीरे से पूछा–

अक्षत – क्या किसी से सच को छिपाना असत्य है? अगर मैं किसी के बारे में कोई सच जानता हूँ लेकिन उसे बता नहीं पाता हूँ तो इसका मतलब यह हुआ न कि मैं झूठा हूँ?

अक्षत की बात सुनकर शिवम मुस्कुरा उठा और कहने लगा–

शिवम – इस बात से मुझे एक मज़ेदार किस्सा याद आ गया। बात तब की है जब मुझे मेरे गुरु से सत्य का ज्ञान मिला था। उसे सुनकर मैंने सोच ही लिया था कि 'आज के बाद अगर कुछ बोलूँगा तो सच ही बोलूँगा, सच के सिवा कुछ नहीं, चाहे कुछ भी हो जाए' और मैं ऐसा ही करने लगा। जो मुझे सच लगता, मैं वही बोलता। इस चक्कर में मेरे लोगों से रिश्ते बिगड़ने लगे। माँ भी कहने लगी, 'तुम बहुत मुँहफट हो गए हो। ऐसा करोगे तो सबसे लड़ाइयाँ हो जाएँगी।' पर मैं कहता, 'माँ मैंने सत्य की राह चुनी है, भले ही कठिन हो मगर मैं इस पर चलूँगा ज़रूर।'

एक दिन तो हद ही हो गई। मेरी बुआ घर पर आई। उन्हें किसी शादी में जाना था इसलिए बड़ी सज-धजकर आई थी। हमसे पूछने लगी, कैसी लग रही हूँ? माँ उनकी तारीफ करने लगी मगर मैंने सच बोल दिया, 'बुआ जी ये साड़ी आप पर

बिलकुल सूट नहीं कर रही। इस साड़ी में आप ज़्यादा सावली लग रही हो और मोटी भी। आपने मेकअप इतना ज़्यादा किया हुआ है कि बंदर जैसी शक्ल लग रही है।'

अक्षत (उत्सुकता से) – हे भगवान! फिर क्या हुआ?

शिवम – होना क्या था, बुआ दहाड़े मार-मारकर रोने लगी। फूफा मुझ पर बुरी तरह भड़क गए और पापा ने तो मुझे मारने के लिए चप्पल ही उठा ली। उस दिन इतनी गालियाँ पड़ी कि क्या बताऊँ। पापा मेरा कान पकड़कर गुरु जी के पास ले गए और पूछने लगे, 'क्या आप ये सब सीखा रहे हैं इसे?'

तब गुरु जी ने मुझे वापस समझाया। हमें जो सच लग रहा है, हमेशा उसे बोलना सही नहीं है, किसी-किसी मौके पर मौन रहना भी सत्य की साधना है। (हँसते हुए)

उन्होंने समझाया सत्य को हमेशा अहिंसा की कसौटी पर कसना चाहिए क्योंकि ऐसा सच जो किसी को अनावश्यक चोट पहुँचा दे, वह असत्य है।

दूसरी महत्वपूर्ण बात, किसी को अपनी धारणा के हिसाब से गलत ठहराना भी सत्य नहीं है। क्योंकि हर कोई अपनी धारणा के हिसाब से सही है। किसी को लाल रंग पसंद है तो वह कहेगा, 'लाल रंग सबसे खूबसूरत रंग है।' यही उसका सत्य है। किसी को नीला पसंद है तो वह नीले को सबसे सुंदर रंग बताएगा, यह उसका सत्य होगा। आजकल दुनिया में ज़्यादातर लड़ाइयाँ इसी कारण हो रही हैं। हर किसी को लगता है, जो वह जान रहा है वही सत्य है।

अपनी धारणा को सत्य मानकर बोल देना सत्य नहीं है। सत्य का अर्थ बहुत गहरा है।

अक्षत (गंभीरता से) – क्या होता है सत्य का अर्थ?

शिवम – अपने विचार, वाणी और कर्म को एक जैसा बना लेना सत्य है। जो तुम भीतर सोचते हो, वही बिना दिखावे के बाहर भी जी सको, यही सत्य है। जब इंसान धीरे-धीरे इस तरह सत्य में स्थापित हो जाता है तो उसके शब्दों में एक अजीब सी शक्ति आ जाती है। वह जो कहता है, वही होने लगता है। इसलिए सत्य केवल बोलने की चीज़ नहीं बल्कि जीने की साधना है। लेकिन एक शर्त के साथ... उसे पहले अहिंसा की कसौटी पर परखना होगा।

अक्षत (थोड़ा उलझते हुए) – एक उदाहरण देकर समझाओगे?

शिवम – मान लो, ऑफिस में तुम्हारे सहकर्मी ने एक प्रेजेंटेशन बनाया। तुम्हें लगता है कि उसमें कई कमियाँ हैं।

अब तुम्हारे पास दो रास्ते हैं। पहला- सबके सामने बोल दो, 'तुम्हारा काम बहुत खराब है।' जैसे मैंने बुआ को बोल दिया था। दूसरा- उसे अलग से समझाओ कि 'यहाँ-यहाँ सुधार हो सकता है, तुम और बेहतर कर सकते हो।'

इसमें पहला तरीका तथ्य है लेकिन वह हिंसक है। दूसरा- तरीका सत्य है मगर उसमें कल्याण की भावना है।

अक्षत – मतलब सत्य वही है, जो किसी को उठाए, गिराए नहीं।

शिवम – सही समझा। सत्य का उद्देश्य किसी को नीचा दिखाना नहीं बल्कि उसे बेहतर बनाना है।

थोड़ी देर रुककर शिवम फिर बोला-

शिवम – एक और उदाहरण लो। मान लो तुम किसी पार्टी में जाना नहीं चाहते लेकिन सामनेवाला बहुत जोर दे रहा है।

अब तुम क्या करोगे?

झूठ बोलोगे मेरी तबीयत खराब है या सच बोलोगे, मेरा मन नहीं है।

अक्षत (हँसते हुए) – अकसर तो हम झूठ ही बोल देते हैं।

शिवम – और वहीं से बोझ शुरू होता है।

फिर उस झूठ को याद रखना पड़ता है, उसे सँभालना पड़ता है और कई बार उसे बचाने के लिए और झूठ बोलने पड़ते हैं।

अक्षत – सही कहा। एक छोटा सा झूठ भी अंदर भारीपन दे देता है।

शिवम – यही कारण है कि सत्य हमें हलका बनाता है। जब हम सच्चे होते हैं तो कुछ याद रखने की ज़रूरत नहीं होती। हम बस जैसे हैं वैसे रहते हैं।

अक्षत – लेकिन हर जगह सच बोलना आसान नहीं होता।

शिवम – इसलिए कहा गया है, सत्य को अहिंसा के साथ जोड़ो। अगर सच बोलना किसी को अनावश्यक चोट पहुँचा रहा है तो मौन रहना एक उच्च स्तर सत्य है।

अक्षत – यानी सत्य सही ढंग से बोलना ज़रूरी है।

शिवम – और सही समय पर भी। सही समय, सही ढंग से बोला गया सत्य ही प्रभावकारी होता है। इसका अभ्यास करते-करते जब इंसान लगातार सत्य में जीने लगता है न तो उसके भीतर एक अद्‌भुत शक्ति आ जाती है। उसकी वाणी में वजन आ जाता है।

लोग उसके शब्दों पर भरोसा करने लगते हैं कि 'यह कह रहा है तो ठीक ही होगा।' फिर धीरे-धीरे ऐसा होता है कि उसकी कही बातें सच होने लगती हैं।

अक्षत (आश्चर्य से) – वाकई?

शिवम – हाँ क्योंकि वह इंसान अब ब्रह्माण्ड के नियमों के साथ तालमेल में जी रहा होता है। उसमें कोई दिखावा, कोई बनावट नहीं होती, सिर्फ ईमानदारी होती है।

अक्षत के चेहरे पर एक शांत मुस्कान आ गई। उसे समझ आया, सत्य सिर्फ बोलने की, जीने की अवस्था है। और अपने ऑफिस में अक्षत उन जूनियर के साथ यही कोशिश कर रहा था, जिनकी नौकरी खतरे में है।

शिवम – जब हम सत्य में स्थिर हो जाते हैं तो हमें कुछ साबित करने की ज़रूरत ही नहीं पड़ती, अपने पक्ष में किसी को कोई सफाई नहीं देनी पड़ती। हमारा एक वाक्य कहना ही काफी होता है।

कुछ पल के लिए दोनों चुप हो गए। अक्षत के भीतर जैसे एक और परत साफ हो गई थी। अब वह सिर्फ सच जानना नहीं चाहता था, वह सच बनकर जीना चाहता था, जिसकी अनजाने में ही शुरुआत हो चुकी थी।

17

यम का तीसरा महाव्रत – 'अस्तेय'

आज अक्षत शिवम से पूरे १५ दिन बाद मिल रहा था। इन १५ दिनों में अक्षत ने पतंजलि योग सूत्र के बारे में जो कुछ सीखा था, उसका भरपूर अभ्यास किया था। वह अपने जीवन में सुखद परिवर्तन महसूस कर रहा था, जो उसके चेहरे पर भी चमक बनकर छा रहा था।

उसके खिल-खिलाते चेहरे की खुशी देख शिवम बोल पड़ा-

शिवम (हँसते हुए) – तुम्हारा दमकता चेहरा देखकर लग रहा है, बड़ी मेहनत कर रहे हो अपने ऊपर? कौन सी क्रीम इस्तेमाल कर रहे हो आजकल?

अक्षत (खुशी से चहकते हुए) – क्रीम नहीं, काढ़ा। पतंजलि योग सूत्र का काढ़ा, जो पूरे दिन घूँट-घूँट करके पीता रहता हूँ। वैसे आज इस खुशी का एक और राज़ है। मैंने तुम्हें बताया था न, मुझे मेरी टीम में काम करनेवाले तीन लोगों को नौकरी से निकालने का ऑर्डर मिला था।

शिवम – हाँ बताया तो था, क्या हुआ उनका?

अक्षत (खुश होकर) – नौकरी से निकाले जाने से पहले ही तीनों को दूसरी जगह पर नौकरी मिल गई। तीनों मुझे बहुत धन्यवाद देकर कह रहे थे, आपके गाइडेंस की वजह से हमने बहुत कुछ सीखा, जिस वजह से हमें अच्छी नौकरी भी मिल गई।

सच कहूँ तो इतनी खुशी मुझे कभी अपनी किसी उपलब्धि के लिए नहीं हुई,

जितनी उन तीनों के लिए हो रही है। क्या ऐसा होना गलत है, क्या यह राग या अहंकार है?

शिवम – नहीं दोस्त! यह वह आनंद है, जो किसी की निःस्वार्थ सेवा करके मिलता है।

ऐसा इसलिए होता है क्योंकि निःस्वार्थ सेवा अहंकार को कम करती है। यह हमें 'मैं' से 'हम' की ओर ले जाती है। 'मेरा फायदा हो' इसकी जगह 'सबका कल्याण हो, सबका मंगल हो' ऐसे भाव जगते हैं। अंदर एक स्थिर आनंद पैदा होता है, जो बाहरी चीज़ों या व्यक्तिगत उपलब्धि पर निर्भर नहीं होता। जानते हो, यह बात तो साइंस भी प्रूव कर चुका है।

अक्षत – अच्छा! साइंस क्या कहता है?

शिवम – साइंटिफिक रिसर्च में सामने आया है, निःस्वार्थ सेवा यानी सेल्फलेस सर्विस करने पर हमारे शरीर और दिमाग में फील-गुड हार्मोन्स जैसे ऑक्सिटोसिन, डोपामिन, सेरोटोनिन और एंडोर्फिन्स रिलीज होते हैं, जो हमें भीतर से खुशी, शांति और संतोष का अनुभव कराते हैं। ऑक्सिटोसिन हमें दूसरों से जुड़ाव और अपनापन महसूस कराता है। डोपामिन सेवा को एक रिवॉर्ड की तरह महसूस कराकर खुशी और मोटिवेशन देता है। सेरोटोनिन हमारे मूड को संतुलित और स्थिर बनाता है, एंडोर्फिन्स स्ट्रेस कम करके हल्कापन और आनंद का एहसास कराता है।

अक्षत – ओह! यानी खुश रहने के लिए अपने लिए नहीं बल्कि दूसरों के लिए कुछ करते रहना चाहिए?

शिवम – बिलकुल। इस तरह से निःस्वार्थ सेवा को 'अपनी सबसे बड़ी सेवा' भी कहा जा सकता है क्योंकि यह बिना किसी बाहरी लाभ के भीतर से गहरी खुशी पैदा करती है।

अक्षत – अब मुझे समझ आया, तुमसे मिलने से पहले मैंने जीवन में कभी इतनी खुशी, इतना आनंद महसूस क्यों नहीं किया था। सब कुछ पाकर भी अधूरापन, खालीपन, असंतोष क्यों लगता था क्योंकि मेरे अंदर सेवा का कोना खाली था मगर यह हुआ कैसे, सेवा के बारे में तो अब तक तुमने कुछ नहीं सिखाया?

शिवम – यही तो खूबसूरती है ईश्वरीय राह की। हम एक कदम आगे बढ़ते हैं, ईश्वर दस कदम हमारे करीब आ जाता है। हम एक चीज़ सीखते हैं, वह समानांतर बहुत

सारे सकारात्मक परिवर्तन जीवन में ले आता है। फिर केवल आश्चर्य और सराहना करना ही बचता है, है न?

अक्षत (खुशी से चहकते हुए) – हाँ। तुम्हारी बातों ने तो मुझे और ज़्यादा प्रोत्साहित कर दिया है। मुझे अब जल्दी से यम मार्ग का अगला महाव्रत बताओ- अहिंसा, सत्य के आगे अब क्या सीखना है?

शिवम – यम का अगला महाव्रत है, अस्तेय। अस्तेय का शाब्दिक अर्थ है- चोरी न करना।

अक्षत (खुशी से) – बढ़िया। इस पर तो मैं पहले से अंमल कर रहा हूँ। मैंने ज़िंदगी में कभी किसी की पेंसिल तक नहीं चुराई इसलिए ये महाव्रत मुझे सीखने की ज़रूरत नहीं।

शिवम (हँसते हुए) – सिर्फ सामान या पैसे चुराना ही चोरी नहीं है। अस्तेय का अर्थ बहुत गहरा है।

अक्षत – मतलब?

शिवम – कभी दोस्तों के साथ किसी ओटीटी प्लेटफॉर्म की लॉग इन इन्फॉर्मेशन शेयर की है, कभी कोई पायरेटेड (चोरी करके बनाई गई नकली कॉपी) पिक्चर देखी है, किताब पढ़ी है?

अक्षत – हाँ ये तो किया है। ऐसा तो सब करते हैं।

शिवम – ये सब करना आजकल न्यू नॉर्मल बन गया है लेकिन कहते इसे 'चोरी' ही है।

अक्षत – मगर यार, पायरेटेड किताबें, डिजिटल शो तो खुलेआम उपलब्ध हैं, कोई भी डाउनलोड कर सकता है और मुझे ओटीटी प्लेटफॉर्म की लॉग इन इन्फॉर्मेशन मेरे दोस्त ने ही दी है, मैंने कोई चोरी थोड़े ही की है?

शिवम – देखो, हमें क्या सही लगता है, क्या गलत है, यह हमारी चेतना का स्तर तय करता है। अगर तुम किसी चोर से पूछोगे तो वह भी अपनी चोरी को सही ठहराते हुए कहेगा, 'चोरी करना तो मेरा धर्म है। मैं अपना धर्म निभा रहा हूँ, मेरे लिए यह गलत नहीं।'

जो इंसान टैक्स की चोरी करता है, वह भी कहता है, 'टैक्स की चोरी करना कोई गलत नहीं है। ये मेरा पैसा है, मेरी मेहनत की कमाई है, मैं क्यों दूँ किसी को? मैं किसी से कुछ छीन तो नहीं रहा हूँ?'

सड़क पर किसी का सामान पड़ा है उसे उठानेवाला कहता है, 'मुझे तो पड़ा हुआ मिला है, मैंने किसी की चोरी नहीं की।'

मगर यह समझ लो, जिस सुविधा का उपभोग करने के लिए हमें पैसे देने चाहिए लेकिन हम नहीं देते, वह चोरी है।

अगर बहुत से लोग ऐसा कर रहे हैं तो इसका मतलब यह नहीं कि वह लीगल (कानूनी) काम हो गया, चोरी नहीं कहलाएगा।

शिवम की बात सुनकर अक्षत निरुत्तर रह गया। शिवम ने आगे कहा-

शिवम – दरअसल हम लोग बड़ी-बड़ी चोरियों को ही चोरी मानते हैं। इन छोटी-छोटी चोरियों की तरफ हमारा ध्यान ही नहीं जाता। किसी जगह फॉर्म भरने के लिए फ्री पेन रखे होंगे तो उन्हें उठा लेंगे, रेस्टॉरंट से नैपकिन उठा लेंगे, शॉप से एक ड्रेस लेंगे, उसे किसी इवेंट पर पहनेंगे और अगले दिन रिटर्न या एक्सचेंज कर लेंगे, इसे हम अपनी अक्लमंदी समझते हैं मगर ये वास्तव में चोरियाँ हैं।

शिवम की बात सुनकर अक्षत हैरान रह गया। उसने तो इस तरह से कभी सोचा ही नहीं था। अब वह सोच रहा था कि ऑफिस का हेडफोन अपने घर पर यूज़ करने के लिए ले आया था, ऑफिस से स्टेशनरी भी ले आता था तो क्या यह भी एक तरह की चोरी है? अब वह अस्तेय को और विस्तार से समझाना चाहता था।

अक्षत – कौन-कौन सी बातें चोरी के अंदर आती हैं, ज़रा डिटेल में बताओ?

शिवम – जितना मुझे पता है, वह तुम्हें बता देता हूँ। बिना अधिकार के और बिना परमिशन के किसी की चीज़ का उपयोग करना, दूसरों का हक लेना यह भी चोरी है। तुम्हें श्रीकृष्ण और सुदामा की कहानी याद है, कैसे सुदामा ने गुरुकुल में श्रीकृष्ण के हिस्से के चने उनसे पूछे बिना खा लिए थे, जिसके कारण उन्हें बहुत गरीबीभरे दिन देखने पड़े थे। उस कहानी की सीख यही थी कि चीज़ छोटी हो या बड़ी, चोरी चोरी ही है और उसका फल हमें भुगतना पड़ता है। किसी के सामान का गलत उपयोग करना, किसी का फायदा उठा लेना, किसी से अपना काम कराकर उस काम के कम पैसे देना, किसी के काम का क्रेडिट ले लेना, ये अलग-अलग तरह की चोरियाँ ही हैं।

क्रेडिट की चोरी को लोग चोरी नहीं समझते। आज ये बहुत आम सी चोरी हो गई है। काम किसी ने किया और उसका श्रेय खुद ले लिया। किसी का क्रिएटिव आइडिया चुरा लिया।

अक्षत – क्या ब्लैक में चीज़ें खरीदना भी चोरी है? जैसे कभी मूवी थिएटर के, ट्रेन के टिकट नहीं मिलते या सिलेंडर नहीं मिलता तो ज़्यादा पैसे देकर उन्हें ले लिया जाता है?

शिवम – हाँ बिलकुल। ब्लैक में चीज़ें बेचनेवाले काफी सारा स्टॉक अपने पास पहले से रख लेते हैं, जिससे वही चीज़ ज़रूरतमंदों तक नहीं पहुँचती और हम उन्हें ज़्यादा पैसे देकर खरीद लेते हैं। इस तरह से हम किसी का हक मार रहे हो तो ये चोरी हुई न!

अक्षत – हे भगवान! मैं तो माँ के कहने पर कल ही ब्लैक में एक सिलेंडर लेकर आया हूँ।

शिवम – इसीलिए कह रहा हूँ, अस्तेय को गहराई से समझना ज़रूरी है। बहुत तरह की चोरियाँ जाने-अनजाने में हमसे होती रहती हैं। जैसे जब हम किसी मीटिंग में देर से पहुँचते हैं तो हम दूसरों का कीमती समय चुरा रहे होते हैं। जब हम अपने भाव, विचार, वाणी या क्रिया से किसी जगह पर, किसी तरह की नकारात्मकता फैलाते हैं तो हम उस जगह की सकारात्मक ऊर्जा चुरा लेते हैं। जब हम किसी से कोई ऐसी बात कह देते हैं, जिसका उसे बुरा लगे तो हम उसकी चेतना चुराते हैं।

अक्षत – ओह! आज मुझे पता चला चोरी का असली अर्थ क्या है, 'अस्तेय' को समझना क्यों ज़रूरी है।

शिवम – केवल समझना ही नहीं, इसका अधिकतम स्तर तक अभ्यास करना भी बहुत ज़रूरी है। अस्तेय का अभ्यास हमें भरपूरता की भावना में रखता है। वह हमें यकीन दिलाता है कि 'सब कुछ भरपूर है, चोरी करने की कोई ज़रूरत नहीं' वरना हम हमेशा अभाव की भावना में रहते हैं, जो कहती है, 'मेरे पास कमी है, अभाव है। धन का अभाव, समय का अभाव, स्वास्थ्य का अभाव।'

जब हम अस्तेय का अभ्यास करते हैं तो यह विश्वास अर्जित करते हैं कि ब्रह्माण्ड हमें वह सब कुछ सहजता से, सरलता से दे रहा है, जिसकी हमें सच में ज़रूरत है। ऋषि पतंजलि अपने योग सूत्र में कहते हैं कि 'जो व्यक्ति अस्तेय में दृढ़ हो जाता है, उसके पास सभी प्रकार की भरपूरता, समृद्धि अपने आप आने लगती है।'

समझाते हुए शिवम रुक गया। अक्षत किसी गहरी सोच में डूब गया।

शिवम – क्या सोचने लगे?

अक्षत – यही सोच रहा हूँ, क्या मैंने कभी भी किसी भी रूप में किसी से कुछ ऐसा लिया, जो मेरा नहीं था?

शिवम – अगर तुमने सच में पूरी गंभीरता से इस सवाल पर मनन शुरू कर दिया है तो समझो तुम्हारे जीवन में अस्तेय के उतरने की शुरुआत हो चुकी है। अब तुम कदम-कदम पर सजग रहोगे। दूसरों के साथ, इस संसार के साथ व्यवहार करते हुए तुम्हारी नज़र इस बात पर रहेगी कि अस्तेय का पालन हो रहा है या नहीं। जितना ज़्यादा पालन होगा उतनी आचार-विचार, व्यवहार की शुद्धता बढ़ेगी, जिसके और चमत्कारिक असर जीवन में देखने को मिलेंगे। ऐसा बहुत कुछ मिलने लगेगा, जिसकी कभी उम्मीद भी नहीं की थी क्योंकि जब हम भरपूरता में विश्वास कर लेते हैं तो भरपूरता हम पर बारिश की तरह बरसती है।

इस सुंदर समझ के साथ अक्षत और शिवम की आज की मीटिंग समाप्त हो गई थी, जल्द मिलने के वादे के साथ ताकि पतंजलि योग सूत्र के यम मार्ग के अगले महाव्रत को समझा जा सके।

18

यम का चौथा महाव्रत – 'ब्रह्मचर्य'

आज फिर एक बार शिवम और अक्षत साथ थे पतंजलि योग सूत्र के यम मार्ग के अगले महाव्रत पर बातचीत करने के लिए।

अक्षत आगे के महाव्रत सीखने के लिए इतना उत्साहित था कि आज वह शिवम से मिलने से पहले ही इंटरनेट पर सर्च करके आया था कि शिवम अब आगे उसे क्या समझानेवाला है ताकि वह उस ज्ञान को लेने के लिए ज़्यादा तैयार और ग्रहणशील हो सके लेकिन अगले महाव्रत के बारे में पढ़कर अक्षत को लग रहा था, इसे छोड़कर आगे बढ़ा जा सकता है क्योंकि यह मेरे जैसे संसारी लोगों के लिए नहीं है। वह महाव्रत था, 'ब्रह्मचर्य'... और इसीलिए आज बातचीत की शुरुआत अक्षत ने कुछ इस तरह की–

अक्षत – देखो यार! आज मैं पहले से ही पूरी तैयारी के साथ आया हूँ। मुझे पता है आज तुम अगला महाव्रत कौन सा सिखाओगे लेकिन सच कहूँ तो हम उसे छोड़कर आगे भी बढ़ सकते हैं।

शिवम – ऐसा क्यों?

अक्षत – क्योंकि वह महाव्रत है, ब्रह्मचर्य और जहाँ तक मुझे पता है, यह साधु-संन्यासियों, तपस्वियों के पालन करनेवाला नियम है। मेरे जैसे संसारी इंसान को ब्रह्मचर्य से क्या काम? आज नहीं तो कल मुझे शादी करनी ही है, रिलेशनशिप में जाना ही है, फिर जिस गली जाना नहीं, उसका पता क्या समझना।

शिवम (हँसते हुए) – इस गली से गुज़रे बिना आगे कैसे बढ़ोगे दोस्त?

अक्षत – मतलब?

शिवम – मतलब यह है अक्षत कि तुम्हें ब्रह्मचर्य के महाव्रत को लेकर बहुत गलतफहमियाँ हैं। इसलिए अब तो तुम्हें उसे समझाना बहुत ज़रूरी है क्योंकि अगर समझोगे नहीं तो जीवन में उतारोगे कैसे?

अक्षत – मेरी समझ से तो ब्रह्मचर्य पालन करने का एक ही मतलब होता है, जो है शारीरिक संबंधों से दूर रहना।

शिवम – देखो, ब्रह्मचर्य को समझने के लिए पहले इसके अर्थ को समझो। ब्रह्मचर्य का शाब्दिक अर्थ है, 'ब्रह्म में विचरण करनेवाला।' यानी एक ऐसा इंसान जिसका मन, जिसकी चेतना हमेशा डिवाइन सोर्स या कहें ईश्वरीय चेतना से जुड़े रहते हैं। वह जो काम करता है, ईश्वरीय चेतना से ही जुड़कर करता है, उसी के मार्गदर्शन में करता है।

जब ऐसा होता है तो हम अपनी शुद्धतम अवस्था में होते हैं। हमारे मन, बुद्धि, व्यवहार सभी शुद्ध होते हैं। हम प्रेम, शांति, करुणा, आनंद, उत्साह, ईमानदारी, समर्पण जैसे दिव्य गुणों से भरे होते हैं। इन गुणों के साथ जब हम किसी रिश्ते की शुरुआत करते हैं तो सोचो, वह कितना खूबसूरत होता है, कितना पवित्र, प्रेम और समर्पण से भरा हुआ।

अक्षत – मतलब ब्रह्मचर्य का यह अर्थ नहीं है कि शादी या किसी रिलेशनशिप से दूर रहा जाए?

शिवम – नहीं। हमारे बहुत से महान ऋषि मुनि विवाहित थे। वे अपने आश्रम में अपनी पत्नियों के साथ रहा करते थे। जैसे वशिष्ठ-अरुंधती, अत्रि-अनसूया, अगस्त्य-लोपामुद्रा, कश्यप-अदिति, जमदग्नि-रेणुका। हमारे अवतार पुरुष श्रीराम, श्रीकृष्ण ये भी तो गृहस्थ ही थे। परम आत्मज्ञानी राजा जनक भी, फिर भी इनका आचरण ब्रह्म में विचरण करनेवाला ही था।

देखो दोस्त! ब्रह्मचर्य का एक ही मतलब है, हर तरह की वासनाओं से दूर रहा जाए, ऐसे प्रलोभनों से बचा जाए, जो हमें विकारों और क्लेशों के कीचड़ में धकेलते हैं। इनसे दूर हटते हुए अपने अंदर शुद्धता, पवित्रता, प्रेम और दिव्यता को जगाकर ईश्वरीय चेतना के साथ रहा जाए।

अक्षत बड़े ध्यान से शिवम की बात सुन रहा था और समझने की कोशिश

कर रहा था। थोड़ा रुककर शिवम ने आगे कहना शुरू किया-

शिवम – अच्छा एक बात बताओ! क्या तुम एक ऐसा जीवनसाथी नहीं चाहोगे, जो तुम्हारे प्रति सच्चे प्रेम से भरा हो, तुम्हारा आदर और सम्मान करे, तुम्हारे प्रति समर्पित हो, निष्ठावान हो, ईमानदार हो?

अक्षत – इससे बड़ा सौभाग्य और क्या होगा?

शिवम – अगर ऐसा जीवनसाथी पाने की कामना है तो पहले खुद भी ऐसा बनना होगा और ब्रह्मचर्य यही सिखाता है- वासनाओं और बुराइयों से दूर होते हुए, अपने शुद्धतम स्वरूप की ओर लौटना।

अक्षत – मगर यह कैसे संभव होगा?

शिवम – संभव है बस इसके लिए हमें कुछ बिंदुओं पर काम करना होगा, जिसमें सबसे पहला है- अपनी वासनाओं को पहचानकर उनसे मुक्त होना।

अक्षत – वासनाओं से तुम्हारा क्या मतलब है?

शिवम – वे सभी निरर्थक इच्छाएँ, महत्वाकांक्षाएँ जो हमारी चेतना को नीचे गिराती हैं। हमें अपने में उलझाकर, अपना बंधक बनाकर सत्य से दूर रखती हैं। हमारा मन ऐसी इच्छाएँ दूसरों को देखकर पालता है या अपनी अहं तुष्टि के लिए पूरी करना चाहता है। जिनके पूरा होने से हमारा कुछ भला नहीं होता, कोई स्थायी खुशी नहीं मिलती, फिर भी हम उनके पीछे पागल बने रहते हैं।

अक्षत – इसका कोई उदाहरण दे सकते हो?

शिवम – जैसे आजकल सभी के पास एक मोबाइल फोन होना एक ज़रूरत बन चुकी है क्योंकि ज़्यादातर काम उसी से होने लगे हैं। लेकिन अब फोन के पीछे ही पागल हो जाना कि आज ये मॉडल आ रहा है, कल वह मॉडल आ रहा है। इसमें ये खूबी है, वह खूबी है, इसे बेच दो, वह खरीद लो। भले ही ई एम आई पर लेना पड़े मगर ले लो। ये सब बेकार की वासनाएँ ही तो हैं, जिनका फायदा सिर्फ मार्केट को होता है, इंसान का तो नुकसान ही होता है।

अक्षत – बात तो सही है।

शिवम – वासनाएँ बहुत तरीके की हो सकती हैं- शारीरिक, सांसारिक, मानसिक यहाँ तक कि आध्यात्मिक भी।

अक्षत (आश्चर्य से) – आध्यात्मिक भी!

शिवम – हाँ आध्यात्मिक भी। बहुत से लोग आध्यात्मिक मार्ग पर इसलिए चलते हैं ताकि उन्हें कुछ ऐसा मिल जाए, जिससे वे चमत्कार कर सकें, उनकी बातें सुनकर लोगों में वाह-वाही हो, उन्हें मान-सम्मान मिले, लोग उनकी पूजा करें। ऐसे लोगों को असली ज्ञान से कोई मतलब नहीं होता, बस दिखावा करना होता है।

अक्षत – ओह! अच्छा। अब मुझे बताओ, ब्रह्मचर्य के लिए दूसरा बिंदु कौन सा है?

शिवम – सेल्फ डिसिप्लिन यानी आत्म-अनुशासन। यह अलग-अलग स्तर पर होता है। जैसे शरीर पर, मन पर, अपनी भावनाओं पर, अपने कर्मों पर। शरीर का सही तरीके से ध्यान रखना, उसे सही व्यायाम देना, उतना ही खाना जितनी ज़रूरत हो; समय से उठना, समय से सोना यानी शरीर को स्वस्थ रखना और हर अस्वस्थ बनानेवाली आदत से दूर रहना, यह शारीरिक स्तर का अनुशासन है।

मन का अनुशासन होता है, अपने विचारों को सकारात्मक और शुद्ध रखना। मन में कभी किसी के लिए कोई गलत बात न लाना, कोई नकारात्मकता न लाना। सबके भले के लिए प्रार्थना करना, मेडिटेशन से या किसी भी तरीके से मन को ज़्यादा से ज़्यादा शांत और स्थिर रखना, ये मन का अनुशासन है। भावनाओं का अनुशासन होता है अपनी भावनाओं को काबू में रखना, सकारात्मक रखना। मूलतः ब्रह्मचर्य को ऊर्जा संरक्षण से जोड़ा जाता है। हमारी ऊर्जा किसी भी बुरी चीज़ में व्यर्थ न हो, हम उसे संरक्षित करके सही और सकारात्मक जगह लगाएँ, जैसे इस वक्त तुम लगा रहे हो।

अक्षत... मेरे भाई बहुत से लोग होंगे, जो उन सब परेशानियों से गुज़र रहे होंगे, जिनसे तुम गुज़रे मगर तुमने अपनी ऊर्जा सही जगह लगाई, सही ज्ञान लेने में और उसे जीवन में उतारने में, जिसका सकारात्मक परिणाम तुम्हें मिल रहा है। इसी को कहते हैं अपनी ऊर्जा को संरक्षित करके सही दिशा में लगाना। अच्छा मुझे बताओ, आजकल लोगों की ऊर्जा सबसे ज़्यादा किस तरह से बर्बाद हो रही है?

अक्षत – मुझे तो लगता है सोशल मीडिया पर, इंटरनेट पर, डिजिटल कंटेंट कंज्यूम करने में।

शिवम – तो सबसे पहले इसी आदत को छोड़ना है। किसी भी माध्यम से आ रहा, किसी भी तरह का बुरा, अनहेल्दी और ऐसा कंटेंट ग्रहण नहीं करना है, जिससे हमारा मन और बुद्धि भ्रमित हो। बुरा खाना, बुरी बातें सुनना, बुराइयाँ देखना, बुरे माहौल में रहना, बुरा सोचना, भविष्य की चिंता करना ये सभी छोड़कर, हम अपनी ऊर्जा को संरक्षित करके सही दिशा में लगा सकते हैं।

अक्षत – आज तुमने मुझे ब्रह्मचर्य शब्द का बिलकुल एक अलग रूप दिखाया है वरना लोग ब्रह्मचर्य को सिर्फ काम-वासना से जोड़कर देखते हैं।

शिवम – जैसा कि मैंने कहा, ब्रह्मचर्य पालन में हर तरह की वासनाओं को छोड़ने पर ज़ोर दिया जाता है। कामवासना भी उसी में आती है।

इसे ऐसे समझो, इंसानों को प्रकृति ने ऐसा बनाया है कि उन्हें एक तय समय पर भूख लगती है और अपना शरीर चलाने के लिए खाना खाना ज़रूरी है। यानी भूख लगी और आपने जितनी ज़रूरत थी, उतना खाना खा लिया। बात खत्म। इसमें कोई दोष नहीं, कोई नुकसान नहीं लेकिन अगर कोई इंसान इतना फूडी बन जाए कि वह हर समय खाने के बारे में सोचता रहे, हर पल यही कोशिश करता रहे कि 'कहाँ से टेस्टी फूड खा लूँ, पेट भरा हो तो भी खा लूँ' तो फिर यह इच्छा उसके लिए बीमारी बन जाती है, जो उसका बहुत नुकसान करती है।

इसी तरह शारीरिक इच्छा वहाँ तक ठीक है, जहाँ तक यह प्राकृतिक है और मर्यादा में रहकर पूरी की जा रही है लेकिन अगर यह मर्यादा के बाहर जाए, प्रेम, वासना बन जाए, एक्स्ट्रा मैरिटल अफेयर रखे जाएँ, यह हमारे विचारों पर इतना हावी हो जाए कि वह हमारी चेतना को ही नीचे ले आए तो यह बीमारी कहलाएगी। गृहस्थ लोगों के लिए मर्यादा, सात्विकता और अनुशासन से भरा जीवन जीना ब्रह्मचर्य का पालन करना ही है। जैसे संत कबीर, संत रविदास, गुरुनानक, सभी गृहस्थ संत थे, फिर भी वे ब्रह्मचर्य का पालन कर, सात्विक जीवन जीते थे।

अक्षत – अच्छा हुआ तुमने मुझे ब्रह्मचर्य का सही अर्थ समझाया। बहुत सी टॉपिक पूरा न समझ में आने से कई बार हम उन्हें समझना छोड़ देते हैं या उनके बारे में कुछ और ही धारणा बना लेते हैं।

शिवम – इसीलिए तो कहते हैं, अधूरी या गलत जानकारी रखने से अच्छा है जानकारी का न होना। कम से कम भविष्य में सही ज्ञान मिलने की संभावनाएँ तो खुली रहती हैं।

इस तरह अक्षत ने पतंजलि योग सूत्र का चौथा महाव्रत भी पूरा किया। कल गांधी जयंति थी, छुट्टी का दिन। अक्षत ने शिवम को अपने घर खाने पर आमंत्रित किया। शिवम ने उसका निमंत्रण स्वीकार कर लिया, यह कहते हुए कि 'यम' के अगले और अंतिम महाव्रत पर उसी के घर विचार-विमर्श होगा। अगर आप भी उन दोनों के इस विचार-विमर्श में शामिल होना चाहते हैं तो चलिए हमारे साथ अगले अध्याय पर।

19

यम का पाँचवाँ महाव्रत – 'अपरिग्रह'

आज शिवम ठीक एक बजे अक्षत के घर पहुँच गया था लंच करने। अक्षत के माता-पिता उसके साथ लिविंग हॉल में बैठे और उससे बातचीत करने लगे। वे दोनों शिवम को बार-बार धन्यवाद दे रहे थे क्योंकि उसके कारण अक्षत के जीवन में दिन-ब-दिन सुखद और सकारात्मक परिवर्तन हो रहा था। पहले वह चिड़चिड़ा, फ्रस्ट्रेटेड और तनाव से घिरा रहता था मगर अब वह सभी से हँसने-बोलने लगा था, जिस वजह से पूरे घर का वातावरण सुकून से भर गया था।

शिवम अक्षत के घर को ध्यान से देख रहा था। घर बहुत ज़्यादा भरा हुआ था। लग रहा था जैसे नया सामान घर में आता गया मगर पुराना कभी निकाला नहीं गया। शिवम की नज़र टी.वी. यूनिट के नीचे की शेल्फ पर पड़ी, जहाँ पर पुराना वी.सी.आर., डी.वी.डी. प्लेयर, केबल कनेक्शन का बॉक्स आदि चीज़ें रखी हुई थी। शिवम सोचने लगा कि टी.वी. तो बिलकुल आधुनिक तकनीकवाला है, जिससे ये सारी चीज़ें कनेक्ट भी नहीं हो सकती, फिर ये सामान यहाँ क्यों है?

शिवम ने अक्षत से यूँ ही पूछ लिया-

शिवम – यार! क्या ये वी.सी.आर., डी.वी.डी. प्लेयर आज भी यूज करते हो?

अक्षत – कहाँ यार! आजकल तो सब कुछ वायफाय से कनेक्ट होकर चलता है, ये सब तो ऐसे ही रखे हैं।

शिवम को याद आया अक्षत की पार्किंग में उसकी नई गाड़ी के साथ एक पुरानी साइकिल, पुराना स्कूटर भी खड़ा था जिसे देखकर लग रहा था, उसे सालों से नहीं चलाया गया। शिवम के मन में फिर जिज्ञासा उठी।

शिवम – तुम्हारी पार्किंग में जो साइकिल है, क्या अभी भी चलाते हो उसे?

अक्षत – अब कहाँ, कभी चलाया करता था।

शिवम – तो उसे किसी को दे क्यों नहीं देते, यूँ ही खड़ी हुई है, किसी के काम तो आएगी।

अक्षत – ऐसे कैसे दे दूँ? मेरी पहली साइकिल है, मुझे बहुत अटैचमेंट है उससे, बहुत सी सुंदर यादें जुड़ी हुई हैं उसके साथ।

उसका जवाब सुनकर शिवम चुप हो गया। सबने बैठकर खाना खाया, खूब बातचीत हुई। फिर अक्षत शिवम को अपने कमरे में ले आया, यम मार्ग के अगले चरण को समझने के लिए।

लेकिन तभी अक्षत के ऑफिस से एक ज़रूरी फोन आ गया। उसे अपने प्रोजेक्ट से जुड़ी हुई एक पुरानी ईमेल बॉस को भेजनी थी।

अक्षत अपने इनबॉक्स में दो महीने पहले की वह ईमेल खोजने लगा मगर उसे वह मिल ही नहीं रही थी। हज़ारों ईमेल के बीच में एक ईमेल खोजना मुश्किल काम था। उसे संघर्ष करता देख शिवम हँस पड़ा और कहने लगा–

शिवम – काश! तुमने यम मार्ग का अंतिम चरण अपरिग्रह पहले सीख लिया होता तो आज तुम्हें इस परेशानी का सामना नहीं करना पड़ता। आराम से ज़रूरी ईमेल मिल जाती।

अक्षत – अपरिग्रह?

शिवम – हाँ अपरिग्रह, जिसका अर्थ है 'संग्रह न करना' और 'गैरज़रूरी वस्तुओं का त्याग'... इसे यूँ समझ लो, अपरिग्रह अस्तेय का अगला कदम है। अस्तेय कहता है, दूसरों का कुछ मत लो। अपरिग्रह कहता है, वह भी अपने पास मत रखो जिसकी तुम्हें ज़रूरत नहीं है। यह जमाखोरी, लालच और चीज़ों से चिपकाव की वृत्ति को छोड़ने की कला है।

अक्षत – वह तो ठीक है मगर मेरी ईमेल ढूँढ़ने की परेशानी से इसका क्या संबंध है?

शिवम – इसका जवाब जानने से पहले अपरिग्रह को अच्छे से समझ लो। अपरिग्रह का मतलब सिर्फ यह नहीं है कि चीज़ इकट्ठी न करना या चीज़ों को छोड़ देना। इसका बहुत गहरा अर्थ है। यह कहता है- जितनी ज़रूरत हो उतने ही साधन अपने पास रखने चाहिए और जो साधन हैं, उन्हें अच्छे से व्यवस्थित रखना चाहिए, उनका अच्छी तरह उपयोग करना चाहिए। उनका उपयोग करते हुए ईश्वर या कहें मदर नेचर के प्रति आभार की भावना में रहना चाहिए क्योंकि उसी ने हमें हमारी ज़रूरत की सभी चीज़ें दी हैं। यह होता है अपरिग्रह।

अपरिग्रह कोई आरती नहीं है, जिसे सुबह-शाम कर ली और हो गया। यह आदत में लानेवाला नियम है। जिसे ऐसा करने की आदत हो गई, वह बड़े से बड़े काम में और छोटी से छोटी चीज़ों में भी इस नियम को लागू करता है।

अब सोचो, अगर तुम बेकार की ईमेल को समय-समय पर डिलीट कर देते, काम की ईमेल को अलग-अलग फोल्डर में व्यवस्थित कर देते तो आज आसानी से ईमेल ढूँढ़ लेते न?

अक्षत – ओह! अपरिग्रह का नियम मेरे ईमेल बॉक्स को भी व्यवस्थित कर सकता है, यह तो मेरी सोच से परे की बात निकली। मेरे लिए तो अपरिग्रह का मतलब था अपने पास कोई भौतिक वस्तु, सुख-सुविधा न रखना, सबको छोड़ देना, जैसा संन्यासी करते हैं।

शिवम – अपरिग्रह के अंतर्गत ज़रूरत से ज़्यादा और बिना ज़रूरत का सामान, इन दोनों को छोड़ने को कहा गया है। संन्यासियों को भौतिक चीज़ों की ज़रूरत नहीं होती इसलिए वे उन सभी को त्याग देते हैं लेकिन संसारी लोग सारी भौतिक वस्तुओं का त्याग नहीं कर सकते। उनके लिए यही समझ है कि ज़रूरत के और काम के साधन अपने पास रखे जाएँ, उन्हें सँभालकर और व्यवस्थित रखा जाए।

इसके अलावा एक और महत्वपूर्ण बात है, वस्तुओं से किसी तरह का अचैटमेंट, किसी तरह का चिपकाव न हो क्योंकि हर ज़रूरी चीज़ एक न एक दिन तो एक्सपायर होती ही है। सबका समय पूरा हो जाता है, चाहे वह कोई सामान हो, ज़मीन, मकान, गाड़ी या कोई गैजेट हो। जिस भी चीज़ में आसक्ति हो जाती है, उसके जाने पर हमें बहुत दुःख होता है।

अब देखो, कुछ लोग अपनी पुरानी चीज़ों से इस कदर चिपके रहते हैं कि न तो उन्हें किसी ज़रूरतमंद को दे पाते हैं और न ही घर से बाहर रख पाते। उन्हें घर

में, अलमारियों में सालों रखे रहते हैं। यह भी नहीं सोचते कि ऐसा करने से उनके घर का एक स्पेस खत्म हो रहा है, फिर उन्हें अपना बड़ा घर भी छोटा लगने लगता है।

शिवम की बात सुनकर अक्षत की आँखें झुक गई क्योंकि ऐसा तो वह भी कर रहा था।

अक्षत – तुम्हारी बात मैं समझ रहा हूँ। मेरी पार्किंग भी पुरानी साइकिल और पुराने स्कूटर की वजह से छोटी पड़ रही है मगर मैं क्या करूँ? उनसे जुड़ी इतनी सुंदर यादें हैं कि मैं चाहकर भी स्क्रैप में नहीं दे पा रहा।

शिवम – मैं तुम्हारी भावनाओं को समझता हूँ अक्षत। कुछ चीज़ें, कुछ इंसान, हमारे दिल के बहुत करीब होते हैं क्योंकि वे अच्छे-बुरे वक्त में हमारे साथी होते हैं। उनके साथ एक सुंदर रिश्ता बनता है, जिसे छोड़ना आसान नहीं होता मगर अक्षत अब तुम जिस राह पर चल रहे हो, वहाँ यह समझना ज़रूरी है कि किसी भी तरह का राग, किसी भी तरह का मोह, हमारे लिए बंधन है जो हमें दुःख देता है।

ज़रा सोचो, एक दिन तो यह घर, यह शरीर, यह संसार सभी कुछ छोड़कर जाना है। कुछ भी तो साथ नहीं ले जा पाएँगे। फिर उस क्षण का सामना कैसे करेंगे, जब हम अपनी छोटी-छोटी गैरज़रूरी भौतिक वस्तुएँ तक नहीं छोड़ पाते।

शिवम की बात सुनकर अक्षत उदास हो गया, चेहरे पर अनजाना डर छा गया। मृत्यु का डर, सब कुछ छूट जाने का डर। कुछ पलों के बाद अक्षत सँभला और मुस्कुराते हुए बोला-

अक्षत – अभी-अभी मैंने अभिनिवेश क्लेश का सामना किया और मैं इसे देख पाया।

शिवम – मुझे खुशी है कि तुम पतंजलि योग सूत्र पर डटकर चल रहे हो और मैं जानता हूँ कि थोड़े मनन, चिंतन के बाद अपरिग्रह को भी अपना लोगे।

मैं तुम्हें एक बात शेयर करता हूँ, जब मेरे गुरु मुझे अपरिग्रह के बारे में समझा रहे थे तो मुझे भी अपनी प्यारी चीज़ों से चिपकाव को छोड़ने में दिक्कत हो रही थी तब उन्होंने समझाया कि यह दिक्कत केवल इसलिए होती है क्योंकि हमें अपनी वस्तुओं, रिश्तों, प्राप्तियों, उपलब्धियों के लिए अधिकार की भावना होती है। जैसे- 'ये मेरा है, इस पर केवल मेरा हक है, मैं इसे किसी और को क्यों दूँ।' अगर हम इस अधिकार भावना को छोड़ देंगे तो हमें दिक्कत भी नहीं होगी।

अक्षत – मगर जब कोई चीज़ मेहनत से, संघर्ष करके पाई जाए तो उससे अटैचमेंट हो ही जाती है। उसके लिए हक की भावना आ ही जाती है। अब अपनी चीज़ों पर हक कैसे छोड़ें?

अक्षत ने जो सवाल उठाया था, वह केवल उसका नहीं, बहुत से लोगों का है जो मानते हैं अपनी मेहनत से कमाई चीज़ पर अपना हक कैसे छोड़ें? क्या जवाब दिया शिवम ने इस सवाल का, जानेंगे अगले अध्याय में और सीखेंगे 'यम' के पाँचों महाव्रत हमें कैसे एक आदर्श संसारी इंसान बना सकते हैं।

20

'यम' से आदर्श जीवन की शुरुआत

अपनी मेहनत से कमाई हुई चीज़ों से कैसे चिपकाव न हो, कैसे उन पर हम अपना हक न समझे और क्यों न समझे? अक्षत की इसी जिज्ञासा का समाधान शिवम उसे देने जा रहा था।

शिवम – तुम्हारा सवाल अपनी जगह सही है। मेरे मन में भी यह सवाल उठा था, जिसका जवाब मुझे अपने दादाजी के जीवन से मिला। मेरे दादाजी ने गाँव में बड़ा घर बनाया था। उसके आस-पास आम के बाग-बगीचे भी थे, जिनकी वे पूरे जी-जान से देखभाल किया करते थे। जब कोई उनके घर और बागों की तारीफ किया करता तो वे यही कहते, 'मेरा क्या है, ऊपरवाले ने दिया है। जितना उसकी मर्ज़ी होगी हमें यहाँ रखेगा, हमारे बाद जिसका होगा, वह यहाँ रहेगा। हम तो यहाँ पर उस मालिक के मेहमान ही हैं।'

उनके बागों में बहुत मीठे आम हुआ करते थे। वे अपने पास थोड़े से आम रखते, बाकी गाँवभर में बाँट देते। तब मुझे बड़ा गुस्सा आता कि मेहनत दादाजी ने की और फल सब खा रहे हैं। बाद में मुझे समझ आया, दादाजी को खुद खाने से ज़्यादा सुख बाँटने में मिला करता था। अतः अपनी ज़रूरत के आम रख लिए और बाकी बाँट दिए। कोई अटैचमेंट नहीं, कोई हक की भावना नहीं। जब वे गाँव का घर छोड़कर शहर में पापा के साथ रहने आए तो उन्होंने अपने घर को धर्मशाला बनवा दिया ताकि कोई ज़रूरतमंद वहाँ आराम से रुक सके। इस तरह वे अनजाने में ही अपरिग्रह पर अमल करते थे।

मैंने कभी उन्हें ज़रूरत से ज़्यादा चीज़ें जमा करते नहीं देखा। जो ज़्यादा होता, बाँट दिया करते। वे ऐसा इसलिए कर पाते थे क्योंकि उन्होंने कभी भी अपने अधिकार क्षेत्र की किसी भी चीज़ को अपने नाम का टैग नहीं लगाया। वे यही कहते थे- 'जो है, सब ईश्वर का दिया हुआ है, वही मालिक है। मेरा क्या है, मैं तो बस ईश्वर की कृपा से उसका उपभोग कर रहा हूँ।'

अक्षत – तुम्हारी बातें सही लग रही हैं मगर मन में एक सवाल भी उठ रहा है। आज मेरे पास ज़रूरत की सभी चीज़ें हैं। कुछ ऐसा नहीं, जिसे पाने के लिए मैं मचल रहा हूँ। अगर मेरे अंदर इसी बिंदु पर संतुष्टि आ गई तो फिर आगे काम करने की क्या प्रेरणा रहेगी? जब कुछ आगे नया पाने को दिखता है तभी तो पुश मिलता है मेहनत करने का।

शिवम – जानते हो, जब डॉक्टर अब्दुल कलाम राष्ट्रपति भवन छोड़ रहे थे तो उनके साथ बस दो सूटकेस थे। वही उनका कुल जमा सामान था, उनकी आगे कुछ जमा करने की इच्छा भी नहीं थी। कोई बैंक बैलेंस नहीं था। जो थोड़ा-बहुत था, उसे भी चैरिटी में दे दिया था यानी उनका लक्ष्य कोई भौतिक प्राप्ति नहीं थी। फिर भी ज़रा उनकी उपलब्धियाँ देखो स्पेस साइंटिस्ट बने, मिसाइल मैन से लेकर देश के राष्ट्रपति बने। अब सोचो, इस सफर के पीछे कोई तो प्रेरणा, कोई तो पुश रहा होगा।

अक्षत – यही तो मैं भी सोच रहा हूँ, क्या प्रेरणा रही होगी क्योंकि मेरे लिए तो मेहनत करने की प्रेरणा देनेवाले फैक्टर्स अच्छी सैलरी और प्रमोशन ही रहे हैं।

शिवम – इसीलिए तो तुम्हें सब कुछ होते हुए भी वह खुशी महसूस नहीं हुई, जो तुम पाना चाहते थे। कुछ मिसिंग लगता रहा क्योंकि ये जो मिसिंग है, उसे न पैसे से खरीदा जा सकता है, न भौतिक सफलता से पाया जा सकता है।

क्योंकि न तो अच्छी सैलरी की कोई सीमा है और न ही सांसारिक उपलब्धियों की। एक को पा लिया तो उससे आगे कुछ और खड़ा नज़र आने लगता है। कहीं भी पहुँचकर संतुष्टि महसूस नहीं होती।

अब अगर बात करें डॉक्टर कलाम की तो उनके लिए प्रेरणा था- उनका अपने काम के प्रति प्यार, जोश, उत्साह, साथ ही अपने देश और समाज के लिए कुछ अच्छा कर गुज़रने की निःस्वार्थ इच्छा।

वे चाहते थे उनकी काबिलियत उनके देश की बेहतरी के लिए काम आए। ऐसे ही दादाजी आम के बागों में इसलिए मेहनत करते थे ताकि गाँव के ज़्यादा से

ज़्यादा बच्चे उन आमों का स्वाद चखें और खुश हो जाएँ।

जब हम अपनी खुशी अपने काम में ढूँढ़ते हैं और उसे निःस्वार्थ होकर सभी की बेहतरी के लिए करते हैं तो यह खुशी कभी खत्म नहीं होती, हमेशा साथ रहती है। लेकिन अगर हम इसके फल में केवल अपने लिए खुशी ढूँढ़ेंगे तो हम कभी संतुष्ट नहीं हो पाएँगे, न अपने काम से और न ही उसके परिणाम से।

अब धीरे-धीरे अक्षत के सामने स्पष्टता आने लगी थी कि सब कुछ होते हुए भी वह क्यों खुद को खुश और संतुष्ट महसूस नहीं करता था क्योंकि वह सिर्फ अपने लिए जी रहा था। उसे हमेशा यही लगता था, दूसरे उससे बेहतर कर रहे हैं, उसे भी कहीं भागना है, कहीं पहुँचना है। अपनी नौकरी को वह सिर्फ पैसे कमाने के लिए करता था, उसे अपने काम से प्यार नहीं था। इसलिए ज़्यादातर शॉर्टकट तरीके ढूँढ़कर काम पूरे करता था या दूसरों पर डालने की कोशिश करता था।

अक्षत बहुत देर तक चुपचाप बैठा सोचता रहा। शिवम ने भी आगे कुछ नहीं कहा। कुछ समय बाद अक्षत मौन तोड़ते हुए बोला-

अक्षत – शिवम, अब मुझे समझ में आ रहा है कि ये 'यम' सिर्फ नियम नहीं हैं, ये तो जीने का सही तरीका है। पहले मैं इन्हें बस आदर्श बातें समझता था लेकिन अब दिख रहा है कि अहिंसा से मन शांत होता है, सत्य से भीतर मज़बूती आती है, अस्तेय हमें ईमानदार बनाता है, ब्रह्मचर्य हमारी ऊर्जा को सही दिशा देता है, अपरिग्रह हमें हल्का और मुक्त महसूस कराता है।

मुझे लग रहा है कि अगर मैं इन्हें अपने रोज़मर्रा के जीवन में उतार दूँ तो बाहर की उलझनों से ज़्यादा मेरे अंदर की अशांति खत्म होने लगेगी। शायद यही वह नींव है, जिस पर आगे का पूरा योग मार्ग खड़ा होता है। जानते हो सबसे ज़्यादा आश्चर्य मुझे किस बात का हो रहा है? हज़ारों साल पहले लिखे गए ये योग सूत्र आज के दौर में भी लागू हो रहे हैं।

शिवम (मुस्कुराते हुए) – इसका जवाब भी ऋषि पतंजलि ने अपने एक सूत्र में लिखा है। वे कहते हैं-

जातिदेशकालसमयानवच्छिन्नाः सार्वभौमा महाव्रतम

इसका अर्थ है- यम मार्ग किसी भी जाति, स्थान, समय या परिस्थिति से सीमित नहीं है। ये सार्वभौमिक हैं, यूनिवर्सल हैं, महाव्रत हैं यानी हर काल, हर स्थान के व्यक्ति के लिए लागू होते हैं। यही तो इनकी महिमा है।

शिवम ने देखा अक्षत अभी भी किसी खयाल में खोया हुआ है।

शिवम – कहाँ खो गए दोस्त! क्या सोच रहे हो?

अक्षत – यही सोच रहा हूँ, आज अपरिग्रह की शुरुआत कहाँ से करूँ? इतने सालों में इतनी जमाखोरी की है, बहुत समय लगेगा खुद को खाली करने में। मेरे घर का तो ७५% सामान बाहर होनेवाला है।

शिवम – केवल सामान ही नहीं, बेकार के विचार, बेकार की यादें, बेकार की मान्यताएँ, बेकार की आदतें और वृत्तियाँ इन सबको भी तो बाहर निकालकर फेंकना है। है न?

अक्षत – डराओ मत मुझे, सब होगा मगर धीरे-धीरे होगा। बस तुम अपना साथ बनाए रखना।

शिवम – बिलकुल। चलो, अभी विदा लेता हूँ और महीनेभर का समय देता हूँ, तुम्हें यम के नियमों को जीवन में उतारने के लिए। अगली बार से पतंजलि योग सूत्र का नया मार्ग शुरू होनेवाला है, उसके लिए तैयार रहना।

'यम' के नियमों को जीवन में उतारते हुए अक्षत के जीवन में क्या परिवर्तन आया और क्या है पतंजलि योग सूत्र का अगला मार्ग, जिसे शिवम उसे समझाने जा रहा था, यह जानने का सफर शुरू होगा अगले अध्याय से।

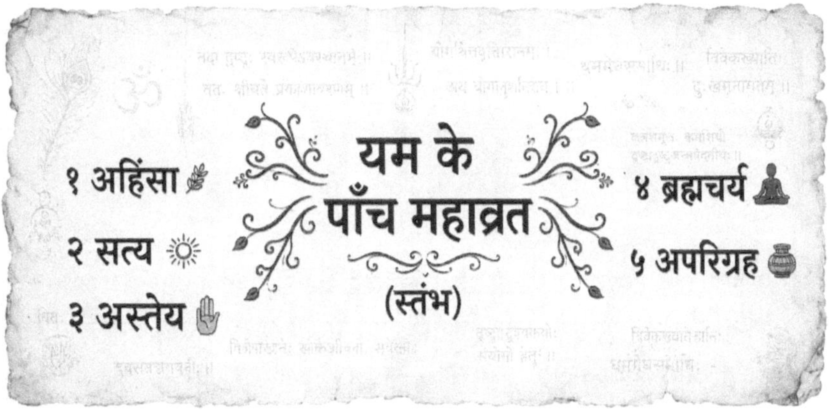

21

पतंजलि अष्टांग मार्ग का दूसरा अंग – 'नियम'

सुबह की हल्की धूप खिड़की से अंदर आ रही थी। अक्षत अपने कमरे में किसी उधेड़बुन में व्यस्त था। चारों तरफ फैला सामान, पुराने कपड़े, किताबें, बेकार पड़े गैजेट्स और एक कोने में अलग रखे तीन बड़े बॉक्स।

पिछले एक महीने से वह 'यम' महाव्रतों को अपने जीवन में उतारने की कोशिश कर रहा था। अहिंसा के लिए उसने अपनी प्रतिक्रियाओं पर ध्यान देना शुरू किया था। कुछ भी कहने या करने से पहले सोचता, 'कहीं इससे किसी को कोई कष्ट तो नहीं होगा?'

सत्य का पालन करने के लिए झूठ बोलना कम किया था, दूसरों से भी और खुद से भी। भले ही मुश्किल हो मगर सच्चाई का सामना करने का भरपूर प्रयास कर रहा था।

अपने सच दूसरों पर थोपने भी छोड़ दिए थे। जब भी किसी से किसी बात पर मतभेद होता तो मन में यही कहता, 'यह मेरा सच है, उसका नहीं इसलिए सामनेवाला अगर कुछ अलग सोच रहा है तो वह गलत नहीं है।'

अस्तेय के लिए ऑफिस और रोज़मर्रा के जीवन में छोटी-छोटी बेईमानियों को छोड़ दिया था। ब्रह्मचर्य के लिए अपनी ऊर्जा को इधर-उधर बिखरने से रोकने लगा था और अपरिग्रह को जीवन में उतारने के लिए जो कुछ कर रहा था, उसके लिए गवाह था उसका कमरा। जबसे शिवम ने अपरिग्रह को समझाया था, उसके

बाद रोज़ एक-दो बॉक्स घर से बाहर जा रहे थे। जो कुछ किसी के काम आ सकता था, उसे बाँट रहा था, बाकी कचरे में रख रहा था।

अक्षत (खुद से मुस्कुराते हुए) – एक-दो दिन में सब व्यवस्थित हो जाएगा। अब यहाँ कुछ भी ऐसा नहीं रहेगा, जिसकी मुझे ज़रूरत नहीं। यकीन नहीं होता, यह मेरा ही कमरा है। इतना बड़ा मुझे कभी नहीं लगा, जितना आज लग रहा है। सच कह रहा था शिवम- घर छोटे नहीं होते, हम अनावश्यक सामान इकट्ठा करके उसे छोटा बना देते हैं।

अक्षत के स्वसंवाद चल रहे थे, ठीक उसी समय दरवाज़े की घंटी बजी। अक्षत ने तेज़ी से चलकर दरवाज़ा खोला। शिवम सामने खड़ा था।

शिवम (हँसते हुए) – लगता है ज़ोरदार सफाई अभियान चल रहा है। पार्किंग से पुराना स्कूटर और साइकिल गायब है।

अक्षत (हाथ जोड़कर झुकते हुए) – सब आप ही की कृपा है गुरुदेव, जो आपने इस नासमझ को अपरिग्रह का उपदेश दिया। बहुत कचरा निकाला है। मम्मी-पापा भी बहुत खुश हैं। मम्मी ने तो कचरा बेच-बेचकर बहुत पॉकेट मनी बनाई है।

शिवम – बढ़िया। कैसा लग रहा है ऐसा करके?

अक्षत – बहुत हल्का। जैसे कई बोझ उतर गए हैं लेकिन सच कहूँ, जितना बाहर का सामान छोड़ना मुश्किल है, उससे कहीं ज़्यादा मुश्किल अंदर का कचरा छोड़ना है।

शिवम – वही तो असली अपरिग्रह है, जिसे पतंजलि योग सूत्र के अगले मार्ग 'नियम' में शौच कहा गया है। दरअसल ये बाहरी अपरिग्रह उसी आंतरिक अपरिग्रह को साधने की शुरुआत है। आगे इस पर बात होगी।

बात करते हुए दोनों डाइनिंग हॉल में आकर बैठ गए। अक्षत की मम्मी दोनों के लिए चाय ले आईं। कुछ देर चाय पीते हुए चुप्पी रही। फिर अक्षत अपना अनुभव बताने लगा।

अक्षत – शिवम, सच कहूँ तो पिछले एक महीने में बहुत कुछ बदला है। पहले छोटी-छोटी बातों पर गुस्सा आ जाता था, निराश हो जाता था। अब थोड़ा ठहराव आ गया है। उस गुस्से को, निराशा को देखता हूँ, सोचता हूँ इस पर कौन सा यम लागू करूँ!

पहले जब ऐसा होता था तो मैं पुराना अक्षत हो जाता था- गुस्सैल, निराश इंसान। मगर अब मैं खुद को उस भाव से डिटैच कर उस पर काम कर पाता हूँ। एक बात जो चमत्कार जैसी लगती है, वह यह कि परिवर्तन मेरे अंदर हो रहा है लेकिन इसका असर बाहरी वातावरण पर भी पड़ रहा है। दूसरे लोगों की मेरे प्रति प्रतिक्रियाएँ बदलने लगी हैं। उनमें सकारात्मकता और विनम्रता है। सब कुछ किसी सपने जैसा लग रहा है। यकीन नहीं होता, मैं भी वही हूँ, दूसरे भी वे ही हैं, फिर भी सब बेहतर कैसे होता जा रहा है?

शिवम – यही तो असर है पतंजलि योग सूत्र का। पहले ही मार्ग में तुम्हारी अच्छी धुलाई हो गई है, नींव पक्की बन गई है। अब बारी अगले मार्ग को सीखकर इमारत खड़ी करने की।

अक्षत – उसके लिए मैं तैयार हूँ। बताओ अगला मार्ग क्या है?

शिवम – देखो, ऋषि पतंजलि के अनुसार 'यम' के महाव्रत हमें समाज के साथ सौहार्द और सामंजस्य में लाते हैं और अगले अंग 'नियम' के महाव्रत हमें खुद के साथ संतुलन में लाते हैं। 'नियम' का सूत्र है-

शौचसंतोषतपः स्वाध्यायेश्वरप्रणिधानानि नियमाः

इसका अर्थ है- शौच यानी शरीर, मन और जीवन की शुद्धता, संतोष, तप, स्वाध्याय और ईश्वर-प्रणिधान, इन पाँच महाव्रतों का समूह 'नियम' हैं।

अक्षत – थोड़ा आसान भाषा में समझाओ, जैसे तुम हमेशा समझाते हो।

शिवम – ठीक है। तप, स्वाध्याय और ईश्वर-प्रणिधान पर तो पहले भी क्रिया योग के अंतर्गत बात हो चुकी है। हम पहले 'शौच' पर बात करते हैं, जिसका अर्थ है बाहर और भीतर की सफाई कर शुद्धता लाना।

अक्षत – एक मिनट, यहाँ एक डाउट है।

शिवम – कहो।

अक्षत – क्या इसीलिए वॉशरूम के लिए शौचालय शब्द का प्रयोग करते हैं?

शिवम – शौच शब्द संस्कृत से ही लिया गया है, जिसका अर्थ है- शुद्धिकर्म। समझ न होने की वजह से इसके मायने सिर्फ नेचर कॉल यानी मलमूत्र त्याग तक ही सीमित कर दिए गए हैं। इसे यूँ समझो जैसे अभी तुम अपने कमरे की सफाई कर रहे थे तो यह बाहरी शौच कर्म है। नहाना, साफ धुले हुए कपड़े पहनना, अपने आस-पास

सफाई रखना, यह भी बाहरी शौच क्रिया है। जब आंतरिक सफाई की जाती है तो वह आंतरिक शौच बनती है।

अक्षत – जैसे?

शिवम – मान लो, किसी से तुम्हारी किसी बात को लेकर कहासुनी हो गई और उसने तुम्हें कुछ अपशब्द कह दिए। कुछ समय तुम्हें बहुत बुरा लगा। जिसने तुम्हारे अंदर क्रोध और बदले की भावना जैसी मानसिक गंदगी पैदा कर दी। लेकिन तुमने इस बुरे लगने को साक्षी भाव से देखा, चित्त और वृत्ति पर मिली समझ को याद किया; फिर उसे हँसते हुए क्षमा कर, बात को रफा-दफा कर दिया। इस तरह तुमने आंतरिक शुद्धि कर ली।

शौच क्रिया में शरीर, वातावरण, वाणी, कर्म, विचार, भावना सभी को स्वच्छ, शुद्ध, निर्मल रखने का काम किया जाता है।

अक्षत (सोचते हुए) – अब समझा, शौच का मतलब है- फिजिकल, मेंटल, इमोशनल क्लीनिंग।

शिवम (हँसते हुए) – बिलकुल सही पकड़े हो दोस्त।

अक्षत – मैंने बचपन से परिवार के बड़े-बुज़ुर्गों में देखा है कि वे बाहरी सफाई पर बहुत ध्यान रखते थे। वॉशरूम चले गए तो नहाकर कपड़े बदलना, धुले हुए बर्तन को भी धोकर प्रयोग करना, बिना नहाए कुछ न खाना-पीना लेकिन फिर भी मैंने उन्हें दूसरों की बुराइयाँ करते हुए, चुगली करते हुए खूब सुना है।

शिवम (हँसते हुए) – क्योंकि ज़्यादातर लोग समझते ही नहीं कि सिर्फ शरीर और वातावरण को ही नहीं, सोच को भी साफ करना होता है तभी इंसान का भी भला होता है और समाज का भी।

अक्षत कुछ देर तक चुप रहा, जैसे भीतर गहरा मंथन चल रहा हो। फिर उसने सीधे शिवम की ओर देखा और पूछा-

अक्षत – बाहर की सफाई तो समझ में आ गई लेकिन यह बताओ, आंतरिक शौच स्थाई रूप से कैसे हासिल करूँ? देखो, जबसे तुमसे मिला हूँ और पतंजलि योग सूत्र पर काम करना शुरू किया है तब से इतना तो समझ आ गया, अगर एक दिन भी लापरवाही की तो वापस वही पहुँच सकते हैं, जहाँ से इस खूबसूरत बदलाव की शुरुआत हुई है।

शिवम – कह तो तुम सही रहे हो। जैसे शरीर को, घर को, रोज़ साफ करने की ज़रूरत होती है, वैसे ही आंतरिक शौच भी रोज़ की जानेवाली साधना है। लेकिन यह मुश्किल नहीं है। अगर थोड़ी सावधानी, थोड़ी जागरूकता के साथ चला जाए तो आंतरिक शुद्धि को स्थाई रूप से पाया जा सकता है।

यूँ समझ लो, अब तक तुमने जो कुछ सुना है, सीखा है, जीवन में उतारा है, वह हर कदम आंतरिक शुद्धि पर काम कर रहा है। फिर भी समझने में आसानी के लिए हम कुछ कदमों को एक क्रम में रख सकते हैं।

अक्षत (उत्साहित होते हुए) – हाँ! यह सही रहेगा।

शिवम ने अक्षत को आंतरिक शौच हासिल करने के लिए कौन-कौन से कदम बताए, जानेंगे अगले अध्याय में।

22

आंतरिक शुद्धि के कुछ तरीके

अक्षत समझ चुका था सिर्फ शरीर, घर और बाहर की सफाई करने से काम नहीं चलेगा। स्वस्थ, सुखी, आनंदित रहने के लिए आंतरिक शुद्धि भी ज़रूरी है और शिवम उसे इसी के कुछ कदम बताने जा रहा था, जिसे अक्षत बड़े ध्यान से सुनने लगा।

शिवम – आंतरिक शौच के लिए सबसे पहला कदम है– जागरूकता यानी अवैरनेस। इससे गंदगी को देखकर पहचाना जा सकता है और जैसे ही तुम उसे देख लेते हो, समझ लो आधी गंदगी वहीं खत्म हो जाती है।

जैसे कुछ लोग होते हैं जो पहले ही भाँप लेते हैं, मौसम बिगड़ रहा है, आँधी, तूफान आ सकता है। तब वे पहले ही अपने घर की खिड़की, दरवाज़े बंद कर लेते हैं ताकि कचरा अंदर न आए। यह होती है जागरूकता। इसलिए ऐसे स्थान, ऐसी जानकारी, ऐसे डिजिटल कंटेंट और ऐसे लोगों से समय रहते दूरी बना लेनी चाहिए, जहाँ से हमारे अंदर निम्न विचार, निम्न भावनाएँ उठ सकती हैं।

अगर बाय चान्स गंदगी आ भी गई तो उसे समय से साफ कर लेने की जागरूकता भी रखनी चाहिए। जैसे हम घरों में देखते हैं, अगर गंदगी समय से साफ न की जाए तो वह बढ़ते-बढ़ते पक्की होती जाती है। इसलिए अगर गंदगी आ भी गई तो समय रहते जल्द से जल्द पूरी तरह सफाई हो जानी चाहिए। रोज़ किया जानेवाला ध्यान, तप, अनुशासन ऐसे ही सफाई अभियान हैं।

अक्षत – बहुत अच्छा। मैं इसका ध्यान रखूँगा। दूसरा कदम कौन सा है?

दूसरा कदम है- स्वीकारभाव यानी एक्सेप्टंस। जो भी तुम्हारे अंदर चल रहा है, उसे गलत या सही कहकर दबाओ मत। ईमानदारी से मान लो। जैसे 'हाँ, अभी मैं गुस्से में हूँ', 'हाँ, मुझे जलन हो रही है', 'हाँ, मैं दुःखी हूँ'...! जिसे तुम स्वीकार नहीं करते, वह भीतर दबा रहता है और वही पक्की गंदगी बन जाता है। स्वीकार करने से हम उसकी सफाई के दरवाज़े खोलते हैं।

अक्षत – मुझे इस पर काम करने की ज़रूरत है क्योंकि सजग रहने के बावजूद भी जब कभी गुस्सा, तनाव, चिंता, चिड़चिड़ापन हावी हो जाते हैं और मैं उन्हें देखता हूँ तो मुझे बड़ी ग्लानि और निराशा होने लगती है कि ज्ञान मिलने के बाद भी ऐसा क्यों हो रहा है?

शिवम – उस ग्लानि या निराशा को भी स्वीकार कर, तीसरा कदम उठाना है, जो है क्षमा यानी माफी। यह ऐसी सफाई तकनीक है, जो पुराने से पुराने जमा कचरे को हटा सकती है।

अक्षत – यह सबसे मुश्किल लगता है।

शिवम – लेकिन सबसे ज़रूरी भी यही है। जानते हो अक्षत! मेरा अनुभव है कि सबसे ज़्यादा हमारे अंदर दूसरों के प्रति नाराज़गी का ही कचरा होता है। जो लोग हमें चोट पहुँचा चुके हैं, जिनसे हमारी अपेक्षाएँ थीं मगर पूरी नहीं हुईं, जिन्होंने हमारा दिल दुखाया, अपमान किया, हमें गलत समझा, धोखा दिया, जो अपना मतलब पूरा होने पर बदल गए, उनके लिए हमारा मन लगातार बड़बड़ाता रहता है। जिससे कचरा इकट्ठा होते रहता है। हमें यह समझना होगा कि अगर हम उस कचरे को पकड़कर रखेंगे तो नुकसान भी हमारा ही होगा।

अक्षत – तो क्या उन्हें क्षमा कर देने का मतलब यह नहीं कि वे तो बुरा करके भी सस्ते में छूट गए?

शिवम – नहीं! क्षमा का मतलब है हम समय रहते सस्ते में छूट गए। अगर हम उस गंदगी को अपने अंदर रखते तो हमारा ज़्यादा नुकसान होता। मन के साथ-साथ शरीर भी बीमार होता।

क्षमा केवल दूसरों को नहीं, खुद को भी करना है। जिस-जिस बात के लिए हम खुद को गलत समझते रहे, किसी भी तरह की ग्लानि या अपराधबोध ढोते रहे, उन सभी बातों के लिए खुद को माफ करना है।

देखो, क्षमा का मतलब यह नहीं कि जो हुआ, वह सही था बल्कि यह कि 'अब मैं इस कचरे के बोझ को और नहीं ढोऊँगा। मैं अपने शरीर के साथ-साथ अपने मन को भी मंदिर बनाऊँगा ताकि ईश्वर वहाँ जाकर विराजमान हो सके।'

अक्षत – सही कह रहे हो तुम। तुम्हारे समझाने पर जब मैंने एकांत में बैठकर मन ही मन शिवानी से माफी माँग ली थी और उसे भी माफ कर दिया था तब से मेरे मन में बहुत शांति आ गई। वाकई 'क्षमा' दूसरों पर नहीं बल्कि खुद पर किया जानेवाला एहसान है।

अब मुझे बताओ, अगला कदम क्या है इस सफाई अभियान का?

शिवम – अगला कदम है- 'जाने दो' यानी 'लेट गो प्रैक्टिस'।

अक्षत – किसे जाने दो?

शिवम – हम किसी नापसंद बात को पकड़ लेते हैं और बार-बार उसके बारे में सोचते रहते हैं। फिर वही चीज़ मन को भारी कर, बुरी फीलिंग पैदा करती रहती है। कई बार हम किसी अच्छे अनुभव से भी बहुत जुड़ जाते हैं, उसके बारे में भी बार-बार सोचते रहते हैं। 'जाने दो' तकनीक हमें सिखाती है कि जो हुआ अच्छा-बुरा, वह उस समय का अनुभव था, अब उसे छोड़ो और आगे बढ़ो, उससे चिपको मत।

अक्षत – तुम्हारी इस बात से मैं खुद को कनेक्ट कर पा रहा हूँ। जब भी भारत का किसी देश के साथ क्रिकेट मैच होता है तो मैं उसके रिज़ल्ट से इतना अटैच रहता हूँ कि मेरे दो-तीन दिन यूँ ही खराब हो जाते हैं। अगर भारत हार गया तो हार के दुःख में और अगर जीत गया तो जीत की एक्साइटमेंट में। दिमाग में बस वे ही विचार चलते रहते हैं। यह तो एक उदाहरण है मगर अकसर ऐसा होता है, मैं किसी अच्छे या बुरे अनुभव से जल्दी बाहर नहीं आ पाता हूँ। अब से हर ऐसी जगह पर 'जाने दो' तकनीक को लागू करूँगा मगर यह होगा कैसे?

शिवम – क्षमा, स्वीकार और जाने दो, ये तीनों आंतरिक क्रियाएँ हैं, जिनके लिए बाहर कुछ नहीं करना। बस कुछ देर शांत होकर भीतर उतरना है और खुद से मन ही मन कहना है –

मैं क्षमा करता हूँ या क्षमा माँगता हूँ।
मैं इसे स्वीकार करता हूँ।
जो भी मैंने पकड़ा हुआ है, उसे जाने दे रहा हूँ।
मैं हर तरह के नकारात्मक कचरे से मुक्त हो रहा हूँ।

इस तरह खुद को अपने हिसाब से आत्मसूचनाएँ यानी ऑटोसजेशन्स् देकर हम इन्हें कर सकते हैं।

अक्षत – बहुत अच्छा! मन की बड़बड़ से ही गंदगी जमा होती है और मन की सकारात्मक आत्मसूचनाओं से ही सफाई भी हो सकती है, कैसा आश्चर्य है यह!

शिवम – बिलकुल। मन तो एक टूल है। बेहोश मन हमारे जीवन को नर्क बना सकता है और सजग, जागृत मन हमें स्वर्ग से भी बढ़कर मोक्ष की अवस्था तक ले जा सकता है।

अक्षत – ऐसा ही लगने लगा है। अच्छा आंतरिक शौच का अगला कदम क्या है?

शिवम – अगला कदम है, सकारात्मक कर्म। यह कोई अलग से किया जानेवाला विशेष कर्म नहीं है। हम जो भी काम कर रहे हैं, अगर उसमें से स्वार्थ हटाकर लोककल्याण की भावना जोड़ दें तो वह सकारात्मक कर्म ही हो जाता है। जब हम बिना किसी स्वार्थ के किसी की मदद करते हैं, सच्चाई और ईमानदारी से अपने काम करते हैं तो मन अपने आप हल्का और साफ होने लगता है। ऐसे कर्मों को हम सेवा भी कह सकते हैं। इसीलिए हर धर्म में सेवा का बड़ा महत्त्व है।

अक्षत – सही बात है। अब तो यह मेरा भी अनुभव है।

शिवम – ये कुछ कदम हैं, जिनका मैंने आंतरिक शुद्धि के लिए ज़िक्र किया है लेकिन सिर्फ यही नहीं है और भी बहुत हैं, जिनके बारे में भी जानेंगे। जैसे आसन, प्राणायाम, प्रत्याहार, ध्यान आदि। हर कदम हमें शुद्धि की ओर ही ले जा रहा है।

अक्षत को समझ आ गया कि आंतरिक शौच कोई मंज़िल नहीं, जिसे एक बार छू लिया तो काम हो गया। यह हर दिन थोड़ा-थोड़ा खुद को साफ करने की प्रक्रिया है, जिसे लगातार करते जाना है। अब वह जानना चाह रहा था, पतंजलि योग सूत्र के दूसरे मार्ग का अगला चरण- संतोष के बारे में। जिसे समझकर जीवन में उतारना आज के दौर में हर किसी के लिए बहुत ज़रूरी है। ऐसा क्यों है, जानेंगे अगले अध्याय में।

23

संतोष धन आखिर है क्या

अंततः आज वह दिन आ गया था, जिसे लेकर अक्षत के मन में पिछले हफ्तेभर से उधेड़बुन चल रही थी- ऑफिस का अप्रेजल डे। योग्य होते हुए भी अक्षत को प्रमोशन नहीं मिला। उसका वेतन भी नहीं बढ़ा। उसकी जगह दूसरे सहकर्मी को प्रमोशन मिल गया था, जिसका काम अक्षत से बेहतर नहीं था लेकिन उसके रिश्ते बॉस से बेहतर थे।

अक्षत के मन में टीस उठी-

अक्षत (मन ही मन झुँझलाते हुए) – इस दुनिया में काम से ज़्यादा चापलूसी की ही वैल्यू है।

उसने अपने इस विचार को देखा और रुक गया। अगर पहले ऐसा होता तो वह बहुत चिड़चिड़ा और निराश हो जाता। शायद उसी क्षण नौकरी छोड़ देने की भी सोच लेता। आज उसके भीतर गुस्सा, तुलना और हार के भाव उठे लेकिन इतने तीव्र नहीं, जितने पहले हुआ करते थे। उसने दो दिन पहले ही नियम मार्ग के अगले चरण संतोष के बारे में इंटरनेट पर पढ़ा था और अब वह उसी समझ को अपने जीवन में लागू करने की कोशिश कर रहा था कि जो मिले उसमें संतुष्ट कैसे रहे।

लेकिन बहुत कोशिशों के बाद भी मन शांत नहीं हो पा रहा था। भीतर कहीं हल्की खींचातानी चल रही थी। एक हिस्सा कह रहा था, 'यह गलत हुआ है, मुझे प्रमोशन मिलना चाहिए था।' वहीं दूसरा हिस्सा धीरे से पूछ रहा था, 'क्या सच में

तुम्हारी शांति इस प्रमोशन पर निर्भर है? अब तुम ज्ञान मार्ग पर चल रहे हो, इन दुनियादारी की बातों से दूर रहो।'

इसी बीच शिवम का मैसेज आया, शाम को मिलने के लिए। अक्षत को मैसेज पढ़कर कुछ राहत मिली। उसे लगा कि भीतर चलनेवाली इस खींचातानी का हल अब शिवम से ही हासिल होगा।

शाम को तय समय पर आईटी पार्क में बने एक टेरेस रेस्टॉरंट पर अक्षत शिवम का इंतज़ार करने लगा।

शिवम कुछ गुनगुनाते हुए आया।

शिवम (गुनगुनाते हुए) – मन लागो मेरा यार फकीरी में जो सुख पावै संतोष में, वह सुख नाहीं अमीरी में।

शिवम ने अक्षत के मायूस चेहरे को देखा और बिना कुछ पूछे चुपचाप उसके पास बैठ गया। कुछ क्षणों की चुप्पी के बाद अक्षत ने कहा–

अक्षत – जो तुम गुनगुना रहे थे, उसका मतलब क्या है?

शिवम – इसका मतलब है सच्चा सुख फकीरी में है, धन-दौलत, पद-प्रतिष्ठा के पीछे भागने में नहीं। संतोष का सुख सबसे बड़ा सुख है।

अक्षत (झुंझलाते हुए) – अब तो मैं भी यही सोच रहा हूँ, क्या फायदा करियर, नौकरी के पीछे भागने से, रोज़ की चिक-चिक लगी रहती है। मेहनती लोगों के बजाय चापलूसों को फल मिलता है। ये सब देखकर जो तनाव, डिप्रेशन आता है, वह अलग। अब मैं भी फकीरी में मस्त रहनेवाला हूँ, नौकरी छोड़कर कोई छोटा-मोटा काम करके संतोष के साथ जीवन जीऊँगा।

शिवम (मुस्कुराते हुए) – जानते हो इस वक्त तुम बिलकुल अर्जुन की तरह बात कर रहे हो। उस अर्जुन की तरह, जो युद्ध भूमि में खड़ा है। सामने खड़े विरोधी पक्ष में अपने रिश्तेदारों को देखकर राग यानी मोह में फँस रहा है और श्रीकृष्ण से कह रहा है– मुझे नहीं लड़ना। क्या रखा है लड़ाई में। मैं संन्यासी बनकर जंगल चला जाऊँगा और संतोष के साथ जीऊँगा।

अक्षत (असहमति जताते हुए) – मुझे अपनी नौकरी, अपने ऑफिस, पद-प्रतिष्ठा किसी भी चीज़ से, किसी तरह का मोह, चिपकाव नहीं रहा, फिर मैं अर्जुन की तरह कैसे हुआ?

शिवम (मुस्कुराते हुए) – राग नहीं हुआ लेकिन द्वेष तो हो गया न क्योंकि तुम्हें प्रमोशन नहीं मिला इसलिए तुम उस परिस्थिति से भागना चाह रहे हो और अपने इस विकार को संतोष नामक खंबे के पीछे छिपाना चाह रहे हो। सोचो अगर तुम्हें प्रमोशन मिल गया होता तो क्या तब भी तुम ऐसा सोचते? नहीं न? तब तुम्हारे चेहरे की रंगत खिल जाती, तुम बहुत खुश होते।

अक्षत गहरी सोच में पड़ गया। उसे पकड़ में आया कि शिवम सही कह रहा है। मन में फिर एक प्रश्न उठा–

अक्षत – अपने मन से कौन सब कुछ छोड़-छाड़कर फकीर बनता है, परिस्थितियाँ मजबूर करती हैं। कभी रिश्तों में, कभी समाज से, कभी संसार से दुःख मिलता है तब संतोष का सहारा लेकर परिस्थितियों से समझौता किया जाता है और दिल बहलाने को ऐसे दोहे गढ़े जाते हैं।

अक्षत की दुविधा सुनकर शिवम मुस्कुरा उठा। वह अक्षत के कंधे पर हाथ रखते हुए बोला–

शिवम – लगता है तुम 'फकीर' का अर्थ गलत समझ रहे हो। फकीर शब्द का अर्थ गरीब, संन्यासी या भीख माँगनेवाला नहीं है। इसका अर्थ कहीं ज़्यादा गहरा है। यह शब्द अरबी के फक्र से आया है, जिसका अर्थ है- ज़रूरतमंद होना लेकिन दुनिया से नहीं बल्कि ईश्वर से।

दरअसल फकीर वह व्यक्ति है, जिसे बाहरी चीज़ों जैसे रूप, रंग, कुल, खानदान, जात, धर्म, धन, पद, नाम वगैरह से आसक्ति नहीं होती। जो अंदर से पूर्ण और संतुष्ट होता है।

फकीर ईश्वर के प्रति पूर्ण समर्पण भाव में रहता है। उससे जो मिल रहा है, उसके लिए हमेशा आभारी रहता है। वह हम लोगों की तरह ईश्वर से कुछ नहीं माँगता। अपनी प्रार्थना में बस यही कहता है, 'तुम्हें जो लगे अच्छा, वही मेरी इच्छा' और इसीलिए उसके पास सच्चा संतोष, सुख होता है।

अक्षत (उदास स्वर से) – यानी फकीर कमज़ोर नहीं होता, जो ज़िंदगी के थपेड़ों से हिल जाए। वह किसी भी चीज़ का गुलाम नहीं होता। वह स्वतंत्र इंसान होता है।

शिवम – हाँ। जिसने अहंकार, लालच, राग, द्वेष, कर्ताभाव खत्म कर दिया, वही संतोष धन पा सकता है और उसे ही फकीर कहा जा सकता है। केवल वही सच्चा

अमीर है, बाकी सब तो भिखारी हैं, जो सब कुछ होते हुए भी हमेशा हाथ फैलाए रखते हैं कि 'अब यह चाहिए, वह चाहिए।'

अक्षत – मुझे भी सच्चा अमीर बनना है, कुछ रास्ता दिखाओ।

शिवम – सच्चा अमीर बनने का रास्ता ऋषि पतंजलि ने दिखाया है, पतंजलि योग सूत्र के दूसरे मार्ग 'नियम' के दूसरे चरण में। वे कहते हैं– 'संतोषादनुत्तमः सुखलाभः।'

इसका मतलब है संतोष धन से ही सर्वोत्तम सुख की प्राप्ति होती है।

अक्षत – तो क्या मैं अपनी सारी इच्छाएँ, सारी महत्वाकांक्षाएँ, सारे प्रयास छोड़ दूँ और जो है, उसी में संतुष्ट हो जाऊँ?

शिवम – ऐसा नहीं है दोस्त। संतोष को लोग अकसर अधूरा समझ लेते हैं। वे सोचते हैं, संतोष का मतलब है रुक जाना, अपनी यात्रा में ठहर जाना। जबकि संतोष का अर्थ है भीतर चलनेवाली मन की सारी लड़ाइयाँ समाप्त करके आगे की यात्रा आनंद के साथ जारी रखना। रास्ते में चाहे सदाबहार मौसम मिले या आंधी–तूफान, कंकर, पत्थर मिले या मखमली कालीन... परिणाम की चिंता किए बगैर खुशी–खुशी आगे बढ़ते जाना।

अक्षत – ओह! तो क्या कोई महत्वाकांक्षा रखना गलत नहीं? मुझे लगता था संतोष और महत्वाकांक्षा एक–दूसरे के विरोधी हैं।

शिवम – नहीं दोस्त, ये दोनों तो एक–दूसरे के पूरक हैं।

अक्षत – वह कैसे?

शिवम – इच्छा या महत्वाकांक्षा ही जीवन को गति देनेवाली शक्ति है। जिन्हें ज्ञान नहीं हैं, वे ही इन्हें बुरा बताते हैं कि इच्छाएँ रखना गलत है, इच्छाएँ बंधन हैं, वे हमारी मुक्ति रोकती हैं, जबकि ऐसा नहीं है। दरअसल यही वह शक्ति है, जो इंसान को आगे बढ़ने की प्रेरणा देती है।

अच्छा एक बात बताओ, तुम्हारे अंदर पतंजलि योग सूत्र सीखने की, उसे जीवन में उतारकर सुखी होने की इच्छा है तो क्या यह गलत है?

अक्षत – नहीं। इसी एक इच्छा ने तो मेरा जीवन बदल दिया।

शिवम – सही कहा! जो इच्छा हमें शुभता, सकारात्मकता, शुद्धता और मुक्ति की ओर ले जाए वह शुभ है। उसे होना ही चाहिए।

मान लो, अगर तुम्हारे अंदर इच्छा उठे, मुझे इतना ज्ञान मिल जाए कि मैं ज्ञान पाकर शिवम से आगे निकल जाऊँ, चार लोगों में मेरी वाह-वाही हो, मैं महान कहलाऊँ तो यह इच्छा शुभ नहीं है क्योंकि यह अहंकार और असंतुष्टि को बढ़ा रही है।

इसे इस तरह कह सकते हैं, जो इच्छा कमी और तुलना से आती है, जिसमें लगता है कि जब तक तुम्हें वह चीज़ नहीं मिलेगी तब तक तुम अधूरे हो तो ऐसी इच्छा या महत्वाकांक्षा ठीक नहीं। उसे तुरंत छोड़ देना चाहिए।

अक्षत – और संतोष?

शिवम – संतोष तुम्हें यह एहसास देता है कि तुम वर्तमान में जो हो, जैसे हो, पूर्ण हो। तुम्हारी शांति, संतुष्टि किसी प्रमोशन, किसी उपलब्धि पर निर्भर नहीं है। इसलिए सामने से कैसा भी फल मिले, कुछ भी प्रतिक्रिया आए, तुम्हारा हर काम पूर्णता से होगा, तुम्हारी तरफ से बेस्ट होगा।

इसे ऐसा कह सकते हैं, इच्छाएँ करो लेकिन संतोष के साथ। अगर तुम केवल इच्छाओं में रहोगे तो हर असफलता तुम्हें तोड़ेगी और अगर तुम संतोष को गलत समझकर रुक जाओगे तो तुम्हारी क्षमताएँ दब जाएँगी। जबकि ईश्वर ऐसा बिलकुल नहीं चाहता। उसने तो इंसान को खुलकर अपने दिव्य गुणों की अभिव्यक्ति करने के लिए बनाया है इसलिए दोनों को साथ लेकर चलना है। शुभ इच्छा को भी और संतोष को भी।

अक्षत अब थोड़ा हल्का महसूस कर रहा था। संतोष भावना को गहराई से सम झने की कोशिश कर रहा था। शिवम ने उसे और अधिक समझाने का प्रयास किया।

शिवम – अच्छा एक उदाहरण सुनो। एक फार्मास्यूटिकल कंपनी है, जहाँ जीवन रक्षक दवाइयाँ बनती हैं। वहाँ पर तीन मेडिकल रिप्रेजेंटेटिव हैं। विकास, नयन और विशाल, जिनका काम है दवाइयों की मार्केटिंग और सेल करना। तीनों की सैलरी है ३५ हज़ार रुपए प्रति माह। इसके अलावा वे जितनी सेल करते हैं, उस पर उन्हें इंसेंटिव भी मिलता है।

नयन और विशाल दोनों अपनी नौकरी में ज़्यादा मेहनत नहीं करते। उन्हें प्रति माह ३५ हज़ार (35,000/-) रुपए तक की आमदनी होती है। फिर भी दोनों कहते हैं, 'हमें जो मिल रहा है, हम उसमें संतुष्ट हैं।'

वही विकास दिन-रात मेहनत करता है। उसे प्रतिमाह ७५ हज़ार रुपयों तक की आमदनी हो जाती है। उसका कहना है, वह भी अपनी कमाई से संतुष्ट है। तीनों को लगता है, वे संतुष्ट हैं मगर ऐसा नहीं है। इन तीनों में केवल एक ही है, जो वास्तव में संतुष्ट है। बताओं वह कौन हो सकता है?

अक्षत – मेरे हिसाब से अगर कोई संतुष्ट है तो वह विकास हो सकता है क्योंकि वह बहुत मेहनत कर रहा है, जिसका उसे बाकी दोनों से ज़्यादा फल भी मिल रहा है।

शिवम (मुस्कुराते हुए) – गलत जवाब। संतुष्ट केवल नयन है। अपनी बात को सिद्ध करने के लिए अब मैं तुझे इन तीनों का बैकग्राउंड बताता हूँ।

दरअसल विशाल बहुत आराम तलब और मूडी इंसान है। वह ज़्यादा मेहनत कर सकता है मगर नहीं करता। जो कमाता है, वह तो खर्च कर ही देता है और अधिक पैसे अपने घरवालों से ले लेता है। 'जब बिना मेहनत के काम चल रहा हो तो कोई क्यों मेहनत करे', ऐसी सोच रखनेवाले विशाल को लगता है कि वह संतुष्ट है मगर वास्तव में वह आलसी और सुस्त है।

अब नयन भी इतना ही काम करता है मगर इसलिए क्योंकि उसकी इतनी ही ज़रूरतें हैं। वह अपनी ज़रूरत के अनुसार काम लेता है और उसके बाद बाकी समय गरीब बच्चों को बहुत कम फीस लेकर पढ़ाने में देता है। बच्चों को पढ़ाकर उसे बहुत खुशी और संतुष्टि मिलती है। उसे लगता है उसका जीवन सार्थक हो रहा है। इस तरह से उसके जीवन में सेवा और आजीविका का संतुलन है।

अक्षत – फिर उसने पढ़ाने का प्रोफेशन क्यों नहीं चुना?

शिवम – क्योंकि टीचर बनने के लिए जो डिग्री, क्वॉलिफिकेशन चाहिए थी, वह उसके पास नहीं थी। लेकिन स्वभाव से वह टीचर ही था तो उसने अपनी इच्छा इस तरह से पूरी की।

अब बात करते हैं, विकास की। आज वह जी-तोड़ मेहनत कर रहा है, खूब पैसे कमा रहा है और उन पैसों से अपने लिए खूब सुख-सुविधा जोड़ रहा है, गैजेट्स खरीद रहा है। जो-जो उसने अपनी विश लिस्ट में लिखा था, वह सारे शौक पूरे कर रहा है। कल ही उसने आईफोन खरीदा इसलिए उसे लग रहा है, अब वह संतुष्ट है। मगर एक दिन ऐसा आएगा, जब उसकी विश लिस्ट पूरी हो जाएगी। नई चीज़ें उसे संतुष्टि नहीं देगी तब जीवन में खालीपन आएगा, असंतुष्टि का एहसास होगा।

अक्षत – जैसे मेरे जीवन में था।

शिवम – ऐसा इसलिए होता है क्योंकि हम तुष्टि को ही संतुष्टि समझ लेते हैं।

अक्षत (आश्चर्य से) – तुष्टि! यह क्या है? सुनने में तो संतुष्टि जैसा ही शब्द है।

शिवम – महसूस भी एक से ही होते हैं लेकिन हैं अलग-अलग। दरअसल भौतिक इच्छाएँ पूरी करने पर जो संतुष्टि जैसा भाव आता है वहीं तुष्टि है। वह अहंकार की तुष्टि होती है, जो ज़्यादा समय तक बनी नहीं रहती। कहीं बाहर अच्छा खाना खा लिया, कुछ नया खरीद लिया, प्रमोशन हो गया, सैलरी बढ़ गई, नौकरी मिल गई, किसी ने प्रशंसा कर दी, किसी प्रतियोगी को पीछे छोड़ दिया तो हमारा अहंकार तुष्ट होता है, जो हमें अस्थाई नकली खुशी देता है।

अक्षत – तो क्या इसे ही फील गुड फैक्टर कहा जाता है?

शिवम – हाँ और इसी भाव को बनाए रखने के लिए हमें रोज़ नई प्राप्ति, नई उपलब्धि चाहिए। बीच में अगर एक असफलता मिल जाए तो यह तुष्टि भाग खड़ी होती है।

अक्षत – मैं तुम्हारी बात समझ रहा हूँ। आज मुझे लग रहा है कि अगर मुझे प्रमोशन मिल जाता, तनख्वाह बढ़ जाती तो मैं संतुष्ट हो जाता मगर ऐसा नहीं है। मैं केवल तुष्ट होता, कुछ समय के लिए... फिर अगला साल आ जाता, वापस से वही अप्रैजल साइकिल चलती और फिर मेरी तुष्टि उस अप्रैजल के परिणाम पर निर्भर करती।

शिवम – हाँ। ज़्यादातर लोगों के जीवन में यही साइकिल चल रही है। मनमुताबिक होने से, कोई इच्छा पूरी होने से, कुछ समय के लिए तुष्टि आती है, जिसे संतुष्टि समझ लिया जाता है। फिर एक नई इच्छा जन्म लेती है, जो हमें असंतुष्ट कर देती है। एक बात ध्यान रखो, संतुष्टि हमेशा बना रहनेवाला भाव है। यह किसी बाहरी उपलब्धि या परिस्थिति पर बिलकुल निर्भर नहीं है।

अक्षत – तो फिर यह स्थाई संतुष्टि कैसे प्राप्त हो, जिसे ऋषि पतंजलि ने संतोष धन, सर्वोत्तम धन कहा है?

आगे शिवम अक्षत के इसी सवाल का जवाब देने जा रहा था। क्या रास्ता बताया शिवम ने संतोष धन पाने का, जानेंगे अगले अध्याय में।

24

कैसे पाएँ संतोष धन

दुनिया में जहाँ देखो, भौतिक धन कमाने के तरीके सिखाए जा रहे हैं। बच्चों को शुरू से ऐसी शिक्षा दी जा रही है कि वे जल्द से जल्द अपने पैरों पर खड़े होकर अच्छी कमाई करना शुरू करें। लेकिन सबसे ज़रूरी धन, संतोष धन पाने के तरीके किसी स्कूल में, किसी कॉलेज में नहीं सिखाए जाते। इसीलिए सब कुछ पाकर भी हमारा खालीपन नहीं जाता। यहाँ शिवम अक्षत को उसी संतोष धन पाने के तरीके बता रहा है, जिसे सर्वोत्तम धन कहा गया है। आइए, जानते हैं, क्या कहा उसने।

शिवम – देखो अक्षत, अब तक तुमने पतंजलि योग सूत्र का जो भी ज्ञान हासिल किया है, वह कहीं न कहीं भीतर संतोष पैदा कर रहा है। फिर भी संतोष धन पाने की इस यात्रा में अलग से कुछ कदम उठाए जा सकते हैं। इनमें सबसे पहला कदम है- दूसरों से तुलना न करना। क्योंकि यही एक बात है, जो हमें सब कुछ होते हुए भी कमी के भाव में ले जाती है और कमी के भाव में आते ही हम ईर्ष्यालु एवं असंतुष्ट हो जाते हैं।

अगर तुलना ही करनी है तो खुद से करो कि मैं जो कल था, उससे आज कितना बेहतर हूँ। खुद से तुलना तुम्हें पहले से बेहतर बना सकती है, जबकि दूसरों से तुलना तुम्हें छोटा महसूस करा सकती है।

अक्षत – समझ गया। इसका अनुभव मुझे भी है। दूसरा कदम कौन सा है?

शिवम – दूसरा है- अपने स्वभाव यानी प्रकृति अनुसार कर्म करते हुए जीवन जीना। भगवद्गीता में श्रीकृष्ण ने भी यही बात अर्जुन से कही है कि 'हे अर्जुन! तू स्वभाव से योद्धा है इसीलिए युद्ध कर। अगर तू अपने स्वभाव के खिलाफ जाकर काम करेगा तो कभी सुख, शांति और संतोष को प्राप्त नहीं करेगा।'

जैसे हमारे उदाहरण में नयन अपने स्वभाव के अनुसार काम करने के लिए समय निकाल रहा है इसीलिए वह संतुष्टि का अनुभव कर रहा है।

अक्षत – लेकिन हमारा स्वभाव क्या है, यह कैसे पता चलता है, इसे ज़रा समझा सकते हो?

शिवम – अगर हममें जागृति है तो हम अपने स्वभाव को बड़ी सरलता से पहचान सकते हैं।

इसे यूँ समझो, जो काम हमें बिना किसी दबाव के भी सहज रूप से करने अच्छे लगते हैं, जिनमें हमें समय का पता नहीं चलता, हम बार-बार घड़ी नहीं देखते, जिन्हें करने के बाद थकान के बजाय रचनात्मक संतोष मिलता है, वे हमारे स्वभाव को दर्शाते हैं। बचपन से बार-बार उभरनेवाली रुचियाँ भी हमारे स्वभाव के संकेत देती हैं।

देखो! यह प्रकृति हर इंसान को एक विशेष स्वभाव देती है। फिर उसके अनुसार जीवन जीने के लिए कुछ विशेष कलाएँ, कुछ विशेष शारीरिक, मानसिक और भावनात्मक गुण भी देती है। जैसे अगर किसी की प्रकृति खिलाड़ी बनने की है तो बचपन से ही उसे खेलों में रुचि होगी, उसके शरीर में खिलाड़ियोंवाली फुर्ती, एकाग्रता, शारीरिक शक्ति होगी। जिसके स्वभाव में संगीत है, वह बिना सीखे भी खुद से गाने गा सकता है या संगीत कंपोज कर सकता है। जैसे महान गायक किशोर कुमार ने कभी संगीत की विधिवत शिक्षा नहीं ली थी, फिर भी वे क्या खूब गाते थे। एक पेंटर का हाथ बचपन से ही ब्रश को दूसरों की तुलना में ज़्यादा कुशलता से सँभालता है। लेखक कम उम्र से ही बिना किसी से सीखे लेख, कविताएँ, कहानियाँ लिखना शुरू कर देता है... इसे ही जन्मजात कौशल, स्वभाव या प्रकृति कहा जाता है।

समय के साथ हमारे स्वभाव में परिपक्वता आती है। अगर हम उसी के अनुसार आजीविका चुनें या आजीविका नहीं भी चुन पाएँ तो कुछ समय उसके अनुसार जीएँ तभी हमें जीवन में संतोष का अनुभव होगा वरना नहीं। यही कारण है नयन की संतुष्टि का।

जानते हो स्वभाव के अनुसार जीने से क्या फायदा होता है?

अक्षत (गहराई से सोचते हुए) – क्या?

शिवम – हमें खुशी और संतुष्टि के लिए परिणाम का मोहताज नहीं होना पड़ता। उस काम को करना ही हमें संतोष धन देता है। जैसे एक बच्चे को उसकी मम्मी ने कहा, 'अगर तुम खेलोगे तो मैं तुम्हें एक चॉकलेट इनाम में दूँगी।' इस पर बच्चा कहता है, 'खेलने के लिए मुझे किसी इनाम की ज़रूरत नहीं, खेलना ही मेरा इनाम है।' वह ऐसा इसलिए कह पाया क्योंकि खेलना उसका स्वभाव है। चॉकलेट शायद उसे पढ़ाई करने को मनाने के लिए देनी पड़ेगी।

अब इस कसौटी पर तुम अपने काम को परखो। क्या तुम्हें अपना काम करने में ऐसा आनंद मिलता है, जैसे किसी बच्चे को खेलने में? या तुम उसे केवल पैसा कमाने के लिए, सोसाइटी में स्टेटस पाने के लिए कर रहे हो?

अक्षत (कुछ सोचते हुए) – इंजीनियर तो मैं इसलिए बना क्योंकि मुझे माता-पिता ने करियर के लिए बस दो ही ऑप्शन्स दिए थे। इंजीनियर या डॉक्टर। मुझे काट-पीट करने और खून से डर लगता था इसलिए मैंने इंजीनियरिंग चुनी लेकिन यह तो तय है कि अपने प्रोफेशन में मुझे कभी संतोष जैसा अनुभव नहीं हुआ।

शिवम – मगर कुछ तो होगा, जो करने से तुम्हें सुकून मिलता होगा, लगता होगा कि कुछ सार्थक किया।

अक्षत – मुझे लिखने में बहुत सुकून मिलता था।

शिवम – क्या लिखा करते थे?

अक्षत – छोटी-छोटी कहानियाँ, अपने आस-पास के अनुभव जो महसूस करता था, इस दुनिया के बारे में... सब एक ब्लॉग में लिखता था। लिखकर अजीब सी खुशी मिलती थी। नींद अच्छी आती थी... लगता था मैं ज़िंदा हूँ, खुद से जुड़ा हुआ हूँ। लेकिन जीवन की आपाधापी में कुछ सालों से वह छूट गया और मैं बस मशीन बन गया।

शिवम – कोई बात नहीं, फिर से शुरुआत करो। उस स्वभाव को जगाओ, उसे अपने दिन का कुछ समय दो। उसमें आगे बढ़ो, वही थोड़ा सा समय तुम्हें पूरे दिन के लिए असली संतोष देगा। वरना तुम बाहर से कितने ही सफल हो जाओ, अंदर से खाली ही महसूस करोगे।

अक्षत – कभी मैं लेखक बनना चाहता था, लोगों को अपनी कहानियाँ सुनाना चाहता था। पता नहीं अब लिख भी पाऊँगा या नहीं, कहीं मैं भूल तो नहीं गया? अगर मैं उसमें परफेक्ट नहीं हुआ तो?

शिवम – यही तो असली बात है। श्रीकृष्ण गीता में आगे कहते हैं, अपना स्वभावगत कर्म, चाहे उसमें कमी हो, फिर भी वह बेहतर है। उसे ज़रूर करना चाहिए। करते-करते हर कमी दूर हो जाएगी क्योंकि उसे करने में यह यूनिवर्स हमारी मदद करेगा, समझे।

इस तरह संतोष पाने का दूसरा कदम हुआ, अपने स्वभाव को पहचानना, उसके अनुसार कर्म करना और जो भी परिणाम आए, उसे स्वीकार करना।

अक्षत – क्या इसके बाद भी कुछ बचता है संतोष पाने के लिए?

शिवम – हाँ। बस एक काम और करना है। जितना हो सके अपने जीवन को, अपने कामों को अव्यक्तिगत और निःस्वार्थ बना लो। जैसा तुमने पहले भी किया, अपने जूनियर्स को कहीं नौकरी दिलाने में मदद करके। तुमने खुद ही अनुभव किया था कि ऐसा करके तुम्हें बहुत सुकून और शांति मिली थी। जितना ज़्यादा हम अव्यक्तिगत और निःस्वार्थ भाव में रहते हैं, उतना ही ज़्यादा संतोष में रहते हैं। प्रार्थना करो तो केवल अपने लिए नहीं, सभी के लिए करो। 'मुझे यह मिल जाए, वह मिल जाए', इसकी जगह प्रार्थना हो, 'सबको यह मिले, सबको वह मिले। केवल मेरा नहीं, सबका कल्याण हो, सबका मंगल हो।'

यही सबसे ज़्यादा फर्क है संतुष्टि और असंतुष्टि में। एक असंतुष्ट व्यक्ति केवल अपनी सेवा करता है। वह किसी काम को इसलिए करता है ताकि जब उसका परिणाम मिले तो उसका अहंकार तुष्ट हो, उसे अच्छा लगे। मगर जब परिणाम मन-मुताबिक नहीं आता तो अहंकार को चोट भी पहुँचती है। जिसके परिणामस्वरूप दुःख, निराशा, तनाव, डिप्रेशन, गुस्सा आता है।

उसकी नज़र केवल मंज़िल पर रहती है, वहाँ तक पहुँचने की यात्रा का तो वह आनंद ही नहीं ले पाता। जबकि एक संतुष्ट व्यक्ति यात्रा का आनंद लेते हुए चलता है। परिणाम जो भी मिले, उसे फर्क नहीं पड़ता क्योंकि अव्यक्तिगत भाव के कारण वह परिणाम से चिपकता नहीं। परिणाम को वह ईश्वर को समर्पित कर, 'तुम्हें जो लगे अच्छा, वही मेरी इच्छा', गाते हुए संतोषी जीवन का आनंद लेता है।

अब यह मत सोचना कि संतोषी लोग जीवन में चमत्कार नहीं कर सकते, बड़ी उपलब्धियों तक नहीं पहुँच सकते। डॉक्टर अब्दुल कलाम साहब का उदाहरण तुम्हारे सामने पहले से ही है। एक संतोषी व्यक्ति जीवन में बहुत चमत्कार कर सकता है क्योंकि परिणाम से न चिपकने के कारण वह बड़ी-बड़ी चुनौतियों का सामना शांत मन से कर सकता है। वह कुछ खोने से नहीं डरता इसलिए गलतियाँ करने से भी नहीं डरता, निडर होकर खूब प्रयास करता है, अपना सर्वश्रेष्ठ देता है।

कुछ क्षणों की चुप्पी के बाद शिवम ने कहा-

शिवम – जब हम अपनी पहचान को, परिणामों से अलग कर लेते हैं तब जीवन कितना सहज हो जाता है! यही तो है संतोष की ताकत।

कहकर शिवम चुप हो गया। उसे जो कहना था, वह कह चुका था। अक्षत उस समझ को आत्मसात कर रहा था।

भीतर की गहराई से बाहर निकलकर अक्षत ने अपने चारों ओर देखा। वही दुनिया, वही लोग, वही नौकरी। लेकिन भीतर कुछ बदल रहा था। उसके चेहरे पर अब एक शांत आत्मविश्वास था, जो कह रहा था, 'मैं आगे बढ़ सकता हूँ, खिलकर-खुलकर जीवन जी सकता हूँ, बिना खुद से लड़ते हुए, बिना कहीं पहुँचने का तनाव लेते हुए, इस जीवन का आनंद लेते हुए, मैं आगे बढ़ सकता हूँ।'

संतोष ने उसकी इच्छाओं को खत्म नहीं किया था बल्कि उन्हें सही और सकारात्मक दिशा दे दी थी। अब वह भी गुनगुना रहा था-

'मन लागो मेरा यार फकीरी में जो सुख पावै संतोष में, वह सुख नाहीं अमीरी में।'

संतोष धन पाने के बाद अक्षत की ज़िंदगी में क्या बदलाव आया, जानेंगे अगले अध्याय में।

25

फोकस एनर्जी का परिवर्तन

अक्षत जितना संभव हो सकता था पतंजलि योग सूत्र के 'यम' और 'नियम' मार्ग पर चलने का प्रयास कर रहा था। शिवम से हुई पिछली मुलाकात में 'आंतरिक शौच' और 'संतोष' पर मिली समझ ने उसे बहुत बदला। ऑफिस से घर जाकर, डिनर वगैरह से फ्री होकर वह अपना जो समय टी.वी. देखने में या मोबाइल सर्फिंग में लगाता था, उस समय में उसने वापस लिखना शुरू किया एक डायरी के रूप में।

शिवम से मिलने के बाद पिछले कुछ दिनों का जो अनुभव था, जीवन में, दृष्टिकोण में जो बदलाव आ रहा था, उन सबको लिखना शुरू किया एक कहानी के रूप में। ऐसा करने के साथ ही अक्षत ने एक सुखद परिवर्तन का अनुभव किया। अब उसे नींद बहुत अच्छी और समय से आने लगी थी। इसका कारण था, लिखकर उसे एक संतुष्टि का एहसास होता था, जो चंचल मन को शांत कर गहरी नींद में ले जाता था।

अगले कुछ दिन अक्षत के लिए और भी गहरे अनुभव लेकर आए। अब वह न सिर्फ अपने भीतर बदलाव महसूस कर रहा था बल्कि बाहर की दुनिया भी बदल रही थी। अकसर आश्चर्य से भरकर खुद से कहता- यह दुनिया इतनी अच्छी कैसे होने लगी? क्या यह पहले से ऐसी थी या मेरे बदलने पर यह भी बदल रही है मगर ऐसा कैसे हो सकता है?

दरअसल अब उसे रोज़ ऐसे लोग नज़र आने लगे थे, जो निःस्वार्थ सेवा में जुटे हुए थे। अपने रोज़मर्रा के काम करते हुए, ऑफिस, व्यापार की जद्दोजहद के साथ भी किसी न किसी तरह की सेवा कर रहे थे।

एक दिन ऑफिस से निकला तो देखा, थोड़ी दूर पर कुछ कॉलेज स्टूडेंट्स सड़क किनारे खड़े होकर लोगों को प्लास्टिक के नुकसान और पर्यावरण बचाने के बारे में जागरूक कर रहे थे। एक जगह सिग्नल पर कुछ लोग बिना हेल्मेट पहने हुए बाइक चालकों को रोककर हेल्मेट पहनने हेतु रोड सेफ्टी के लिए समझा रहे थे।

एक दिन घर लौटते हुए लिफ्ट के पास नोटिस बोर्ड पर एक पॅम्प्लेट देखा। रविवार को सोसाइटी में एक वैन आनेवाली थी, जो लोगों के घर-घर जाकर ई-वेस्ट (पुराने मोबाइल, बैटरी, इलेक्ट्रॉनिक सामान आदि) इकट्ठा करनेवाली थी ताकि उसे सही तरीके से रि-सायकल किया जा सके। अपरिग्रह का पाठ पढ़ने के बाद अक्षत ने भी अपने घर में बहुत सारा इलेक्ट्रॉनिक कचरा जमा किया हुआ था पर समझ नहीं आ रहा था उसका क्या करे। वह रविवार का इंतज़ार करने लगा। जब ई-वेस्ट इकट्ठा करनेवालों से मिला तो उसकी आँखें खुली की खुली रह गई।

वे चार युवा थे। सब पढ़े-लिखे, उसी की तरह आईटी प्रोफेशनल। जब बाकी लोग रविवार की छुट्टी मनाते हैं, ये चारों लोग आस-पास की सोसायटी में जाकर ई-वेस्ट इकट्ठा करते हैं और रि-सायकल प्लांट में देते हैं। यह काम वे बिलकुल मुफ्त में कर रहे हैं, बिना किसी व्यक्तिगत लाभ के। उनसे बात करके अक्षत को समझ आया कि यह सिर्फ सफाई का काम नहीं बल्कि एक महत्वपूर्ण समाज सेवा है। क्योंकि जब इलेक्ट्रॉनिक कचरा यूँ ही फेंक दिया जाता है तो उसमें मौजूद ज़हरीले तत्व जैसे लेड, मर्करी आदि मिट्टी और पानी को दूषित कर देते हैं। इससे पर्यावरण खराब होता है और लोगों की सेहत पर भी बुरा असर पड़ता है। ऐसे में जो लोग ई-वेस्ट को इकट्ठा करके सही तरीके से रि-सायकल करवाते हैं, वे सीधे-सीधे समाज को इन खतरों से बचा रहे होते हैं।

उनसे बात करके अक्षत को उन पर बहुत गर्व महसूस हुआ और उसने भी मन ही मन संकल्प किया कि वह भी किसी ऐसे महान निःस्वार्थ सेवा कार्य से जुड़ेगा।

दस दिनों के बाद आज अक्षत को वापस शिवम से मिलना था और आज मुलाकात शिवम के घर पर होनी थी। शिवम ने अक्षत का स्वागत उसे गले लगाकर किया।

शिवम (खुश होते हुए) – आओ दोस्त! गरीब की कुटिया में तुम्हारा स्वागत है।

अक्षत (हँसते हुए) – गरीब की कुटिया नहीं, एक फकीर का शानदार आशियाना।

अक्षत को उस घर में बड़ी सकारात्मक ऊर्जा महसूस हुई। वह हॉल में बैठ गया। घर में और कोई नहीं था। शिवम उन दोनों के लिए चाय बनाने लगा। अक्षत भी उसके पास रसोई में आ गया।

शिवम – अभी मेरे हाथ की चाय पीयो, फिर खाना भी आज मेरे ही हाथ का मिलेगा।

अक्षत – अरे वाह! वैसे आज भाभी घर पर नहीं हैं... क्या मायके गई हुई हैं?

शिवम – नहीं। दरअसल मेरी पत्नी शुभांगी ने इस सोसाइटी की कुछ महिलाओं का एक छोटा सा ग्रुप बनाया हुआ है, जो हर रविवार गरीब महिलाओं के लिए कुछ न कुछ सेवा का कार्य करता है। जैसे उनके मेडिकल चेकअप कराना, उन्हें आयरन, कैल्शियम बाकी सप्लीमेंट्स उपलब्ध कराना, हेल्थ केयर की बातें समझाना आदि। वह रविवार को उसी में व्यस्त रहती है। इस दिन घर मैं सँभालता हूँ।

अक्षत – अरे वाह! बड़े सपोर्टिव पति हो तुम! वरना पति घर में रहे और पत्नी उसकी सेवा छोड़कर किसी दूसरे सेवा कार्य में जाए, यह हमारे देश में कहाँ चलता है!

शिवम (मुस्कुराते हुए) – मैं तुमसे इतनी ज्ञान की बातें करता हूँ और अपने जीवन में ही न उतारूँ तो उसका क्या फायदा? दरअसल हम दोनों ही एक-दूसरे को हर तरह से सपोर्ट करते हैं। समाज द्वारा बनाई गई मान्यताओं को छोड़कर, हम खुद अपने नियम बना रहे हैं, जिनमें सबसे महत्वपूर्ण है, बराबरी का रिश्ता रखते हुए एक-दूसरे के आध्यात्मिक विकास में, सेवा कार्यों में पूरा सहयोग करना।

अब देखो! जब मैं अपना समय उसे न देकर, तुम्हें पतंजलि योग सूत्र सिखाने में देता हूँ तो वह भी कोई शिकायत नहीं करती बल्कि खुश होती है कि हम किसी के जीवन में आध्यात्मिक विकास के लिए निमित्त बन रहे हैं।

अक्षत – बहुत कुछ सीखने को मिल रहा है तुमसे दोस्त। पता है आजकल एक अजीब चीज़ हो रही है मेरे साथ।

शिवम – क्या?

अक्षत – पहले मुझे लगता था कि यह दुनिया बहुत स्वार्थी है। लोग बस अपने-अपने काम में लगे रहते हैं लेकिन अब जहाँ देखो, कोई न कोई किसी न किसी तरीके से सेवा करता दिख रहा है। कोई बच्चों को मुफ्त में पढ़ा रहा है, कोई खाना

बाँट रहा है, कोई ई-वेस्ट इकट्ठा कर रहा है, कोई लोगों को पर्यावरण के बारे में जागरूक कर रहा है। यहाँ भी आकर पता चला, भाभी गरीब महिलाओं के स्वास्थ्य सुधार के लिए काम कर रही हैं। मुझे समझ नहीं आ रहा, ये सब अभी होना शुरू हुआ है या पहले से ही हो रहा था? अगर हो रहा था तो पहले क्यों नहीं दिखा मुझे?

शिवम – क्योंकि पहले तुम्हारी फोकस्ड् एनर्जी यानी ध्यान कहीं और था।

अक्षत – मतलब?

शिवम – देखो, दुनिया में हमेशा से हर तरह के लोग और काम मौजूद रहे हैं। सेवा भी होती रही है, स्वार्थ भी होता रहा है। लेकिन तुम क्या देखते हो, यह तुम्हारे अंदर की स्थिति तय करती है। इसे यूँ समझ लो एक ही दुनिया में अनेक समानांतर दुनिया है। हर दुनिया की अपनी अलग तरंग है। एक दुनिया स्वार्थ, धोखा, कपट करनेवाली है। एक दुनिया दूसरों से प्रेमभाव, करुणा रखनेवाली, निःस्वार्थ सेवा करनेवाली है। एक दुनिया ऐसी है, जिससे अगर तुम जुड़ जाओ तो तुम्हें सिर्फ यही समझ आएगा कि 'हम ज़्यादा से ज़्यादा नाम, पैसा, पद प्रतिष्ठा, सुख-सुविधाएँ कमाने के लिए ही पैदा हुए हैं। बाकी हमारे जीवन का कोई उद्देश्य नहीं' और एक दुनिया ऐसी है, जिसमें कदम रखते ही तुम्हें लगेगा, 'नहीं मैं ये सब करने के लिए नहीं पैदा हुआ हूँ। मेरे जीवन का कुछ और सार्थक उद्देश्य है।' उस दुनिया में तुम्हें ऐसे लोग मिलेंगे, जो तुम्हारे जीवन का सार्थक उद्देश्य खोजने में और तुम्हें उस तक पहुँचाने में मदद करेंगे। इस दुनिया को आध्यात्मिक दुनिया कह सकते हैं। अब जैसे तुम्हारे अंदर की तरंग होगी, तुम उसी दुनिया से ट्यून हो जाओगे। समझे?

अक्षत – हाँ... कुछ-कुछ समझा यानी मेरा फोकस पहले सिर्फ निगेटिव चीज़ों पर, बुराइयों पर, भौतिक सफलता पर ही था इसलिए मुझे कहीं कुछ सार्थक और सकारात्मक दिख ही नहीं रहा था।

शिवम – हाँ! सब मन का खेल है। जब मन अशांत होता है तो वह किसी की कमी, शिकायत, तुलना, बुरी खबरों, बुरी घटनाओं पर ज़्यादा फोकस करता है।

अक्षत – और अब?

शिवम – अब तुम्हारी जागरूकता बढ़ रही है, आंतरिक शुद्धि हो रही है, संतोष बढ़ रहा है।

अक्षत – तो क्या इसलिए अब मुझे अच्छाई दिखने लगी है?

शिवम – बिलकुल। अब तुम्हारी फोकस एनर्जी सकारात्मक दिशा में बह रही है।

तुम निःस्वार्थ और सकारात्मक दुनिया से जुड़ रहे हो इसलिए तुम्हें वे चीज़ें दिखाई देने लगी हैं। मैंने पहले भी कहा था न, अंदर बदलाव आएगा तो बाहर की दुनिया भी बदल जाएगी। बस वही होने लगा है तुम्हारे साथ और यही असली परिवर्तन है। कुछ पल दोनों चुप रहे।

अक्षत – शिवम, अगर सिर्फ नज़र बदलने से इतना फर्क आ सकता है तो आगे क्या होगा?

शिवम (मुस्कुराते हुए) – आगे अगला कदम है। पहले तुमने 'यम' मार्ग के पाँचों चरण समझें, जो हैं– अहिंसा, सत्य, अस्तेय, ब्रह्मचर्य और अपरिग्रह। इसके बाद 'नियम' के शौच और संतोष चरण को जाना। आगे के तीन 'नियम' क्रिया योग में पहले ही जान चुके हो, जो हैं तप, स्वाध्याय और ईश्वरप्रणिधान। अब बारी है पतंजलि योग सूत्र के अगले अंग की।

अक्षत – वह क्या है?

शिवम – तीसरा अंग है– आसन।

अक्षत (उत्सुकता से) – आसन यानी योगासन?

शिवम (हल्का हँसते हुए) – यही सबसे बड़ा भ्रम है। आसन सिर्फ शरीर को मोड़ने का, उसे लचीला बनाने का नाम नहीं है। उसका बहुत बड़ा लक्ष्य है और अब उसे ही जानने–समझने की बारी है।

क्या है 'आसन' और क्या महत्त्व है इसका पतंजलि योग सूत्र में, अक्षत के साथ आप भी जानेंगे अगले अध्याय में।

26

पतंजलि अष्टांग मार्ग का तीसरा अंग – 'आसन'

पतंजलि अष्टांग मार्ग में यम-नियम के बाद तीसरा अंग आता है- आसन। आज के समय में यह योग का सबसे लोकप्रिय लेकिन गलत समझा जानेवाला अंग है। आसन जिसे योगासन भी कहा जाता है, उसका नाम सुनते ही हमारे मन में कठिन, उलझी हुई शारीरिक मुद्राओं की तस्वीर उभर आती है। जैसे कोई शरीर को अलग-अलग मुद्राओं में मोड़ रहा हो या सिर के बल खड़ा हो। आधुनिक दौर में योग को योगा कहते हैं और उसे केवल शरीर को स्वस्थ, लचीला, आकर्षक बनाने की विधि मान बैठे हैं।

लेकिन महर्षि पतंजलि ने अपने योग सूत्र में जिस योगासन की बात की, उसका उद्देश्य इससे कहीं अधिक गहरा है। इसी 'आसन' के बारे में शिवम अक्षत को बताते हुए कहने लगा-

शिवम – योगासन या आसन का अर्थ शारीरिक व्यायाम नहीं है। यह शरीर, मन, साँस और चेतना को स्थिर व संतुलित करने की एक गहरी साधना है। इसका मूल उद्देश्य शरीर को ध्यान के लिए तैयार करना है क्योंकि ध्यान से ही इंसान अपने अंदर बसी परमचेतना या परमतत्व के साथ योग कर, उसका अनुभव कर सकता है।

चूँकि एक स्वस्थ शरीर ही ध्यान में लंबे समय तक बैठ सकता है इसलिए हमारे पूर्वज, ऋषि-मुनि, साधक विभिन्न आसनों का अभ्यास किया करते थे। समय

के साथ ये आसन व्यवस्थित रूप से विकसित हुए और योग की परंपरा का महत्वपूर्ण अंग बन गए।

विभिन्न शास्त्रों में योगासनों का विस्तृत वर्णन मिलता है। जैसे हठयोग प्रदीपिका और घेरंड संहिता में अनेक आसनों की विधि, लाभ और अभ्यास के नियम बताए गए हैं।

आजकल जगह-जगह पर योगासन सिखाने के लिए केंद्र खुले हुए हैं। जहाँ लोग अपने शरीर की फिटनेस के लिए जाते हैं, वे आसन का मूल उद्देश्य नहीं जानते और वे तो क्या, योगासन सिखानेवाले अधिकतर शिक्षक भी नहीं जानते कि आखिर आसन का क्या महत्त्व है।

महर्षि पतंजलि ने इसके महत्त्व को देखते हुए इसे अपने योग अष्टांग अंग में इसलिए जोड़ा क्योंकि योग के लिए आसन को साधना ज़रूरी है।

आसन को परिभाषित करते हुए ऋषि पतंजलि कहते हैं-

'स्थिरसुखमासनम्।'

अर्थात शरीर जिस अवस्था में स्थिर हो, सहज हो, सुख में हो, वही आसन है। उसी आसन में स्थिर रहकर परमतत्व से योग हो सकता है।

अक्षत – यानी आसन का मतलब हुआ शरीर को शांत और आराम में रखना?

शिवम – हाँ आसन शरीर को तोड़ने-मरोड़ने की नहीं बल्कि साधने की विधि है ताकि वह तुम्हारी साधना में बाधा न बने। क्योंकि जब शरीर स्थिर होता है तभी चंचल मन को स्थिर होने का अवसर मिलता है।

अक्षत – यार मुझे समझ नहीं आ रहा है कि मन को शांत और स्थिर करने के लिए शरीर पर क्यों मेहनत करनी है। तुमसे मिलने से पहले मेरा मन बहुत अशांत हुआ करता था मगर मेरा शरीर तो शांत और स्थिर था।

शिवम (मुस्कुराते हुए) – तुम कह रहे हो तो ऐसा ही होगा। फिर भी मैं चाहूँगा तुम मुझे अपने स्थिर और शांत शरीर का एक डेमो दे दो।

अक्षत – वह कैसे?

शिवम – इसके लिए तुम्हें ज़्यादा कुछ नहीं करना है। बस २० मिनट के लिए एक जगह पर चुपचाप स्थिर होकर बैठ जाना है। यह कोई बड़ी बात नहीं है, कर सकते हो न?

अक्षत – हाँ-हाँ क्यों नहीं?

शिवम – बढ़िया। अब जिस आसन में तुम्हें सबसे ज़्यादा सहजता हो, उसमें बैठ जाओ। ध्यान रहे स्थिर रहना है, थोड़ा भी हिलना-डुलना नहीं है।

शिवम के कहने पर अक्षत ज़मीन पर आलती-पालथी मारकर बैठ गया। शिवम ने मोबाइल पर २० मिनट का टाइमर लगा दिया। मुश्किल से ५ मिनट बीते होंगे, अक्षत के शरीर में खुजली होने लगी। नज़रें बार-बार दूर टेबल पर रखे मोबाइल पर जाने लगी। पैरों में असहजता होने लगी। १० मिनट पर वह हिलने-डुलने लगा। कभी कमर सीधी होती, कभी झुक जाती और १५ मिनट पर वह हार मानकर उठ खड़ा हुआ।

अक्षत (झेंपते हुए) – पता नहीं क्यों आज नहीं बैठ पाया, वरना तो...

शिवम (हँसते हुए) – वरना क्या? देखो अब तक शायद तुमने अपने चित्त को, मन को ही सजगता से देखना शुरू किया है, शरीर को नहीं। वरना तुम्हें पता चल जाता कि तुम्हारा शरीर स्थिर नहीं है। बैठकर बात करते हुए एक पैर हिलाते हो। जब थोड़ा स्ट्रेस में होते हो तो चाबी, पेन या ऐसी ही कोई चीज़ हाथों में घुमाने लगते हो। बार-बार हाथ मोबाइल पर चला जाता है। बैठने का तरीका बदलते रहते हो और ज़रा सोचकर देखो, सोते हुए कितनी बार करवट बदलते हो?

शिवम का अवलोकन सुनकर अक्षत सोच में पड़ गया। उसके कानों में माँ की एक बात गूँजने लगी, जो वह अकसर कहा करती थी- 'थोड़ी देर भी टिककर नहीं बैठ पाता, तेरे पैरों में चक्की लगी है क्या?'

शिवम – किस सोच में पड़ गए दोस्त! ज़्यादा घबराओ मत। बिना तैयारी के हर किसी शरीर की यही हालत है, इसमें कोई बड़ी बात नहीं। एक बात जान लो, दौड़ना-भागना बहुत आसान है लेकिन थोड़ी देर भी एक जगह शांति से टिककर बैठना बहुत मुश्किल और इसी मुश्किल को दूर करने के लिए पतंजलि योग सूत्र का मार्ग है- आसन।

आसन वह तरीका है, जो हमारे उस शरीर को जो अकसर दर्द, बेचैनी और चंचलता से घिरा रहता है, उसे रुकना, ठहरना सिखाता है। लेकिन किसी ज़ोर-ज़बरदस्ती से नहीं बल्कि सहजता और सुख के साथ।

आसन ही वह तरीका है, जो हमारे रक्त, मज्ज़ा, मांस से बने, बीमारियों से भरे शरीर को शुद्ध और पवित्र कर, एक ऐसा मंदिर बनाता है जिसमें ईश्वर की प्राण प्रतिष्ठा हो सके।

जिम, जॉगिंग, जुंबा जैसी फिजिकल एक्सरसाइज से हम शरीर को फिट रख सकते हैं। लेकिन उसमें रहनेवाली चेतना को जागृत करने के लिए आसन का महत्त्व है क्योंकि बाकी दूसरी तरह की शारीरिक एक्सरसाइज हमारे शरीर को हिलाना-दौड़ना सिखाती है, जबकि आसन स्थिर होना सिखाता है।

अक्षत – मगर शरीर का स्थिर होना क्यों ज़रूरी है?

शिवम – क्योंकि स्थिर शरीर ही अकंप मन को धारण कर, एकाग्रता के साथ ध्यान कर सकता है।

पतंजलि यह नहीं कहते कि अलग-अलग तरह के खूब सारे आसन करो। वे बस दो गुणों की माँग करते हैं। आसन में स्थिरता और सुख हो यानी उसे जल्दी में, बोझ समझकर या तनाव में न किया जाए। कोई भी शारीरिक मुद्रा चाहे वह कितनी भी सरल हो, यदि वह इन दो गुणों को धारण करती है तो वह एक आसन है। दूसरी ओर कोई भी मुद्रा, चाहे वह देखने में कितनी भी आकर्षक या चमत्कारी लगे, यदि उसमें तनाव, अस्थिरता या संघर्ष है तो वह केवल शारीरिक व्यायाम है, योगासन नहीं।

अक्षत – मेरी एक जिज्ञासा का जवाब दो। आसन में स्थिर होने का असली मतलब क्या है?

शिवम – स्थिर का मतलब हुआ शरीर में पर्वत जैसा अडिग, अकंप रहने का गुण होना चाहिए। जैसे पहाड़ पर हवाएँ, बारिश, मौसम बदलते हैं, फिर भी वह अपनी जगह अकंप खड़ा रहता है। ऐसा ही हमारा शरीर बने, जिस पर योग के समय बाहरी विघ्नों का असर न हो।

अक्षत – लेकिन मेरे भाई आसन करते समय शरीर तो थोड़ा-बहुत हिलता है, खुजली वगैरह भी हो सकती है, पैर काँप सकते हैं और मन तो भागता ही है।

शिवम – वही तो सीखना है। शरीर की बेचैनी असल में मन की चंचलता का परिणाम है। वह स्थिर होने से बचना चाहता है। शरीर का टिककर एक आसन में रहना मन को पसंद नहीं आता इसीलिए वह रुकावटें डालता है। लेकिन जब तुम शरीर को रोकते हो तो धीरे-धीरे मन भी शांत होने लगता है।

अक्षत – मतलब सिर्फ शरीर के स्थिर रहने से मन भी रुक सकता है?

शिवम – हाँ! क्योंकि तुम शरीर पर हो रही संवेदनाओं को देखना सीखते हो। जैसे

खुजली, हिलने की इच्छा, बेचैनी। फिर उन पर तुरंत प्रतिक्रिया न देने का चुनाव करते हो। साथ ही आसन में बने रहने के लिए मन को एकाग्र करते हो।

यह सिखाता है कि हम अपनी बेचैनी, चंचलता के गुलाम नहीं हैं। इसका फायदा जीवन में ऐसे मिलता है कि जब बाहर आलोचना या असफलता का तूफान आता है; बाहरी वातावरण बदलता है; शरीर को विचलित कर देनेवाली परिस्थितियाँ आती हैं तब हम पत्ते की तरह नहीं उड़ते बल्कि पर्वत की तरह स्थिर रहते हैं। स्थिर शरीर में मन भी स्थिर रहता है वरना तुमने देखा ही होगा कि जीवन में ज़रा सी उथल-पुथल हुई तो शरीर चाय, कॉफी, सिगरेट, शराब जैसे व्यसनों में... मनोरंजनों में जाता है या बेचैन होकर इधर-उधर भटकता है। जो लोग नियमित आसन, प्राणायाम वगैरह करते हैं, वे हर हाल में सकारात्मक ऊर्जा से भरपूर, बहुत एक्टिव रहते हैं।

अक्षत – हाँ... यह तो सच है। मगर मुझे बताओ आसन में सुख का क्या मतलब है?

शिवम – सुख का मतलब है अनावश्यक तनाव छोड़ देना। आसन करते समय जो अतिरिक्त खिंचाव हम बना लेते हैं, जैसे जबड़ा भींचना, कंधे सिकोड़ना, साँस रोकना, मांसपेशियों को टाइट करना... ये सब आसन में अतिरिक्त प्रयास की वजह से होता है। ये सब संघर्ष है, सुख नहीं।

अक्षत – और सही तरीका क्या है?

शिवम – जहाँ ज़रूरत हो वहाँ प्रयास और जहाँ न हो वहाँ समर्पण। यही आसन का संतुलन है।

जैसे सितार के तार न बहुत ढीले हों, न बहुत कसे हुए हों तभी मधुर संगीत निकलता है। ऐसे ही जितनी ज़रूरत है, उतना ही प्रयास करने पर सुख से आसन होता है।

इसके अलावा योग सूत्र में एक और महत्वपूर्ण सूत्र है:

'प्रयत्नशैथिल्य अनन्तसमापत्तिभ्याम'

अर्थात: प्रयास को ढीला छोड़कर, अनंत में ध्यान लगाकर आसन सिद्ध होता है।

इसे ऐसे समझो, अगर हमारा ध्यान इसी बात पर लगा रहेगा कि आसन सही रहे, ज़्यादा देर बैठ सके तो उसमें एक तरह का अतिरिक्त प्रयास होगा। ध्यान शरीर

पर ही रहेगा। जबकि ध्यान तो शरीर से ऊपर उठकर अपने अंदर बसी परम चेतना पर रखना है और ऐसा तभी संभव है, जब हम सुख से बैठें।

अब अक्षत को कुछ-कुछ बात समझ में आने लगी। आसन साधने के लिए उसे कोई जटिल शारीरिक व्यायाम नहीं करना बल्कि टिककर सहजता और शांति से बैठना सीखना है।

अक्षत – हे भगवान! हमेशा यही कोशिश रही कि मैं दुनिया की रेस में बिना रुके तेज़ दौड़ता रहूँ, ऐसा तो कभी सपने में भी नहीं सोचा था कि टिककर बैठना भी सीखना पड़ेगा।

शिवम (हँसते हुए) **–** अगर यह सीख लिया तो आगे यह भी सीख लोगे कि बिना रेस में शामिल हुए भी सब कुछ पाया जा सकता है बल्कि ज़्यादा पाया जा सकता है। वह भी शांति, सुकून और संतुष्टि के साथ।

अक्षत (हाथ जोड़कर) **–** तो अब मेरे लिए क्या आज्ञा है गुरुदेव?

शिवम – बस यही कि बाकी जो कुछ कर रहे हो, वह जारी रहे। साथ ही आसन का भी रोज़ अभ्यास करना है। जितना समय तुम सुख से, स्थिरता से बैठ सको, उससे शुरुआत करो। धीरे-धीरे उसे बढ़ाते जाओ... आसन के दौरान शरीर में उठनेवाली हलचल को भी साक्षी भाव से देखना है। जितना देखोगे उतना ही शरीर पर नियंत्रण होगा, वह अनुशासित होकर बैठना सीखेगा और अगले मार्ग के लिए तैयार होगा।

तभी डोरबेल बजी। शिवम की पत्नी शुभांगी सोशल सर्विस करके वापस आ गई थी। शाम के ७ बज चुके थे। शिवम ने उसका परिचय अक्षत से कराया। शुभांगी ने अक्षत से कहा।

शुभांगी – नमस्ते अक्षत जी। आखिर आज आपसे मुलाकात हो ही गई। शिवम अकसर आपके बारे में बात करते रहते हैं।

अक्षत (मुस्कुराते हुए) **–** सच में? मुझे तो लगा था कि मैं बस इनके सिरदर्द का कारण हूँ।

शुभांगी (हँसते हुए) **–** सिरदर्द नहीं। हाँ, कभी-कभी मुझे आपसे थोड़ी ईर्ष्या ज़रूर होती थी।

अक्षत (आश्चर्य से) **–** मुझसे? मैंने ऐसा क्या कर दिया?

शुभांगी – अरे, जब भी आप दोनों मिलते थे, उसके बाद घर आकर मुझे पूरी चर्चा

सुननी पड़ती थी। कई बार सोचती थी, जिसने इतनी लंबी-लंबी चर्चाएँ सुनने की क्षमता विकसित कर ली है, उससे एक बार तो मिलना बनता है।

शिवम – देखो, हमारी गंभीर चर्चाओं का कितना सम्मान हो रहा है।

शुभांगी – सम्मान ही कर रही हूँ। आप दोनों की एक मुलाकात का सारांश सुनते-सुनते कई बार मेरा आधा डिनर बन जाता था।

अक्षत (हँसते हुए) – मतलब मैं अनजाने में आपकी रसोई तक पहुँच चुका था?

शुभांगी – बिलकुल। आपसे मिलने में देर हुई लेकिन आपके सवालों से परिचय बहुत पहले हो चुका था।

अक्षत – अच्छा! और क्या राय बनी मेरे बारे में?

शुभांगी – यही कि या तो आप बहुत जिज्ञासु हैं... या शिवम को खाली नहीं बैठने देना चाहते।

शिवम – मुझे लगता है दूसरावाला कारण ज़्यादा सही है।

अक्षत – वाह! इतने महीनों की दोस्ती का यही फल मिला?

शुभांगी – नहीं, सच कहूँ तो आजकल लोग उत्तर खोजने से ज़्यादा बहस करने में रुचि रखते हैं लेकिन शिवम बताते हैं कि आप समझने के लिए प्रश्न पूछते हैं।

अक्षत (मुस्कुराते हुए) – पूछता तो हूँ लेकिन कभी-कभी लगता है एक सवाल का जवाब मिलता है और पाँच नए सवाल खड़े हो जाते हैं।

शुभांगी – तब तो आप दोनों की साझेदारी बहुत अच्छी है। एक सवाल बढ़ाता है, दूसरा धैर्य से जवाब देता जाता है।

शिवम – अच्छा! अब मेरी पूरी रिपोर्ट यहीं पेश होगी क्या?

अक्षत – होने दो। आज पहली बार कोई तुम्हारी भी समीक्षा कर रहा है।

तीनों ज़ोर से हँस पड़े।

शुभांगी की सहजता और अपनेपन ने अक्षत की झिझक पलभर में दूर कर दी। उसे लगा जैसे वह किसी पुराने परिचित से मिल रहा हो। घर का वातावरण हल्के हास्य, आत्मीयता और सहज गर्मजोशी से भर गया।

शिवम – कैसा रहा तुम्हारा दिन?

शुभांगी – बढ़िया! बहुत काम हुआ, थक गई हूँ लेकिन इस थकान में भी कितना संतोष, कितनी सकारात्मक ऊर्जा है। सच ही कहते हैं ऋषि पतंजलि, उद्देश्य अच्छा हो तो साधारण काम भी ऐसा संतोष देता है, जैसे कोई बड़ी उपलब्धि देती है।

शिवम – कुछ देर आराम से बैठकर अक्षत से बातें करो, मैं तुम्हारे लिए चाय बनाकर लाता हूँ।

शुभांगी – अरे नहीं-नहीं चाय नहीं, बहुत लेट हो गया है, मैं डिनर की तैयारी करती हूँ।

शिवम – कुछ लेट नहीं हुआ, थोड़ा बैठो... फिर हम मिलकर डिनर बना लेंगे।

अक्षत उन दोनों का आपसी प्रेम, सामंजस्य और सौहार्द देख सोच रहा था, दिनभर की थकान के बाद भी दोनों के चेहरे पर कितनी ताजगी और खुशी है। उसे लगा जब ज्ञान केवल पुस्तकों तक सीमित न रहकर व्यवहार में उतरता है तब रिश्ते भी कितने सुंदर हो जाते हैं। वहाँ अधिकार से अधिक सहयोग होता है, अपेक्षाओं से अधिक निःस्वार्थ प्रेम।

ज्ञान का रिश्तों पर सुखद प्रभाव देखकर और पतंजलि योग सूत्र में दिए गए अष्टांग के तीसरे अंग 'आसन' के बारे में सीखकर अक्षत को अनोखी संतुष्टि महसूस हुई।

डिनर के बाद वह घर की ओर चल पड़ा, एक संकल्प लेकर कि आज रात से ही आसन का अभ्यास आरंभ करेगा। ऐसा करते हुए उसे क्या-क्या अनुभव हुए और अगले मार्ग के बारे में उसने क्या सीखा, जानेंगे अगले अध्याय में।

27

आसन की सिद्धि

अगली सुबह सूरज की हलकी उजियारी किरणों और चिड़ियों की चहचहाट से अक्षत ने आँखें खोली। उसे पिछली रात की बात याद आई। शिवम ने उसे एक लिंक भेजी थी और कहा था, कल सुबह इसे करके देखना, बस अनुभव करना। कुछ पाने की कोशिश मत करना।

बाथरूम से फ्रेश होकर आने के बाद अक्षत ने उत्सुकता के साथ फोन उठाया। लिंक खोला और फर्श पर एक चटाई बिछाकर बैठ गया।

लिंक में हल्के कर्णप्रिय संगीत के साथ निर्देश चलने शुरू हो गए।

पहला निर्देश था- कमर सीधी लेकिन तनावरहित रखें, धीरे से आँख बंद करके सहज आसन में बैठ जाएँ।

निर्देश के अनुसार अक्षत ने आँखें बंद की। अपनी रीढ़ सीधी की। शुरुआत के कुछ मिनट में ही उसे एहसास हुआ कि सीधा बैठना जितना आसान लगता है, उतना है नहीं। उसकी पीठ बार-बार झुकने लगती और उसे फिर से सँभालना पड़ता।

आगे निर्देश आ रहा था- कुछ करने का प्रयास न करें, बस वर्तमान के अनुभव में रहें।

कुछ क्षणों में ही उसका मन इधर-उधर भागने लगा। आज के काम, ऑफिस की मीटिंग, अधूरी बातें लेकिन फिर उसमें जागृति आई और उसने खुद को धीरे से वापस वर्तमान में लाने की कोशिश की।

अगला निर्देश आया- स्थिरता खोजें।

उसने खुद को देखा, क्या वह सच में स्थिर है?

उसे एहसास हुआ कि उसका शरीर बिलकुल शांत नहीं था। उसकी ऊँगलियाँ हलके-हलके हिल रही थीं, कंधे थोड़े ऊपर उठे हुए थे और पीठ में एक हलकी सी बेचैनी थी। पहले तो उसका मन हुआ कि वह इस हलचल को रोक दे लेकिन फिर उसे निर्देश याद आया, 'बस देखना है बिना निर्णय के।'

उसने कुछ नहीं किया, बस देखा।

धीरे-धीरे उसे लगा जैसे किसी ने भीतर का वॉल्यूम कम कर दिया हो। उसकी हलचल अपने आप कम होने लगी। उसे लगा जैसे वह सच में एक जगह टिक रहा है थोड़ा-थोड़ा।

अगला निर्देश आया- सुख खोजें।

अब उसका ध्यान शरीर के अलग-अलग हिस्सों में गया।

सबसे पहले उसने अपने कंधों को महसूस किया। वे अनजाने में तने हुए थे। जैसे कोई अदृश्य बोझ उठाए हुए हो। उसने हलके से उन्हें ढीला छोड़ा। फिर उसका ध्यान जबड़े पर गया। वह भी भिंचा हुआ था। माथे पर तनाव था। अक्षत ने उसे ढीला किया। ऐसा करके उसे एक अजीब सी राहत महसूस हुई।

हर साँस के साथ वह थोड़ा सहज हो रहा था। शुरुआत में शरीर को ढीला छोड़ने की क्रिया एक प्रयास जैसी लग रही थी लेकिन कुछ ही मिनटों में यह स्वाभाविक होने लगा। साँस अंदर आती, थोड़ी सहजता लाती। साँस बाहर जाती, थोड़ा तनाव ले जाती।

अब वह कोई आसन कर नहीं रहा था, बस शरीर संग उपस्थित था और इसी साधारण बैठने में कुछ असाधारण घट रहा था।

अक्षत ने महसूस किया कि उसका शरीर अब पहले जितना भारी नहीं लग रहा। अंदर एक हलकी सी शांति है। जैसे किसी ने भीतर की भागदौड़ पर विराम लगा दिया हो।

कुछ ही मिनट बीते होंगे लेकिन उसे लगा जैसे वह अपने भीतर कहीं गहराई में चला गया है। एक ऐसे स्थान पर जो शांत है, स्थिर है, जो उसका अपना स्पेस है।

जब उसने धीरे-धीरे आँखें खोली तो कमरे में वही सब कुछ था- दीवारें, खिड़कियाँ, सुबह की रोशनी लेकिन उसका अनुभव बदल चुका था।

वह हल्की सी मुस्कान के साथ बुदबुदाया।

अक्षत – अगर सिर्फ बैठने से इतना बदलाव आ सकता है तो शायद शिवम सही कह रहा था। आसन सिर्फ शरीर का खेल नहीं है, यह तो भीतर कुछ और ही खोलता है।

उसी क्षण उसके भीतर एक नया प्रश्न जन्म ले चुका था- क्या मैं इस शांति को अपने पूरे दिन महसूस कर सकता हूँ?

इस एक विचार ने कभी टिककर न बैठनेवाले अक्षत को बेहद उत्साहित कर दिया और उसे दोबारा बैठने के लिए प्रेरित किया।

अगले दिन फिर वही समय, वही चटाई, वही कोशिश। शुरुआत में उसे लगा कि वह कल जैसा अनुभव फिर से दोहरा पाएगा लेकिन इस बार सब कुछ अलग था। शरीर ज़्यादा बेचैन था, मन और ज़्यादा भटका हुआ। वह थोड़ी देर बाद ही परेशान होने लगा।

अक्षत (मन में) – कल तो आसान लग रहा था, आज इतना मुश्किल क्यों है?

फिर उसे शिवम की कही बात याद आई- अनुभव को पकड़ने की, दोहराने की कोशिश मत करना, जीवन का हर क्षण नया होता है।

उसने गहरी साँस ली और खुद को फिर से देखने लगा बिना तुलना, बिना उम्मीद के।

धीरे-धीरे यह उसका रोज़ का छोटा सा अभ्यास बन गया, जो वह रोज़ ऑफिस जाने से पहले और रात को सोने से पहले दोहराने लगा।

एक हफ्ते बाद सुबह-सुबह वह फिर उसी चटाई पर बैठा था। सब कुछ वैसा ही था। कमरा, समय, सुखासन लेकिन अब उसके बैठने में एक अलग गुणवत्ता थी। उसमें 'कोशिश' कम थी और होना ज़्यादा। उसने महसूस किया कि शरीर अब भी कभी-कभी हिलता है, मन अब भी भटकता है लेकिन उसके अंदर एक हिस्सा है जो स्थिर, शांत, सुख में है, जो बस देख रहा है।

जब वह ऑफिस के लिए तैयार हो रहा था तो शिवम का फोन आया। अक्षत ने बड़े उत्साह से फोन उठाया अपनी प्रोग्रेस रिपोर्ट देने के लिए।

शिवम – कहो दोस्त! टिककर बैठ पा रहे हो या अभी भी पैरों की चक्की चल रहीत्कार है। सिर्फ बैठने से इतना सुख और शांति मिल सकती है, यह तो मैंने कभी सोचा ही नहीं था।

और सबसे खास बात यह एहसास सिर्फ आसन तक सीमित नहीं है दोस्त। ऐसा लग रहा है, जैसे मैंने अपने भीतर एक छोटा सा मंदिर खोज लिया है, जहाँ मैं कभी भी जाकर शांति और सुकून से बैठ सकता हूँ, चाहे बाहर कितना भी शोर क्यों न हो।

शिवम – वाह क्या बात है! लगता है तुमने आसन को साध लिया है। बहुत-बहुत बधाई हो। चलो वीकेंड पर मिलते हैं, पतंजलि योग सूत्र के अगले मार्ग को जानने के लिए क्योंकि तुम उसके लिए तैयार हो चुके हो।

'गुडबाय' कहकर शिवम ने फोन रख दिया। अक्षत की आँखों में चमक दौड़ गई, अगले मार्ग पर चलने के उत्साह की। क्या है अगला मार्ग जानेंगे अगले अध्याय में।

28

पतंजलि अष्टांग मार्ग का चौथा अंग – प्राणायाम

आज रविवार की सुबह कुछ अलग ही थी। शहर अभी पूरी तरह जागा नहीं था लेकिन शिवम और अक्षत एक शांत बगीचे में मौजूद थे। हल्की ठंडी हवा, पेड़ों के हिलते पत्ते और पक्षियों की मधुर आवाज़ें, जैसे सब मिलकर उस बगीचे में प्राण फूँक रहे हों।

अक्षत (हाथ जोड़कर मज़ाकिया अंदाज़ में) – आज मुझे पतंजलि योग सूत्र के कौन से अनजाने पायदान पर ले जानेवाले हैं गुरुदेव?

शिवम (मुस्कुराते हुए) – वत्स! आज जिस पायदान पर चढ़ना है, उसका नाम बहुत जाना-पहचाना है। माइंड और बॉडी की फिटनेस पर काम करनेवाले इस तकनीक से सभी भली-भाँति परिचित हैं। लेकिन फिर वही बात, नाम ज़रूर जानते हैं लेकिन इसका मूल उद्देश्य नहीं।

अक्षत (उत्सुकता से) – ऐसी कौन सी तकनीक है?

शिवम – 'प्राणायाम'।

अक्षत (उत्साहित होते हुए) – ओह, प्राणायाम! इसके बारे में तो मैं भी जानता हूँ। साँसों की एक्सरसाइज ही न? पिछले साल मैंने एक मैनेजमेंट वर्कशॉप अटेंड की थी। जिसमें हमें कुछ साँस की एक्सरसाइज सिखाई थी, तनाव खत्म करने और फोकस बढ़ाने के लिए... उन्हें प्राणायाम कहा गया था।

शिवम – यही तो हो रहा है आजकल। योग की गहरी बातों को बड़ी सतही तौर पर सिखाया जा रहा है। लोग वीडियो देख-देखकर उन्हें बिना समझे कर रहे हैं इसीलिए उनके फायदे भी ऊपरी तौर पर ही हो रहे हैं, वह भी थोड़ी देर के लिए।

अच्छा बताओ, 'प्राणायाम' दो शब्दों से मिलकर बना है- 'प्राण' और 'आयाम', क्या इनके बारे में कुछ समझते हो?

अक्षत सोच में पड़ गया। इनके बारे में उसे कुछ नहीं पता था। कुछ क्षण चुप्पी रही, फिर शिवम ने धीरे-धीरे बोलना शुरू किया।

शिवम – पहले शब्द 'प्राण' को ज़्यादातर लोग ऑक्सीजन समझ लेते हैं क्योंकि उसे ही हम साँसों के द्वारा ग्रहण करते हैं। लेकिन प्राण सिर्फ ऑक्सीजन नहीं है। यह वह जीवन ऊर्जा या कहें, लाइफ फोर्स है जो हर जगह है। सूरज में, हवा में, पानी में और हमारे भीतर भी। यह जब तक हमारे अंदर प्रवाहित हो रही है तब तक ही हम इस भौतिक शरीर में ज़िंदा हैं। अगर प्राण ऊर्जा शरीर के अंदर बहनी बंद हो गई तो हमारा सूक्ष्म शरीर इस भौतिक शरीर को छोड़ देगा। इसीलिए पैदा होने से लेकर मृत्यु के आखिरी क्षण तक हम साँस लेते हैं।

अक्षत – और आयाम का क्या अर्थ है?

शिवम – आयाम का अर्थ है विस्तार... फैलाव। इस तरह प्राणायाम का अर्थ हुआ- अपनी जीवन ऊर्जा का विस्तार करना।

वैसे तो हम सभी हर क्षण बेहोशी में साँस लेते रहते हैं, उसके माध्यम से प्राण ऊर्जा हमें मिलती रहती है। लेकिन अगर साँस लेने को भी पूरी जागृति से किया जाए तो प्राण ऊर्जा में विस्तार होता है। इससे न सिर्फ शरीर बल्कि मन भी स्वस्थ रहता है। लेकिन साँस लेने की स्वचलित-स्वघटित प्रक्रिया को योग में एक महत्वपूर्ण स्थान दिया गया है, इसके पीछे बहुत बड़ा कारण है।

अक्षत – वह क्या है?

शिवम – मैंने तुम्हें शुरुआत में कंप्यूटर की ऐनॉलॉजी से समझाया था न कि हम इंसानों का पूरा सिस्टम हार्डवेयर और सॉफ्टवेयर दो तरह के भाग मिलकर बना है। हार्डवेयर पार्ट भौतिक या स्थूल शरीर कहलाता है, सॉफ्टवेयर पार्ट सूक्ष्म शरीर कहलाता है।

अक्षत – हाँ मुझे याद है। तुमने बताया था कि इंसान के जिस हिस्से को आँखों से देखा जा सके, छुआ जा सके, वह समझ लो स्थूल शरीर है और जिसे देखा, छुआ

न जा सके, बस महसूस किया जा सके, वह सूक्ष्म शरीर का भाग है। जैसे मन, बुद्धि, स्मृतियाँ, फीलिंग, आदतें वगैरह।

शिवम – अब साँसों पर आते हैं। आती-जाती साँस हमें दिखाई नहीं देती लेकिन फिर भी हम उसे सबसे ज़्यादा महसूस कर सकते हैं। नाक के आगे उँगली रखने पर उसका प्रवाह महसूस होता है। समझ लो, यह साँस ही वह पुल है, जो हमारे स्थूल शरीर को हमारे सूक्ष्म शरीर से जोड़ता है। इसी साध सी दिखनेवाली क्रिया में हमारे मन और चेतना के गहरे रहस्य छिपे हैं।

अक्षत – वह क्या हैं?

शिवम – यह धीरे-धीरे समझ आएगा, जब प्राणायाम पर काम करोगे। अच्छा, एक बात बताओ, जब तुम गुस्से या तनाव में होते हो तो साँस कैसे चलती है?

अक्षत – तेज और छोटी।

शिवम – जब डरते हो तब?

अक्षत – मैंने अकसर महसूस किया है कि डर में साँस रुक सी जाती है।

शिवम – और जब शांत और रिलैक्स होते हो तब?

अक्षत – धीमी और गहरी हो जाती है।

शिवम (मुस्कुराते हुए) – तो क्या अब पकड़ पा रहे हो अपनी आंतरिक अवस्था और साँस का रिश्ता?

यह दो तरफा रिश्ता है। मन बदलता है तो साँस बदलती है। इसी बात को जानकर यह निष्कर्ष निकाला गया कि अगर साँस को संतुलित कर लिया जाए तो मन भी शांत, संतुलित हो जाता है और जब मन संतुलित हो जाता है तो पूरा जीवन संतुलित हो जाता है।

इसलिए आजकल स्वास्थ्य शिविरों के साथ-साथ मैनेजमेंट वर्कशॉप, माइंड बॉडी सोल हीलिंग वर्कशॉप आदि में हर जगह प्राणायाम सिखाया जाता है क्योंकि मन के शांत होने से तनाव कम होता है, फोकस बढ़ता है, विचारों में स्पष्टता और सकारात्मकता आती है।

नाम कुछ भी रखें, जैसे ब्रीदिंग योगा लेकिन तकनीकें वही हैं, जो हमारे पूर्वज ऋषि-मुनि देकर गए हैं।

अक्षत – अब मैं समझा। वैसे ऋषि पतंजलि ने प्राणायाम के बारे में अपने योग सूत्र में क्या कहा है?

शिवम – पतंजलि योग सूत्र में प्राणायाम को बहुत संक्षेप में लेकिन गहराई से समझाया गया है- उसमें लिखा है -

'तस्मिन् सति साँस-प्रसाँसयोः गतिविच्छेदः प्राणायामः।'

इसका अर्थ है- जब आसन स्थिर और सुखद हो जाता है तब साँस और प्रसाँस की गति का विच्छेद होता है यानी उनके प्रवाह में जागरूक परिवर्तन होता है, यही प्राणायाम है।

अक्षत – इसे थोड़ा खुलकर समझाओगे।

शिवम – हाँ। इस श्लोक में साँस का मतलब है साँस अंदर लेना यानी इन्हेल करना। प्रसाँस का मतलब है साँस छोड़ना यानी एग्जेल करना। जब हम साँस लेने और छोड़ने की क्रिया को जागरूकता के साथ नहीं करते तो यह अपने आप आती जाती है। हमें पता भी नहीं चलता कि कब आ रही है, कब जा रही है। लेकिन जब हम साँस लेने और उसे छोड़ने की क्रिया को जागरूकता से करते हैं तो उन दोनों के बीच में परिवर्तन होने का पता चलता है तभी यह दोनों क्रियाएँ अलग-अलग होती हैं। यही प्राणायाम है। संक्षिप्त में कहें तो जागरूकता से साँस लेना प्राणायाम है। ऐसा करते हुए हमारा सारा फोकस साँसों पर रहता है इसलिए मन को कलाबाज़ियाँ खाने का वक्त ही नहीं मिलता। हम उसे अटेंड नहीं करते इसलिए वह भी शांत हो जाता है।

चलो, थ्योरी बहुत हो गई अब इसे प्रैक्टिकल में अनुभव करते हैं। आसन का अभ्यास तो तुम्हें हो ही गया है, अब उसी आसन में बैठकर उसमें प्राणायाम को जोड़ना है।

शिवम के ऐसा कहने पर दोनों चटाई पर आमने-सामने सुखासन में बैठ गए।

शिवम – अपने आसन को स्थिर और सुखद बनाओ, जैसे तुम पिछले हफ्ते से कर रहे हो।

अक्षत ने अपनी रीढ़ सीधी की, कंधों को ढीला छोड़ा और आँखें बंद कर ली।

शिवम – अब अपनी साँस को देखो, बदलो मत, बस देखो। साँस अंदर जा रही है, बाहर आ रही है। किस नासिका से आ-जा रही है... बस महसूस करो।

कुछ क्षण बीते। अक्षत ने महसूस किया कि उसकी साँस कभी गहरी हो रही है, कभी उथली। कभी तेज़, कभी धीमी।

शिवम बोला, प्राणायाम का यही पहला कदम है। पहले हम देखते हैं कि साँस कैसी है, बिना उसे सुधारने की कोशिश किए।

साँस को थोड़ा गहरा होने दो लेकिन ज़ोर लगाकर नहीं। जैसे समुद्र की लहरें धीरे-धीरे उठती और गिरती हैं।

अक्षत ने धीरे-धीरे अपनी साँस को लंबा होने दिया। प्राणायाम की यह प्रैक्टिस १५ मिनट तक चलती रही, फिर दोनों ने आँखें खोली।

शिवम आगे समझाने लगा।

शिवम – देखो, प्राणायाम के तीन मुख्य भाग होते हैं। पहला है पूरक- जब हम साँस अंदर लेते हैं, उसे पूरक कहते हैं। दूसरा है कुंभक- जब हम उस साँस को थोड़ी देर रोकते हैं तो उसे कुंभक कहते हैं। तीसरा है रेचक- जब हम साँस बाहर छोड़ते हैं, वह क्रिया रेचक कहलाती है।

हमें इन तीनों को महसूस करने की कोशिश करनी है लेकिन ध्यान रहे, यह कोई ज़बरदस्ती की प्रक्रिया नहीं है। अगर शरीर तैयार नहीं है तो सिर्फ पूरक और रेचक पर ही ध्यान देना काफी है।

अक्षत ने फिर थोड़ी देर प्राणायाम किया- इस बार पूरक, कुंभक, रेचक और रेचक की क्रमबद्ध क्रिया से।

शिवम – कैसा लग रहा है?

अक्षत – बहुत फ्रेश लग रहा है। जैसे एकदम तरोताज़ा हो गया हूँ। भीतर बहुत शांति महसूस हो रही है। साँसें भी गहरी और लंबी हो रही हैं।

शिवम (मुस्कुराते हुए) **–** यही है प्राणायाम का प्रभाव। हम साँस को नियंत्रित नहीं करते, उसके प्रति जागरूक होते हैं और ऐसा करने से वह खुद ही संतुलित होने लगती है।

अक्षत – मैं सचमुच महसूस कर रहा हूँ कि बिना जागरूकता के साँसें बस आती-जाती रहती हैं लेकिन जागरूकता के साथ लेने पर ये मन और शरीर को वाकई शांत कर हमारी प्राण ऊर्जा को बढ़ाती हैं।

शिवम – और जानते हो, इसका तुरंत न दिखाई देनेवाला लाभ क्या है?

अक्षत – क्या?

शिवम – पतंजलि योग सूत्र में एक और बात कही है-

'ततः क्षीयते प्रकाशावरणम्।'

यानी प्राणायाम से हमारे भीतर ज्ञान के प्रकाश पर पड़ा अज्ञान का, माया का आवरण धीरे-धीरे हटने लगता है।

अक्षत – मतलब?

शिवम – मतलब हमारी असली मूल प्रकृति शांत, जागरूक और आनंदमयी है। लेकिन विकार और अज्ञानता उसे ढक देते हैं। प्राणायाम उस परदे को हटाने में मदद करता है।

अक्षत कुछ देर चुप रहा। वह इस बात को महसूस करने की कोशिश कर रहा था।

अक्षत – तो क्या मुझे रोज़ इसे करना चाहिए?

शिवम – अगर अपनी मूल प्रकृति पर लौटना है तो ज़रूर करना चाहिए लेकिन इसे एक काम की तरह मत लेना। अपने दिन का एक ज़रूरी हिस्सा बना लेना। जैसे खाना और सोना हमारे दिन के ज़रूरी हिस्से हैं।

एक बात और याद रखना, प्राणायाम सिर्फ चटाई पर बैठकर एक निश्चित समय पर की जानेवाली क्रिया नहीं है। दिनभर में कई बार, भले थोड़े ही समय के लिए बस अपनी साँसों पर ध्यान लगाना भी प्राणायाम का अंश है।

अक्षत ने गहरी साँस ली। उसे महसूस हुआ कि जैसे वह पहली बार सच में साँस ले रहा है। सिर्फ हवा नहीं बल्कि जीवन को भीतर उतार रहा है।

उस दिन के बाद उसने अपने आसन के अभ्यास में प्राणायाम को भी जोड़ लिया। इतना ही नहीं जब कभी अंदर तनाव, कुछ खिंचाव, बेचैनी महसूस करता तब भी ध्यान साँसों पर ले जाता और शांति का अनुभव कर लेता। इसके साथ उसे महसूस हुआ कि उसका मन अब पहले जितना बिखरा हुआ नहीं रहता। तनाव आता लेकिन उसे जकड़ नहीं पाता। विचार आते लेकिन वह उनमें खो नहीं जाता।

और सबसे खास बात, अब उसे हर साँस में एक नई संभावना दिखने लगी थी, अज्ञान के परदे हटने की और चेतना का प्रकाश फैलने की।

29

चेतना की रक्षा कैसे हो

अक्षत की आंतरिक यात्रा अब एक ऐसे मोड़ पर आ पहुँची थी, जहाँ उसे खुद अपने भीतर एक गहरा परिवर्तन महसूस होने लगा था। उसने अष्टांग योग की पहली चार सीढ़ियाँ पार कर ली थीं। यम-नियम ने उसके जीवन को एक नई दिशा दे दी थी, जिससे उसमें स्वयं के प्रति और दूसरों के प्रति सजगता, संवेदनशीलता और साक्षी भाव बढ़ा था। आसन के नियमित अभ्यास से उसका शरीर पहले की तरह बोझिल नहीं, स्थिर और सहज हो गया था। मानो, एक शांत मंदिर, जहाँ वह बिना किसी बाधा के ठहर सकता था। प्राणायाम उसकी साँसों को ही नहीं, उसके मन को भी संतुलन सीखा रहा था। अब वह जान गया था कि कैसे अपने भीतर उठते विचारों के तूफान को धीरे-धीरे शांत किया जाए।

शिवम से मिलने के बाद पिछले दो महीने में उसके जीवन में जो सुखद और सकारात्मक परिवर्तन आया था, इससे उसके अंदर एक नई इच्छा जन्म लेने लगी थी, संन्यास लेने की इच्छा।

वह इस संसार से विरक्ति महसूस कर, अकसर सोचने लगा था- सारे दुःख, तनाव, क्लेशों की जड़ यह भौतिक संसार ही है तो फिर इसे झेलना ही क्यों है? क्यों न इसे छोड़कर किसी मठ या आश्रम से जुड़ जाऊँ।

आज अपनी इसी इच्छा के साथ वह शिवम से मिलने उसके घर पहुँचा।

अक्षत कुछ क्षणों तक चुप बैठा रहा। उसकी आँखों में एक गहरी उलझन और साथ ही एक दृढ़ता दिखाई दे रही थी, जिसे शिवम समझने की कोशिश कर रहा था।

अक्षत – यार, पिछले कुछ समय से मुझे लग रहा है कि अब मैं इस दुनिया के लिए मिसफिट हूँ। जब तक मैंने पतंजलि योग सूत्र का अभ्यास शुरू नहीं किया था तब तक मैं भी दूसरों के जैसा ही था। सारी फोकस एनर्जी बेकार की बातों पर ही थी। कौन सा देश किससे जंग लड़ रहा है, शेयर मार्केट का क्या हाल चल रहा है, क्रिकेट में कौन हारा या जीता, विश्व में आर्थिक मंदी, उसका लोगों पर प्रभाव। बस! यही सब चर्चा के टॉपिक हुआ करते थे मगर अब मैं बदल रहा हूँ। मुझे इन व्यर्थ की बातों में कोई रस नहीं आ रहा है। फिर भी संसार में रहते हुए तो उन्हीं लोगों के बीच खड़ा रहना पड़ता है न, उन्हीं की बातें सुननी पड़ती हैं, जिससे मन बार-बार उलझता है, चेतना बार-बार गिरती है और जब आसन, प्राणायाम का अभ्यास करता हूँ तो वे ही बातें विचारों में आ जाती हैं।

मुझे दृढ़ता से यह लगने लगा है कि जब तक मैं इस संसार में हूँ तब तक इन क्लेशों से मुक्ति संभव ही नहीं है तो क्यों न इस भौतिक संसार को छोड़ ही दूँ, क्यों न संन्यास ले लूँ और पूरी तरह मुक्ति की राह पर चल पड़ूँ।

शिवम ने अक्षत की बात ध्यान से सुनी। उसके चेहरे पर न तो आश्चर्य था, न ही तुरंत कोई प्रतिक्रिया। कुछ क्षणों के मौन के बाद उसने कहा-

शिवम – मुझे बहुत खुशी है अक्षत, तुमने अपने मनोभावों को मेरे सामने रखा। जानते हो, जब मैं तुम्हारी तरह पतंजलि अष्टांग मार्ग के मध्य में पहुँचा था तो ठीक ऐसा ही महसूस कर रहा था, जो तुम अभी महसूस कर रहे हो। संसार से विरक्ति, संन्यास की ओर झुकाव। ऐसा महसूस करने में कुछ गलत नहीं है। यह भी एक पड़ाव है और इस पड़ाव को समझना ज़रूरी है।

अभी तुमने कहा कि यह संसार ही क्लेशों की जड़ है इसलिए इसे छोड़ देना चाहिए मगर छोड़कर जाओगे कहाँ? जिस मठ, आश्रम जंगल या पहाड़ में जाओगे, क्या वह इसी संसार का हिस्सा नहीं होगा? जीते जी इस संसार का त्याग हो ही नहीं सकता।

अक्षत (चौंकते हुए) – मतलब ?

शिवम (हल्की मुस्कान के साथ) – मतलब यह कि संसार किसी जगह का नाम नहीं है, तुम्हारे चित्त की अवस्था ही तुम्हारा संसार है। जहाँ तुम जाओगे, तुम्हारा चित्त, तुम्हारा मन वहाँ साथ जाएगा।

अगर मन में विकार हैं तो वह भीड़ के बीच हो या जंगल के एकांत में, क्लेश रहेंगे ही। अगर मन शांत हो गया, साक्षी हो गया तो फिर तुम भीड़ में रहकर भी अकेले मगर क्लेशों से मुक्त हो।

अक्षत (थोड़ा असमंजस में) – तो क्या संन्यास लेना गलत है?

शिवम – संसार के क्लेशों से बचने के लिए सब कुछ छोड़-छाड़कर भागना संन्यास नहीं है दोस्त! संन्यास एक आंतरिक अवस्था का नाम है। कोई सच्चा संन्यासी तब बनता है, जब वह भीतर से मुक्त अवस्था में रहे। बाहर कोई भी परिस्थिति हो, किसी भी तरह के लोग आस-पास हों, उन सबके बीच रहकर भी विकारों से, क्लेशों से रहित होना असल संन्यास है।

श्रीकृष्ण का चरित्र देखो, संत कबीर, संत रविदास का चरित्र देखो। बिना संसार को त्यागे भी ये संन्यासी थे।

अक्षत (असहमति जताते हुए) – वे सब तो महान विभूतियाँ थीं, मैं तो बड़ा ही साधारण इंसान हूँ। कीचड़ में रहते हुए उसके दाग-धब्बों से नहीं बच सकता।

कुछ क्षणों के लिए कमरे में मौन छा गया। शिवम सोच ही रहा था कि अक्षत को कैसे इस दुविधा से बाहर निकाला जाए, तभी उसकी नज़र सामने टेबल पर रखे अक्षत के फोन और धूप के चश्मे (सनग्लासेस) पर पड़ी, उसकी आँखें चमक गई। उदाहरण सामने ही तो थे।

शिवम – तेरा गॉगल तो बड़ा अच्छा लग रहा है, कहाँ से लिया?

अक्षत – मेरा एक दोस्त जर्मनी से लाया था। इसमें १००% UV प्रोटेक्शन है।

शिवम – मतलब?

अक्षत – मतलब यह हमें सूरज की हानिकारक किरणों से बचाता है। उन्हें फिल्टर करके बाहर ही रोक लेता है, हम तक पहुँचने नहीं देता।

शिवम – तुमने अपना फोन भी बदल लिया क्या? पिछली बार दूसरा मॉडल था।

अक्षत – हाँ यार। इसमें नॉइस कैंसिलेशन का फीचर है यानी अगर मैं भीड़-भाड़वाली जगह पर या ट्रैफिक में हूँ तो मुझसे बात करनेवाले को बैकग्राउंड का शोर सुनाई नहीं देता। बैकग्राउंड की सब आवाज़ फिल्टर हो जाती हैं, केवल मेरी ही आवाज़ सुननेवाले तक पहुँचती है।

शिवम – वाह! कमाल का आइडिया है ये फिल्टरवाला! जो हम चाहे, हम तक बस वही पहुँचे, बाकी सब कचरा बाहर ही फिल्टर हो जाए।

अक्षत – हाँ! बिलकुल!

शिवम – ज़रा सोचो, अगर यही फिल्टरवाली तकनीक हम इंसानों की मशीन पर भी लागू हो जाए तो कैसा हो?

अक्षत (उत्सुकता से) – मतलब?

शिवम – मतलब यह कि तुम ऐसे लोगों के बीच खड़े हो, जिनकी बातें तुम्हारी चेतना नीचे गिरा रही हैं और तुम्हारे शरीर में एक ऐसा फिल्टर लगा है, जिससे उनकी नकारात्मक बातें बाहर ही फिल्टर हो रही हैं, केवल सकारात्मक बातें अंदर जा रही हैं.. तो कैसा हो?

सोचो, यदि ऐसा हो जाए तो क्या फिर कभी संसार छोड़कर भागने का खयाल आएगा? क्या इसी संसार के बीच रहते हुए अपनी चेतना को सुरक्षित नहीं रख पाओगे?

अक्षत (उत्साह से) – आइडिया तो बहुत अच्छा है मगर ऐसी तकनीक विकसित करने में इंसान को अभी समय लगेगा, पूरी प्रोग्रामिंग करनी पड़ेगी और उस चिप को इंसान के अंदर फिट करना पड़ेगा कि किस जानकारी को फिल्टर होना है और किसे अंदर आने देना है।

शिवम – और अगर मैं कहूँ, यह तकनीक हज़ारों वर्ष पहले विकसित हो चुकी है, पतंजलि योग सूत्र में इसका उल्लेख भी है तो क्या विश्वास करोगे?

अक्षत (बेहद आश्चर्य से) – क्या कह रहे हो? सच में ऐसी कोई तकनीक है? जल्दी बताओ मुझे!

शिवम (मुस्कुराते हुए) – फिल्ट्रेशन की उस तकनीक को जानना और अपने सिस्टम में फिक्स कर लेना, यही तो है पतंजलि योग सूत्र का अगला पायदान जिसका नाम है, प्रत्याहार। प्राणायाम के बाद आज हम इसी पर बात करेंगे।

सुनते ही अक्षत खुश हो गया। इसी की उसे वर्तमान में ज़रूरत थी।

अगर आप भी अक्षत की तरह ही अपनी चेतना की रक्षा करना चाहते हैं, प्रत्याहार तकनीक को समझना चाहते हैं तो चलिए हमारे साथ अगले अध्याय पर।

30

पतंजलि अष्टांग मार्ग का पाँचवाँ अंग – 'प्रत्याहार'

शिवम अब अक्षत को पतंजलि के पाँचवें अंग प्रत्याहार की विस्तृत समझ देने जा रहा था। शिवम ने कहना शुरू किया-

शिवम – इसकी गहराई में जाने से पहले प्रत्याहार शब्द को समझना होगा। प्रत्याहार दो शब्दों से बना है। प्रति यानी विपरीत दिशा में। आहार यानी जो हम ग्रहण करते हैं। महर्षि पतंजलि ने आहार का मतलब सिर्फ भोजन नहीं माना बल्कि इंद्रियों से ग्रहण किए जानेवाले हर इनपुट को आहार कहा है। जैसे आँखों से दृश्य, कानों से ध्वनि, मन से विचार, नासिका से गंध, त्वचा से स्पर्श या अनुभूति, जिह्वा से स्वाद ये सब भी इंद्रियों के आहार हैं।

इस तरह प्रत्याहार का अर्थ हुआ- इंद्रियों को बाहरी अस्वास्थ्यकर आहार ग्रहण करने से रोककर विपरीत दिशा में ले जाना। वहीं अस्वास्थ्यकर आहार की विपरीत दिशा हुई- स्वास्थ्य बढ़ानेवाला आहार। जब-जब इंद्रियाँ ऐसा आहार ग्रहण करने के लिए उतावली हों, जिससे हमारी चेतना का नुकसान हो, उस समय उन्हें रोककर दूसरी सकारात्मक दिशा में ले जाने की क्रिया का नाम है- प्रत्याहार।

अक्षत (हँसते हुए) – सुनने में यह बिलकुल ऐसा लग रहा है, जैसे मम्मी समझा रही हो, बाहर का अनहेल्दी फूड मत खाओ, घर का हेल्दी फूड ही खाओ।

शिवम – बिलकुल ऐसा ही है। बाहर का अस्वास्थ्यकर आहार हमारा शारीरिक स्वास्थ्य खराब करता है, जबकि इंद्रियों का अस्वास्थ्यकर आहार हमारा मानसिक

और भावनात्मक स्वास्थ्य खराब करता है। हमारी चेतना का पतन करता है।

समस्या यह है कि शरीर का आहार तो हम दिन में दो बार ही लेते हैं मगर इंद्रियों का भोजन २४ घंटों में बार-बार ग्रहण किया जा रहा है, जो हमें बीमार कर रहा है।

अक्षत – मैं समझा नहीं।

शिवम – मैं तुम्हें अपना अनुभव बताता हूँ और यह सिर्फ मेरा ही नहीं आजकल हर किसी का अनुभव है। मैं रात को अकसर ऐसा सोचकर सोता था कि सुबह उठकर सबसे पहले ध्यान करूँगा, फिर व्यायाम करूँगा... उसके बाद अपनी दिनचर्या शुरू करूँगा।

अब उठते ही होता क्या था, विचार आता था कि पहले एक बार मोबाइल देख लेते हैं, क्या पता कोई अर्जेंट मैसेज या ई-मेल हो। बस! मेरा यही विचार मुझे ट्रैप में फँसा देता था। मैसेज होते थे दोस्तों द्वारा भेजे गए चुटकुले, गुड मॉर्निंग, कुछ न्यूज़ की रील, फॉरवर्ड मैसेज, देश-दुनिया की खबरें... ! अब मेरे हाथ में एक ऐसी दुनिया का दरवाज़ा खुल जाता था, जहाँ से भर-भरकर मेरी आँखों के लिए, कानों के लिए, मन के लिए हानिकारक आहार आता था। वहाँ पर बेहोशी में १५-२० मिनट बीता लेने के बाद मुझे याद आता था, 'अरे! मेरे ध्यान का समय निकला जा रहा है' तब मैं फोन बंद करके एक तरफ रख देता था और ध्यान में बैठ जाता था।

लेकिन जैसे हानिकारक भोजन पेट में जाकर अपना असर दिखाता है, गैस, ऍसिडिटी, अपचन, आलस पैदा करता है, ऐसे ही इंद्रियों का हानिकारक आहार मेरे चित्त में जाकर अपना असर दिखाने लगता था। शरीर आसन में बैठा रहता था लेकिन मन में पूरे समय वही बातें चलती रहती थीं, जो देखी-सुनी थीं। चेतना नीचे ही रहती थी। फिर लगता था, क्या फायदा ऐसा ध्यान करके, इससे अच्छा तो कोई और काम कर लो।

इस तरह बेहोशी में लिए गए एक गलत कदम से ध्यान, व्यायाम सबकी छुट्टी हो जाती थी।

अक्षत – अरे! ठीक ऐसा ही तो मेरे साथ भी हो जाता है। उठकर आसन, प्राणायाम और थोड़े ध्यान करने का संकल्प लेकर सोता हूँ। मेरे साथ समस्या यह होती है कि सोचता हूँ यू-ट्यूब पर कोई एक गाइडेड मेडिटेशन चलाकर ध्यान करूँगा मगर यू-ट्यूब में ऐसी रील सामने आ जाती है कि न चाहते हुए भी एक-दो तो क्लिक

कर ही लेता हूँ। फिर वे मुझे ऐसे खींच लेते हैं कि २०-२५ मिनट कहाँ गए, पता ही नहीं चलता।

शिवम – यही तो समस्या हो रही है आजकल। जिस तरह टेस्टी लेकिन अनहेल्दी फूड के पार्सल स्विगी, जोमैटो जैसी सुविधाओं से बहुत जल्दी पहुँच जाते हैं, ऐसे ही मन को अच्छा लगनेवाले लेकिन अनहेल्दी इंद्रियों के फूड के पार्सल हमारे पास फोन के माध्यम से एक क्लिक से ही पहुँच जाते हैं।

लोगों की बुराई, भलाई, चुगली, बिना उनसे मिले फोन से पलभर में हम तक आ जाती है और हमारी चेतना को अपने जाल में फँसाकर ले जाती है। इसीलिए प्रत्याहार का इतना महत्त्व है। इसे अपनाए बिना योगसूत्र की यात्रा में आगे नहीं बढ़ा जा सकता।

अक्षत – वह कैसे?

शिवम – देखो! यम-नियम, आसन, प्राणायाम ये बाहरी साधनाएँ हैं जो हमारे व्यवहार, आदतों, शरीर, साँसों पर काम करती हैं। जबकि आगे के तीन पायदान- धारणा, ध्यान, समाधि ये आंतरिक साधनाएँ हैं जो हमारी चेतना पर काम करती हैं। समझ लो प्रत्याहार इन दोनों के बीच का पुल है। इसी पुल से गुज़रकर ही बाहरी साधनाओं से आंतरिक साधनाओं के क्षेत्र में प्रवेश किया जा सकता है वरना नहीं।

और इसका अनुभव तो तुम भी कर ही चुके हो। देखा न! इंद्रियों से लिया गया गलत आहार कैसे हमारे ध्यान, मनन, चिंतन के समय को खा जाता है, हमारी फोकस एनर्जी को दूषित कर देता है। ध्यान में भी दूषित विचार ही चलते रहते हैं।

अक्षत – तो अब हमें करना क्या है?

शिवम – पतंजलि योगसूत्र में प्रत्याहार का सूत्र है,

स्वविषयासंप्रयोगे चित्तस्वरूपानुकार इवेन्द्रियाणां प्रत्याहारः

जिसका अर्थ है- जब इंद्रियाँ अपने-अपने विषयों से हटकर चित्त के स्वरूप का अनुसरण करने लगती हैं, वही प्रत्याहार है। हमें इसे ही प्राप्त करना है।

एक बात और समझने की है। प्रत्याहार में इंद्रियों का दमन नहीं किया जाता बल्कि उन्हें एक नई दिशा दी जाती है- भीतर की ओर मुड़ने की। जैसे कछुआ अपने अंगों को खतरे के समय भीतर समेट लेता है और खुद को सुरक्षित कर लेता है। महर्षि पतंजलि अगले सूत्र में कहते हैं-

ततः परमा वश्यतेन्द्रियाणाम।

इसका अर्थ है- प्रत्याहार से इंद्रियाँ पूरी तरह वश में आ जाती हैं। अनुशासित इंद्रियों से कोई भी हानिकारक इनपुट हमारे अंदर प्रवेश नहीं कर पाता, जिस कारण हमारी चेतना सुरक्षित रहती है।

अक्षत – योग की दृष्टि से प्रत्याहार क्या है, यह तो मैं समझ गया मगर मेरे आम जीवन में प्रत्याहार क्या है?

शिवम – जब मोबाइल सामने हो, उसमें नोटिफिकेशन बजे और तुम उसे उठाने के लिए मजबूर न हो, ये प्रत्याहार है।

जब कोई तुम्हें उकसाए और तुम तुरंत प्रतिक्रिया न दो, यह प्रत्याहार है। बाहर जब शोर हो लेकिन तुम्हारी आंतरिक शांति टिकी रहे, यह प्रत्याहार है।

सामने तुम्हारी पसंदीदा मिठाई रखी है, तुम्हारा पेट भर चुका है। उसे लेने की इच्छा जगती है, फिर भी तुम उसे नहीं लेते और ऐसा करने पर मन में हलचल भी नहीं होती, यह प्रत्याहार है।

दोस्तों के ग्रुप में भविष्य में आनेवाले खतरों पर बात हो रही है- नौकरी चली जाएगी, बीमारियाँ बढ़ रही हैं, हिंसा हो रही है, ट्रैफिक बढ़ रहा है, दुनिया रहने लायक नहीं बचेगी। तुम उनके बीच खड़े हो, फिर भी उनकी कही कोई बात तुम्हारे भीतर असर नहीं कर रही। अंदर विचार चल रहा है, सब कुछ भरपूर है तो यह प्रत्याहार है।

गर्मियों के दिनों में एक दिन घर में आराम करने के लिए छुट्टी ली है। आराम से ए.सी. में सो रहे थे लेकिन बिजली चली गई। तीन घंटे हो गए लौट नहीं रही, बहुत गर्मी लग रही है। बुरा हाल है, फिर भी मन चिड़चिड़ नहीं कर रहा, यह प्रत्याहार है।

प्रत्याहार सिद्ध होने पर यही एक फर्क आ जाता है कि हालात वही रहते हैं लेकिन हम उनके गुलाम नहीं रहते। वे हमारी चेतना को नहीं हिला सकते। हम भी कछुए की तरह हो जाते हैं, जो जब चाहे सुरक्षित घेरे में जा सकता है।

अक्षत – यानी प्रत्याहार का मतलब दुनिया से भागना नहीं है बल्कि दुनिया के बीच रहकर भी उससे प्रभावित न होना है।

शिवम – बिलकुल! जब बाहर के शोर के बीच भी भीतर शांति बनी रहे तभी प्राणायाम से आगे बढ़कर असली साधना शुरू होती है।

अक्षत – अब सवाल यह है कि इसे सीखा कैसे जाए? सच कहूँ तो बहुत मुश्किल लग रहा है, लगभग असंभव। भले कितना भी वैराग्य युक्त अभ्यास किया जाए, साक्षी भाव में रहा जाए, कुछ न कुछ गंदगी तो भीतर आ ही जाती है।

शिवम – देखो, इसे सीखना एक दिन का काम नहीं है। यह निरंतरता से चलनेवाला अभ्यास है।

यह एक ऐसा चश्मा है, जिसमें तुम्हें खुद से फिल्टर लगाना है। उसे पहनकर रखोगे तो कभी भी इंद्रियाँ चेतना की हानि करनेवाला भोजन ग्रहण नहीं कर पाएँगी।

अक्षत प्रत्याहार की थ्योरी को तो समझ चुका था लेकिन उसे उसके लिए फिल्टर तैयार करने का प्रैक्टिकल ज्ञान नहीं था। कैसे तैयार होता है प्रत्याहार का फिल्टर, जानेंगे अगले अध्याय में।

31

प्रत्याहार का फिल्टर कैसे तैयार हो

शिवम – पुराने समय में प्रत्याहार को साधना बहुत आसान और सहज था क्योंकि बाहरी आकर्षण कम थे। आध्यात्मिक साधक जंगलों, आश्रमों या एकांत स्थानों में रहते थे, जहाँ बाहरी विकर्षण बहुत कम होते थे। भोजन सात्विक और सीमित होता था। दिनचर्या प्रकृति के अनुरूप होती थी और इंद्रियों को भटकानेवाले साधन लगभग न के बराबर होते थे। वे प्राणायाम, ध्यान, जप के माध्यम से धीरे-धीरे मन को स्थिर करते। बार-बार अभ्यास करके इंद्रियों को भीतर खींचने की आदत डालते थे। गुरु-शिष्य परंपरा भी बहुत महत्वपूर्ण थी, जहाँ गुरु की उपस्थिति और मार्गदर्शन से साधक को अपने मन और इंद्रियों पर नियंत्रण रखने में मदद मिलती थी।

लेकिन आज के समय में परिस्थिति पूरी तरह अलग है। मोबाइल, सोशल मीडिया, शोर, तेज़ जीवनशैली, ज़िंदा रहने का संघर्ष भविष्य की असुरक्षाएँ... ये सभी इंद्रियों को बाहर की ओर खींचती रहती हैं। इसलिए आज प्रत्याहार का अभ्यास बाहरी दुनिया से भागकर नहीं बल्कि उसी के बीच रहते हुए करना पड़ता है।

अब बात यह है कि ऐसा फिल्टर कैसे तैयार हो, जिसे लगाकर प्रत्याहार को साधा जा सके।

अक्षत – यही तो सबसे बड़ी चुनौती है।

शिवम – जो इस राह पर पूरी दृढ़ता से चल पड़ते हैं, उनके लिए कोई चुनौती कठिन नहीं है मेरे दोस्त। कुछ महत्वपूर्ण बिंदु हैं, जिन पर यदि काम कर लिया जाए तो

धीरे-धीरे प्रत्याहार सहजता और सरलता से सिद्ध हो सकता है।

अक्षत – अच्छा, कौन से बिंदु हैं?

शिवम – देखो, सबसे पहला काम है प्राथमिकता तय करना। जैसे अगर कोई तय कर ले कि उसे अपनी सेहत ठीक रखनी है तो वह खुद ही जंक फूड से दूरी बनाने लगता है। उसी तरह हमें यह स्पष्ट करना होगा कि मुझे अपनी इंद्रियों को हर हाल में गलत आहार से बचाना है। मान लो, तुम मोबाइल खोलते हो और सामने कुछ ऐसा कंटेंट आ जाता है, जो तुम्हारे मन को विचलित करता है। अगर पहले से ही तुम्हारी प्राथमिकता सेट है तो तुम बिना सोचे उसे स्किप कर दोगे। पहले से ही सोच लिया है, किसी की चुगली में शामिल नहीं होना है तो समय आने पर बच पाओगे।

ऐसी प्राथमिकता पहले से तय की जाती है। बार-बार खुद को याद दिलाया जाता है, उसी समय नहीं।

अक्षत – बात तो सही है। हमारी प्राथमिकताएँ ही हमारी ऐक्शन्स तय करती हैं। अगला कौन सा बिंदु है?

शिवम – फिर आता है जीरो टॉलरेंस यानी खुद को किसी भी तरह की रियायत (छूट) न देना। कभी-कभी 'चल जाता है' पैटर्न में न जाना। 'एक बार देख लिया तो क्या हो गया', यही सोच सबसे बड़ा धोखा है। जैसे कोई कहे कि 'मैं बस कभी-कभी ही ज़्यादा मीठा खाऊँगा' लेकिन वही कभी-कभी रोज़ का हिस्सा बन जाता है। उसी तरह अगर तुमने यह सोच लिया कि आज थोड़ा निगेटिव कंटेंट देख लिया तो क्या फर्क पड़ता है मगर धीरे-धीरे वही आदत बन जाती है। इसलिए यहाँ छूट देने का मतलब है खुद के साथ समझौता करना।

अक्षत – इसी बात पर मुझे याद आ रहा है, मेरा एक दोस्त कभी-कभी ड्रिंक किया करता था और यही कहता था, एक-दो बार करने से कुछ नहीं होता। धीरे-धीरे वह उसकी रोज़ की आदत बन गई।

शिवम – हाँ इसीलिए जीरो टॉलरेंस की प्रैक्टिस महत्वपूर्ण है। इसके बाद आती है सजगता, जिसका तुम पहले से अभ्यास कर रहे हो। सजगता बहुत ज़रूरी है क्योंकि अकसर हम बेहोशी में जीते हैं। जैसे कभी-कभी तुमने नोटिस किया होगा कि खाना खाते-खाते ज़रूरत से ज़्यादा खा लिया क्योंकि ध्यान कहीं और था। ठीक वैसे ही हम बिना सोचे-समझे बहुत सारी चीज़ें अपने मन में भर लेते हैं। जानकारियाँ, दूसरों की कही बातें, नकारात्मक विचार इसलिए सजग रहना ज़रूरी है। जब भी कुछ सामने

आए, एक सेकंड रुककर खुद से पूछना है, 'क्या ये मेरे लिए सही है?' यह छोटा सा ब्रेक ही प्रत्याहार की शुरुआत करेगा।

अक्षत – पर अगर अचानक कुछ सामने आ जाए तो उससे कैसे बचें?

शिवम – इसके लिए एक्शन प्लॅन पहले ही बनाना ज़रूरी है। जैसे मान लो, तुम जानते हो कि रात को अकेले में मन ज़्यादा भटकता है; फोन, टी.वी. द्वारा इंद्रियाँ हानिकारक आहार ज़्यादा ग्रहण कर लेती हैं तो पहले से ही प्लॅन बना लो कि ऐसे में क्या करना है।

जैसे उस समय कोई अच्छी किताब पढ़नी है, नाम जप करना है, कोई रचनात्मक कार्य करना है, कोई नया कोर्स करना है यानी इंद्रियों को विपरीत दिशा देनी है।

कुछ छोटे-छोटे रिमाइंडर, आत्म-सूचनाएँ बनाई जा सकती हैं।

जब मेरे ऑफिस में या दोस्तों के ग्रुप में बेकार की बातें चलती थीं, जिनसे मुझे बचना होता था तो मैं मन ही मन कोई भजन या अपना पसंदीदा गीत गुनगुनाने लगता था। इससे मेरा फोकस बदल जाता था। जैसे तुम्हें पहले भी बताया था कि वही चीज़ हमारे अंदर जाती है, हम पर असर डालती है, जिन पर हम फोकस रखते हैं। अगर किसी भी बुरी चीज़ पर फोकस नहीं रखा तो वह अंदर आएगी ही नहीं।

नाम जप, मंत्र जप, साँसों पर ध्यान, मन ही मन कोई भजन गुनगुनाना आत्मसंवाद कहना, जैसे 'मैं एक शक्तिशाली, शुद्ध, शांत आत्मा हूँ।' ये सब बहुत ही सकारात्मक उपाय हैं, जो फिल्टर की तरह काम करते हैं।

इस तरह पहले से तैयार की गई रणनीति तुम्हें उस समय सँभाल लेगी, जब तुम कमज़ोर पड़ सकते हो।

इसके साथ ही प्रत्याहार की साधना में एक बहुत ज़रूरी बात का ध्यान रखना है।

अक्षत – वह क्या?

शिवम – प्रत्याहार की साधना सजा नहीं बननी चाहिए। अगर हम खुद को ज़बरदस्ती रोकते हैं तो अंदर ही अंदर वही इच्छा और ज़ोर से उठेगी। जैसे कोई व्रत रखता है लेकिन पूरे दिन बस खाने के बारे में ही सोचता रहता है तो वह व्रत नहीं, मानसिक संघर्ष बन जाता है इसलिए धीरे-धीरे चलना है। टुकड़ों में अभ्यास करना है। अगर इसे इस तरह से किया जाए कि पहले सिर्फ एक समय का खाना छोड़ना है। ऐसे अभ्यास के बाद ही पूरे दिन का व्रत रखा जा सकता है।

जिन्हें बहुत ज़्यादा डिजिटल कंटेंट देखने की आदत है, उन्हें एक साथ पूरा छोड़ने की कोशिश करने के बजाय वे खुद के लिए समय निर्धारित कर सकते हैं। जिनका चार-पाँच घंटे का समय जाता है, वे खुद को एक निश्चित समय दें। जैसे कोई कहे, 'मैं आधा घंटा देखूँगा, उसके बाद छोड़ दूँगा।' इससे प्रत्याहार सजा नहीं बनती। इंद्रियाँ धीरे-धीरे अनुशासन में आती हैं, एक झटके में नहीं।

प्रत्याहार का अभ्यास करते हुए हमें यह भी देखना है कि अंदर शांति आ रही है या नहीं। अगर हम बाहर से सब जबरन कंट्रोल कर रहे हैं लेकिन अंदर बेचैनी बढ़ रही है तो समझ लेना कि हमारा तरीका सही नहीं है। कुछ तो है, जो छूट रहा है।

प्रत्याहार का मतलब है सहजता, हल्कापन और मन का शांत होना। अगर ये नहीं हो रहा तो थोड़ी नरमी से, समझदारी से अपने तरीके को बदलना पड़ेगा।

अक्षत – मतलब ये लड़ाई बाहर से ज़्यादा अंदर की है।

शिवम – बिलकुल। जब अंदर जीत होने लगती है तो बाहर की चीज़ें खुद ही अपना असर खो देती हैं।

शिवम (थोड़ा सोचकर) – अरे एक महत्वपूर्ण बिंदु तो रह ही गया।

अक्षत – वह कौन सा?

शिवम – वही जिसे हमारे माता-पिता भी हमें बचपन से समझाते आ रहे हैं- अपने वातावरण का, अपनी संगति का होशपूर्ण चयन।

दरअसल थोड़ा आध्यात्मिक ज्ञान आते ही हम अकसर अपनी संकल्पशक्ति पर बहुत भरोसा करने लगते हैं। सोचते हैं, हम बहुत मज़बूत हैं, किसी भी जगह खड़े हो, हमें फर्क नहीं पड़ेगा। सच तो यह है कि वातावरण हमें बहुत ज़्यादा प्रभावित करता है। जैसे अगर कोई इंसान रोज़ मिठाई की दुकान के सामने से गुज़रेगा तो उसे खुद को रोकना मुश्किल लगेगा। उसी तरह अगर हम बार-बार ऐसे माहौल में रहेंगे, जहाँ गलत इंद्रिय आहार आसानी से मिल रहा है, चाहे वह कंटेंट हो, व्यसन हो या बातचीत तो प्रत्याहार कठिन हो जाएगा। इसलिए जितना हो सके अपने आस-पास का माहौल ऐसा बनाना है कि हमें सही चीज़ें सहज उपलब्ध हों और गलत चीज़ें हमसे दूर रहें।

अक्षत – मतलब संगति पर भी बहुत ध्यान देना है।

शिवम – बहुत ज़्यादा। अगर हम ऐसे लोगों के साथ रहेंगे, जो बार-बार वही विषय छेड़ते हैं, जो हमें नीचे खींचते हैं तो हमारे लिए स्थिर रहना मुश्किल हो जाता है।

वहीं अगर संगति ऐसी हो, जहाँ आत्मनियंत्रण, साधना और सकारात्मकता की बात होती है तो वही बातें मन में भी टिकेंगी।

अक्षत (मुस्कुराते हुए) – यानी संगति दमदार होनी चाहिए, जैसे तुम्हारी संगति। तुम्हारी संगति में आते ही जीवन बदल गया मेरा।

शिवम (मुस्कुराते हुए) – शुक्रिया दोस्त! इस सूची में एक और चीज़ जोड़नी है, जो है अपने प्रति स्वीकार और करुणा भाव। कभी-कभी तुम फिसलोगे, यह तय है। उस समय खुद को दोष देने के बजाय, ग्लानि में रहने के बजाय, यह स्वीकार करना है- 'हाँ, यहाँ मैं चूक गया मगर कोई बात नहीं, अभ्यास जारी रखूँगा।'

जैसे कोई डाइट फॉलो कर रहा हो और एक दिन गलत खा ले तो वह पूरा प्लॅन छोड़ नहीं देता। अगले दिन फिर से ट्रैक पर आ जाता है। ऐसे ही अगर कभी असफल हो गए तो कोई बात नहीं। अपने प्रति करुणा रखनी है, स्वीकार भाव रखना है, खुद को दोषी नहीं मानना है। क्योंकि अगर हम हर गलती पर खुद को कठोरता से जज करेंगे तो अंदर ही अंदर निराशा बढ़ेगी और वही हमें फिर से गिराएगी।

अक्षत (गहरी साँस लेते हुए) – यह वास्तव में बहुत ज़रूरी पॉइंट था। जैसे एक बार मैं एक दोस्त से मिला था, जो शराब पी रहा था। मैंने उसे टोकते हुए कहा, 'इतना पीना अच्छा नहीं।' वह कहने लगा, 'हाँ मैं जानता हूँ इसीलिए मैंने शराब छोड़ने का संकल्प लिया था मगर मैं उसमें फेल हो गया, इसी गम में अब पी रहा हूँ।'

शिवम (मुस्कुराया) – हाँ ऐसा ही होता है, जब हम खुद को 'फेल' होने का टैग लगा देते हैं तो फिर से कोशिश करनी ही छोड़ देते हैं। इसलिए याद रखना है कि हम रोज़ अभ्यास करके खुद को कल से बेहतर बना रहे हैं। यह कोई परीक्षा नहीं है, जिसमें पास या फेल होंगे।

अंत में सबसे गहरा पॉइंट है- एक दमदार उद्देश्य से जुड़ना। जब तक हमें यह स्पष्ट नहीं होगा कि हम प्रत्याहार क्यों करना चाहते हैं- मानसिक शांति के लिए, आत्मिक उन्नति के लिए या जीवन को बेहतर बनाने के लिए तब तक यह अभ्यास टिकेगा नहीं। जैसे ही उद्देश्य स्पष्ट हो जाता है तो यह बोझ नहीं, एक सचेत चुनाव लगता है।

अक्षत – अब मैं इसके मूल तक पहुँच रहा हूँ। मैं समझ रहा हूँ कि प्रत्याहार का मतलब नियंत्रण नहीं, मुक्ति है... इंद्रियों की गुलामी से मुक्ति। यही जीने का सही तरीका है।

अक्षत की बात सुनकर शिवम की आँखों में चमक आ गई। अक्षत सच में प्रत्याहार के मूल तक पहुँच गया था, अब उसे जीवन में उतारने का अभ्यास करना था।

32

पतंजलि अष्टांग मार्ग का छठवाँ अंग – 'धारणा'

अक्षत का जीवन अब बिलकुल भी पहले जैसा नहीं रहा था। जिन क्लेशों के कारण पतंजलि योग सूत्र सीखना आरंभ किया था, वे तो कब के गायब हो गए थे। और जब से प्रत्याहार का अभ्यास शुरू किया था तब से तो जीवन में बहुत स्थिरता आ गई थी। मन पहले की तरह अशांत नहीं था। उसमें गहराई और शुद्धता आ गई थी। एक सहज अनुशासन उतर चुका था। ज़बरदस्ती का नहीं बल्कि भीतर से उपजा हुआ और इसी शांति के बीच उसके हृदय में एक नई भावना जन्म ले रही थी एक सच्ची प्रार्थना, एक पुकार- 'मुझे शांति और स्थिरता की गहराई में जाना है।'

इसी जिज्ञासा और आंतरिक पुकार के साथ एक दिन वह शिवम के पास पहुँचा।

अक्षत – शिवम, अब मुझे लग रहा है कि मेरा मन पहले से काफी शांत हो गया है, जैसे भीतर का शोर कम हो गया हो। बाहर भले ही वही सब चलता रहता है, जो पहले चल रहा था... फिर भी जीवन में आनंद का अनुभव होने लगा है और इन सबके बीच अब एक गहरी चाह उठ रही है, मुझे राहत पाकर रुकना नहीं है, बस आगे बढ़ना है।

शिवम (खुशी से) – ये बहुत शुभ संकेत है दोस्त। जब साधक के भीतर से खुद यह पुकार उठती है तभी असली यात्रा शुरू होती है। तभी वह आंतरिक साधनाओं की ओर बढ़ता है। तुम अब इसके लिए तैयार हो।

अक्षत – पिछली मुलाकात में तुमने पहले भी आंतरिक साधना की बात की थी, जिसके तीन पायदान बताए थे- धारणा, ध्यान और समाधि।

शिवम – हाँ। आज हम धारणा को ही समझेंगे, जिसे जानकर ध्यान में गहराई से उतरा जा सकता है।

अक्षत (उत्साह से) – अरे वाह! मैं इसके लिए तैयार हूँ।

शिवम (मुस्कुराते हुए) – तो हमेशा की तरह हम पहले शब्द का अर्थ समझते हैं। धारणा शब्द संस्कृत धातु धृ से बना है। इसका अर्थ है धारण करना, सँभालना या एक जगह पर टिकाए रखना।

महर्षि पतंजलि ने अष्टांग मार्ग के छठे अंग को 'धारणा' नाम क्यों दिया है, यह उनके सूत्र से समझ में आ जाता है। वे कहते हैं –

'देशबन्धश्चित्तस्य धारणा'

अक्षत – इसका मतलब?

शिवम – मतलब यह कि अपने चित्त यानी मन को किसी एक आधार से बाँध देना ही धारणा है। कोई भी एक आधार चुन सकते हैं। जैसे साँस, मंत्र, नाम, हृदय, ईश्वर का कोई साकार रूप, दीपक की लौ, माथे पर भौहों के बीच (आज्ञा चक्र), कोई सिंबल, चिन्ह कुछ भी अपनी पसंद के अनुसार एक आधार ले लो और अपने मन को वहीं टिकाए रखो। यही धारणा है।

अक्षत – तुमने कहा दीपक की लौ या कोई सिंबल भी धारणा का आधार हो सकता है तो क्या धारणा आँख खोलकर भी की जा सकती है?

शिवम – धारणा मन का व्यायाम है। आँखें खुली हो या बंद, हमें मन को एक जगह टिकाना है। धारणा के आधार दो प्रकार के बताए गए हैं, बाहरी और आंतरिक। बाहरी आधार वह होता है, जो शरीर के बाहर हो। जैसे दीपक की ज्योति, किसी देवता की मूर्ति, कोई चित्र या कोई दृश्य, वस्तु इसमें आँखें और इंद्रियाँ सक्रिय रहती हैं और मन उस दिखाई देनेवाली वस्तु पर टिकता है। इसके विपरीत आंतरिक आधार शरीर और मन के भीतर होता है। जैसे साँस का आना-जाना, हृदय क्षेत्र, आज्ञा चक्र या किसी मंत्र की ध्वनि। इसमें आँखें बंद रहती हैं और ध्यान बाहर नहीं, भीतर की अनुभूति पर केंद्रित होता है। दोनों में फर्क यही है कि बाहरी आधार इंद्रियों के सहारे मन को स्थिर करता है, जबकि आंतरिक आधार इंद्रियों को पीछे छोड़कर मन को गहराई में ले जाता है।

अक्षत (हैरानी से) – सच कहूँ तो सुनने में थोड़ा मुश्किल लग रहा है। मन इधर-उधर भागता ही रहता है। उसे देखने की कला तो आ गई है लेकिन एक जगह टिकाकर बैठने की नहीं आई। वह कैसे एक आधार पर टिकेगा?

शिवम (हल्की हँसी के साथ) – यही तो मन का स्वभाव है। समझो, मन बंदर की तरह है। हर पल एक डाल से दूसरी डाल पर कूदता रहता है। धारणा का अभ्यास उसी बंदर को धीरे-धीरे शांत करने की कला है।

अक्षत – तो क्या सिर्फ ध्यान लगाने की कोशिश ही धारणा है?

शिवम – नहीं, सिर्फ कोशिश नहीं। मन को बार-बार लौटा लाना ही असली धारणा है। मान लो तुमने साँस पर ध्यान लगाया और दो सेकंड में मन कहीं और चला गया तो बिना गुस्सा हुए, बिना निराश हुए, उसे फिर से साँस पर ले आना, यही धारणा का अभ्यास है।

अक्षत (सोचते हुए) – साक्षी भाव और धारणा में क्या अंतर हुआ?

शिवम – देखो, धारणा में मन को एक आधार पर टिकाया जाता है। इसमें साधक बार-बार मन को भटकने से रोककर एक ही स्थान पर लाता है।

साक्षी भाव में मन को न रोका जाता है, न बाँधा जाता है बल्कि जो भी विचार, भाव या गतिविधि चल रही है, उसे केवल देखा जाता है। साक्षी भाव हमें विचारों के प्रति जागृत करता है और धारणा मन को अनुशासित करती है।

साक्षी भाव साधना की शुरुआत है। यम, नियम, आसन, प्राणायाम, प्रत्याहार ये साधना की तैयारी है। इसके बाद धारणा वही बिंदु है, जहाँ से साधना गहराई पकड़ती है क्योंकि जब तक मन बिखरा हुआ है तब तक ध्यान संभव ही नहीं।

जो धारणा सिद्ध कर लेता है, उसके जीवन में बड़े चमत्कार होते हैं। तुमने बचपन में देखा होगा न कि धूप में एक कागज़ रखा है तब उसका कुछ नहीं बिगड़ता। लेकिन अगर लेंस से सूरज की किरणों को फोकस करके कागज़ पर डाला जाए तो उसमें आग लग जाती है। इसी तरह धारणा से हमारे मन की शक्ति हज़ारों गुना बढ़ जाती है। इसीलिए तो आजकल धारणा को कॉन्सेन्ट्रेशन टेकनीक के नाम पर सारे सेल्फ डेवलपमेंट, मैनेजमेंट कोर्स में सिखाया जाता है। क्योंकि धारणा ही वह तकनीक है जिससे हमारी एकाग्रता, फोकस पॉवर बढ़ता है।

अक्षत – आगे बढ़ने से पहले एक और सवाल- तो धारणा और ध्यान में क्या फर्क है?

शिवम – धारणा कोशिश है, ध्यान सहजता। धारणा में तुम मन को पकड़कर एक जगह लाते हो बार-बार। और जब ये प्रयास इतना सहज हो जाता है कि मन खुद ही वहीं टिक जाता है तो वही ध्यान बन जाता है।

अक्षत – मैंने कुछ दिनों पहले एक आर्टिकल पढ़ा था, पॉवर ऑफ फोकस्ड माइंड। यानी अगर हमारा मन एकाग्र हो जाए तो वह चमत्कार कर सकता है, जो चाहे जीवन में आकर्षित कर सकता है।

शिवम – यही हो रहा है आजकल। भौतिक दुनिया में आध्यात्मिक सूत्रों को भी सांसारिक स्वार्थों को पूरा करने के लिए प्रमोट किया जा रहा है। एकाग्रता बढ़ाओ, जो चाहे वह पाओ, फलाँ मंत्र का इतने दिन जाप करो, रिद्धि-सिद्धि धन पाओ ऐसी मार्केटिंग की जाती है, जिससे लोग सांसारिक लाभ पाने में ही उलझ जाते हैं और आगे बढ़ नहीं पाते।

धारणा के लाभ तो होते ही हैं। जब हमारा मन एक जगह टिकना सीख जाता है तो हम जो भी काम करते हैं, पूरी जागरूकता और गहराई से करते हैं। हमारी निर्णय लेने की क्षमता बढ़ती है, तनाव कम होता है और भीतर एक गहरी शांति आने लगती है। इसलिए जो लोग योग साधना नहीं कर रहे, उन्हें भी कॉन्सेन्ट्रेशन टेकनीक्स के नाम पर धारणा ही सिखाई जाती है।

अक्षत (प्रेरित होकर)– तो मैं इसकी शुरुआत कैसे करूँ?

शिवम – बहुत सरल तरीके से। रोज़ पहले आसन में शांति से बैठो। फिर थोड़ी देर प्राणायाम करो, जिससे मन शांत होगा। फिर जिस भी आधार में तुम्हारी श्रद्धा है, उस पर मन को एकाग्र करो। मन भटकेगा, यह तय है। लेकिन हर बार उसे वापस लाओ- बिना लड़ाई के, बिना शिकायत के।

अक्षत – और अगर बार-बार भटके तो?

शिवम – तो बार-बार वापस लाओ। यही साधना है, यही धारणा है। यह कोई एक बार की उपलब्धि नहीं बल्कि एक लगातार अभ्यास है।

जब ये अभ्यास गहराता है तो तुम महसूस करोगे कि मन अब तुम्हें नहीं चला रहा बल्कि तुम मन को चला रहे हो।

धारणा का ज्ञान पाकर अक्षत ने उसे अपने सुबह किए जानेवाले दैनिक रूटीन, आसन और प्राणायाम के साथ जोड़ लिया था। उसने साँसों को आधार बनाकर

आंतरिक धारणा का अभ्यास शुरू किया। शुरू-शुरू में मन भागा लेकिन बाद में टिकने लगा। इसके लाभ उसे पूरे दिन के कामों में भी दिखने लगे। पहले से ज़्यादा फोकस रहने लगा था। भूत और भविष्य में कलाबाज़ियाँ खाने के बजाय मन की वर्तमान में चल रहे कामों पर एकाग्रता बढ़ गई थी, जिससे वे ज़्यादा कुशलता से होने लगे थे। उसके जीवन में यह एक और बड़ा परिवर्तन था। कम समय में ज़्यादा काम बड़े अच्छे तरीके से होने लगे थे, जिससे उसके ऑफिस में सभी हैरान थे। यही तो थी धारणा की शक्ति... अब आगे ध्यान का रास्ता था।

33

पतंजलि अष्टांग मार्ग का सातवाँ अंग – 'ध्यान'

शिवम तीन महीने के लिए शहर से बाहर गया हुआ था। इन तीन महीनों में वह अक्षत से कहकर गया था कि धारणा को साध लें क्योंकि तभी आगे बढ़ा जा सकता है। अक्षत बड़े अनुशासित रूप से उसकी कही बात का अनुसरण कर रहा था।

अक्षत अब उस अवस्था में पहुँच चुका था, जहाँ उसकी धारणा केवल अभ्यास नहीं रह गई थी बल्कि स्वभाव बनने लगी थी। मन को एक बिंदु पर टिकाना अब पहले जितना कठिन नहीं लगता था।

साँस पर ध्यान लगाते-लगाते कई बार ऐसा होता कि उसे यह भी याद नहीं रहता कि वह ध्यान लगा रहा है। बस एक शांत, निरंतर अनुभव चल रहा होता। बीच-बीच में ऐसे क्षण आते, जहाँ सब कुछ थम सा जाता। न कोई स्पष्ट विचार, न कोई प्रयास, सिर्फ एक गहरी, स्थिर उपस्थिति।

लेकिन यह स्थिति ज़्यादा नहीं रह पाती। बस कुछ क्षणों तक चलती थी।

अक्षत समझ नहीं पा रहा था, जो उसे अनुभव हो रहा है क्या वह धारणा है या फिर यही ध्यान है? उसे शिवम की लौटने की प्रतीक्षा थी। और जब शिवम लौटा तो इसी जिज्ञासा के साथ वह शिवम के पास पहुँचा।

अक्षत (थोड़ा उलझा हुआ) – शिवम, इन दिनों कुछ अजीब हो रहा है। जब मैं धारणा करता हूँ तो कभी-कभी ऐसा लगता है कि मैं कुछ कर ही नहीं रहा। साँसों पर ध्यान नहीं रहता लेकिन कहीं और भी नहीं जाता। बस एक शांति सी चल रही होती है। सब कुछ जैसे स्थिर हो जाता है। फिर अचानक से यह स्थिति टूट जाती है। यह क्या है, धारणा है या ध्यान है?

शिवम (मुस्कान के साथ) – समझ लो तुमने धारण करते-करते ध्यान के द्वार पर दस्तक दे दी है। धारणा में कुछ करना होता है, फोकस टिकाना होता है लेकिन कुछ नहीं करना। फिर भी मन का टिके रहना यही तो ध्यान है दोस्त।

अक्षत – लेकिन अगर यह ध्यान है तो फिर बार-बार टूट क्यों जाता है?

शिवम – क्योंकि अभी तुम धारणा और ध्यान के बीच खड़े हो। धारणा में प्रयास होता है और ध्यान में सहजता। तुम प्रयास से सहजता की ओर बढ़ रहे हो इसलिए यह अनुभव आ-जा रहा है।

जैसे एक बच्चा शुरू-शुरू में साइकिल चलाना सीखता है। थोड़ा अच्छे से चलाता है, बीच-बीच में लड़खड़ाता है। बस यही चलता है ध्यान और धारणा के बीच भी। जितना अभ्यास होगा उतनी ही सहजता आएगी।

अक्षत – यानी ध्यान कोई अलग मार्ग नहीं है, जिसे अलग से सीखा जाता है?

शिवम – नहीं। ध्यान, धारणा का ही परिपक्व स्वरूप है। यह परिपक्व स्वरूप प्राप्त किया जा सके इसीलिए तो अब तक के सारे अंगों पर काम करना ज़रूरी था। आसन, प्राणायाम, प्रत्याहार, धारणा सब इसी परिपक्वता को पाने की तो तैयारी थी।

जैसे तुम्हें एक अंधेरे कमरे में दीया जलाकर प्रकाश करना है। इसके लिए पहले दीये में तेल डाला, बाती लगाई, दीये को तैयार कर लिया। यह हो गया आसान प्राणायाम से शरीर को तैयार करना। अब तुमने उस दीये को प्रज्वलित कर दिया लेकिन उसकी लौ बहुत ज़्यादा डोल रही है। कभी तेज़ हो रही है, कभी धीमी क्योंकि कमरे के बाहर से तेज़ हवा आ रही है। तेज़ हवा रोकने के लिए तुमने कमरा बंद कर दिया ताकि लौ स्थिर हो सके। यह हो गया प्रत्याहार यानी बाहरी तूफानों से आंतरिक चेतना की रक्षा करना।

दीये की लौ अभी भी हिल-डुल रही है। ज़्यादा स्थिरता से नहीं चल रही। लग रहा है कहीं बुझ न जाए, अब तुमने उसकी स्थिरता और प्रकाश बढ़ाने के लिए

दीये के ऊपर एक काँच की चिमनी लगा दी। चिमनी से दीये की लौ ज़्यादा स्थिर भी हो गई और रोशनी भी ज़्यादा देने लगी। यह चिमनी हो गई धारणा, जिसे तुमने सुरक्षा कवच की तरह मन रूपी दीये को धारण करा दिया।

अब उसकी लौ बिलकुल स्थिर रहती है, न डोलती है, न टूटती है। बस अपने उच्चतम स्वरूप में निरंतरता से प्रकाशित हो रही है। यही है ध्यान की परिपक्व अवस्था।

महर्षि पतंजलि ने ध्यान को ऐसे कहा है।

'तत्र प्रत्ययैकतानता ध्यानम'

अक्षत – इसका अर्थ?

शिवम – जिस बिंदु पर तुमने अपने मन को टिकाया था, जब उसी पर चेतना का प्रवाह बिना टूटे लगातार बहे, वही ध्यान है। जैसे जब किसी बर्तन में थोड़ा ऊपर से पानी डाला जाता है तो गिरते हुए वह बिखरता है, इधर-उधर उछलता है, यह धारणा की स्थिति है। लेकिन जब तेल की धार डाली जाती है तो वह एक निरंतर प्रवाह में धीरे से गिरती है, उछलती नहीं। यह निरंतरता ध्यान है। अभी तुम्हारे साथ क्या हो रहा है कि थोड़ी देर के लिए वह धारा बनती है, फिर टूट जाती है। तो इसमें कुछ गलत नहीं है, यह अभ्यास का स्वाभाविक चरण है।

अक्षत – जब वह निरंतर प्रवाहवाला क्षण आता है तो लगता है जैसे मैं नहीं हूँ, कहीं गायब हो गया हूँ।

शिवम – वही तो ध्यान की झलक है। वहाँ मैं ध्यान कर रहा हूँ, यह भाव भी हल्का पड़ने लगता है।

देखो, ध्यान की पूरी प्रक्रिया में तीन अंग हैं। ध्यानी, ध्येय और ध्यान।

ध्यानी या ध्याता का मतलब है ध्यान करनेवाला। जो बैठकर मन को एक जगह टिकाने की कोशिश कर रहा है, वही ध्यानी है। इसमें मैं ध्यान कर रहा हूँ, यह भाव होता है।

दूसरा है ध्येय यानी जिस पर ध्यान किया जा रहा है। जैसे तुम्हारी साँस, कोई मंत्र, कोई बिंदु या कोई रूप, वह तुम्हारा ध्येय है।

ध्यान वह प्रक्रिया है, जो ध्यानी और ध्येय के बीच चलती है। जब तुम्हारा मन लगातार ध्येय पर टिका रहता है तो जो निरंतर जुड़ाव बनता है, वही ध्यान है।

जब ध्यान गहरा हो जाता है तो ये तीनों अलग-अलग नहीं रहते।

ध्यानी, ध्येय और ध्यान तीनों एक हो जाते हैं। यही अवस्था आगे जाकर समाधि की ओर ले जाती है।

अक्षत (धीरे से) – यानी अंत में मैं भी नहीं रहता?

शिवम (मुस्कुराते हुए)- हाँ, बस अनुभव रह जाता है और वही ध्यान की सबसे गहरी सच्चाई है।

अक्षत (थोड़ा बेचैनी से) – मेरी ऐसी अवस्था कब आएगी?

शिवम – ध्यान को जबरन नहीं पाया जा सकता। वह स्वयं आता है और अपना अनुभव कराता है। ध्यान में करना नहीं, होना होता है।

अक्षत – लेकिन मन तो फिर भी कभी-कभी भटक जाता है।

शिवम – यह स्वाभाविक है, इससे घबराना नहीं है। धारणा को साधते रहने पर ध्यान स्वयं प्रकट होता है और यही बात श्री कृष्ण ने भगवद गीता में कही है-

यतो यतो निश्चरति मनश्चञ्चलमस्थिरम्।
ततस्ततो नियम्यैतदात्मन्येव वशं नयेत्।।

अर्थात – जहाँ-जहाँ यह चंचल और अस्थिर मन भटकता है, वहाँ-वहाँ से उसे बार-बार नियंत्रित करके अपने ही आत्मस्वरूप में लाकर स्थिर करना चाहिए।

वे यह भी कहते हैं -

यथा दीपो निवातस्थो नेङ्गते...

यानी जैसे बिना हवा के दीपक की लौ स्थिर रहती है, वैसे ही ध्यान में मन अचल हो जाता है।

तो बस बिना किसी बेचैनी के, बिना किसी विशेष परिणाम की उम्मीद किए धारणा की सहायता से इसी का अभ्यास करना है।

अक्षत – लेकिन यार एक उम्मीद तो रहती ही है कि ध्यान अच्छे से लग जाए... कुछ तो विशेष अनुभव हो, कितनी बातें सुनता हूँ, मैं दूसरे लोगों को ध्यान में हुए अनुभवों की उन्हें सुनकर मन कहता है, कुछ अलग अनुभव होगा तभी तो पता चलेगा कि हम ध्यान में सही जा रहे हैं।

शिवम (मुस्कुराते हुए) – देखो, तुम्हारी दुविधा का जवाब तुम्हारी दुविधा में ही है। तुमने कहा न 'मन कहता है' तो इसी मन को तो अनुशासित और समर्पित करना है। इसे कुछ कहने का हक नहीं देना है। यही तो धारणा और ध्यान है।

दूसरों की बातें सुनकर जब भी मन ध्यान में कोई विशेष अनुभव पाना चाहे जैसे कोई विशेष रोशनी देखना, शरीर का हल्का होना, तरंग महसूस होना या कुछ और तो उस समय क्रिया योग के चरण ईश्वर प्रणिधान को याद करो। याद है न ईश्वर के प्रति पूर्ण समर्पण ध्यान में पूर्ण समर्पित हो जाना है। कोई जजमेंट नहीं, कोई अपेक्षा नहीं, सिर्फ उपस्थित होना है, यही सफल ध्यान है।

अक्षत (शांत स्वर में) – यही एक गड़बड़ी होने लगी थी मुझसे। मैं परिणाम में फँसने लगा था। अब मुझे ध्यान में कुछ पाना नहीं है, बस उसे जीना है।

शिवम (संतोष के साथ) – यही सही दिशा है, अक्षत क्योंकि ध्यान को पाने की कोशिश ही उसे दूर कर देती है और उसे होने देना ही उसे पास ले आता है।

तो इसी समझ के साथ चलो, थोड़ी देर ध्यान करते हैं।

शिवम और अक्षत ध्यान मुद्रा में बैठ गए। समय की नजाकत को देखते हुए आधे घंटे का टाइमर लगाया। दोनों ने अपनी साँस को धारणा बनाया और ध्यान में उतर गए एक गहरी शांति के साथ। बाहर से भले ही ट्रैफिक की आवाज़ें आ रही थी लेकिन भीतर ध्यान चल रहा था बिना किसी व्यवधान के।

34

जब जीवन ने परखा

'शिवम, जितनी जल्दी हो सके गाँव आ जाओ।' सुबह-सुबह आए इस फोन ने शिवम को चौंका दिया। फोन उसके चाचा सावन ऋषिराज का था। उनकी आवाज़ में घबराहट साफ झलक रही थी।

शिवम – 'क्या हुआ चाचा?'

चाचा – गाँव की ज़मीन का बड़ा मामला खड़ा हो गया है। कुछ दबंग लोगों ने कई किसानों की ज़मीन पर कब्ज़ा कर लिया है। हमारे हिस्से की ज़मीन भी उसमें शामिल है।

शिवम ने और जानकारी ली, फिर फोन रख दिया। पहले वह ऐसे समाचार सुनते ही बेचैन हो जाता था। मन में क्रोध, चिंता और डर एक साथ उठ खड़े होते थे। लेकिन अब वह जानता था कि परिस्थिति से पहले अपने मन को संभालना आवश्यक है।

उसने गहरी साँस ली और शांत मन से गाँव जाने की तैयारी करने लगा। उसने यह बात पत्नी को जब बताई तो वह बोली-

शुभांगी – मामला गंभीर लग रहा है। संभलकर रहना।

शिवम – चिंता मत करो। पहले पूरी स्थिति समझता हूँ, फिर आगे का निर्णय लूँगा।

अगले दिन शिवम गाँव पहुँचा। वहाँ का माहौल वैसा नहीं था, जैसा उसने

बचपन में देखा था। लोगों के चेहरों पर एक अनजाना सा भय दिखाई दे रहा था। गाँव के चौपाल पर कई लोग इकट्ठा खड़े थे।

कोई कह रहा था, 'अब कुछ नहीं हो सकता।'

कोई कह रहा था, 'उन लोगों से टक्कर लेना अपने पैरों पर कुल्हाड़ी मारने जैसा है।'

कुछ लोगों ने तो पहले ही हार मान ली थी।

शिवम सबकी बातें सुनता रहा। जब सभी बोल चुके तो उसने केवल एक वाक्य कहा- 'पहले पूरी सच्चाई जान लेते हैं।'

अगले कुछ दिनों तक शिवम ने कोई जल्दबाज़ी नहीं की। वह पुराने कागज़ात देखने लगा। राजस्व विभाग के रिकॉर्ड खंगाले गए। बुज़ुर्ग किसानों से बातचीत की गई। पुराने नक्शे और सीमांकन की जानकारी जुटाई गई। धीरे-धीरे एक बात स्पष्ट होने लगी कि मामला जितना दिख रहा था, उससे कहीं अधिक उलझा हुआ था। कब्ज़ा करनेवालों ने केवल ताकत का उपयोग नहीं किया था बल्कि कागज़ों में भी हेरफेर की कोशिश की थी।

एक शाम तहसील कार्यालय से लौटते समय अचानक दो मोटरसाइकिलें उसके सामने आकर रुकीं। चार लोग उतरे। उनमें से एक ने धमकी भरे अंदाज में कहा

पहला आदमी – बहुत मेहनत कर रहे हो गाँव के लिए।

शिवम चुप रहा।

दूसरा आदमी – शहरी हो, शहर में ही रहो। गाँव की बातें गाँववालों पर छोड़ दो।'

कुछ क्षणों तक दोनों पक्ष एक-दूसरे को देखते रहे। फिर शिवम ने शांत स्वर में कहा,

शिवम – देखो, मैं किसी से लड़ने नहीं आया हूँ। सिर्फ सच जानने आया हूँ।'

पहला आदमी – कभी-कभी सच जानना बहुत महँगा पड़ जाता है।

वे लोग चले गए लेकिन उनका संदेश स्पष्ट था। उस रात शिवम देर तक छत पर बैठा रहा। आसमान में असंख्य तारे चमक रहे थे। उसके भीतर भी कई विचार उठ रहे थे- यदि मामला और बिगड़ गया तो? यदि सच सामने नहीं आया तो? यदि

धमकियाँ बढ़ गईं तो? मन भविष्य की कई तस्वीरें बनाने लगा। तभी उसे अपनी ही सीख याद आई। जीवन वर्तमान में घटता है, कल्पनाओं में नहीं। उसने उन विचारों से लड़ने की कोशिश नहीं की। बस उन्हें आते-जाते देखता रहा।

कुछ समय बाद उसका मन शांत हो गया। शांत मन में आशा की हलकी किरण भी साफ दिखाई देती है। अगले कुछ सप्ताह संघर्ष से भरे रहे। कभी कोई अधिकारी मिलने से मना कर देता। कभी कोई महत्वपूर्ण दस्तावेज़ समय पर नहीं मिलता। कभी कोई नई अफवाह फैल जाती। गाँववाले बार-बार निराश हो जाते लेकिन शिवम हर बार उन्हें एक ही बात याद दिलाता- जब तक पूरी बात सामने न आ जाए, निष्कर्ष पर मत पहुँचो।

धीरे-धीरे लोगों का भरोसा लौटने लगा। अब वे डरकर पीछे हटने के बजाय तथ्यों पर ध्यान देने लगे। इसी बीच पत्नी का लगभग हर शाम फोन आने लगा। कभी वह केवल दो मिनट बात करतीं, कभी दस मिनट और हर बार एक ही प्रश्न पूछतीं- 'आज दिन कैसा रहा?' और शिवम हर बार विस्तार से कुछ न कुछ बताता।

कई बार उसे महसूस होता कि दिनभर की थकान और तनाव उन छोटी-सी बातचीतों में हल्का हो जाता है।

एक रात वह अकेले खेतों की ओर निकल गया। चारों ओर सन्नाटा था। दूर कहीं झींगुरों की आवाज़ आ रही थी। वह एक पेड़ के नीचे बैठ गया। पूरा दिन उसके सामने घूमने लगा। मन बार-बार समाधान खोजने की कोशिश कर रहा था लेकिन जितना ज़ोर लगाता, उतना ही उलझता जाता तब उसने खोज बंद कर दी। कुछ देर केवल मौन में बैठा रहा। धीरे-धीरे मन शांत होने लगा और तभी उसे एक पुरानी जानकारी याद आई, जिसे अब तक किसी ने महत्त्व नहीं दिया था।

एक ऐसा रिकॉर्ड, जिसकी किसी ने जाँच ही नहीं की थी। अगली सुबह उसने उसी दिशा में काम शुरू किया। कुछ दिनों बाद वह रिकॉर्ड मिल गया। उसके साथ कई महत्वपूर्ण तथ्य सामने आए और फर्जी दस्तावेज़ों की परतें (पोलें) खुलने लगीं। लेकिन संघर्ष अभी खत्म नहीं हुआ था। कब्ज़ा करनेवाले लोग आसानी से पीछे हटने को तैयार नहीं थे। धीरे-धीरे प्रशासनिक कार्रवाई आगे बढ़ रही थी। मामले की अधिक जाँच तथा सुनवाई की प्रक्रिया जारी थी। अंतिम निर्णय अभी शेष था लेकिन किसानों में अपने अधिकार वापस मिलने की आशा अवश्य जगी।

उधर बढ़ते कानूनी दबाव से वर्षों से एकजुट दिखाई देनेवाले दबंगों के बीच

दरारें पैदा होने लगीं। हर किसी को डर था कि कहीं दूसरा अपनी जान बचाने के लिए पुलिस को उसका नाम न बता दे।

निर्णायक मोड़ तब आया, जब पुलिस की पूछताछ के बाद यह खबर फैल गई कि गिरोह का एक सदस्य टूट चुका है और उसने कई अहम नाम उजागर कर दिए हैं। यह सच था या अफवाह, कोई नहीं जानता था लेकिन शक ने पूरे गिरोह को अंदर से चीर दिया। हर दबंग दूसरे को गद्दार समझने लगा। वर्षों की साझेदारी कुछ ही पलों में बिखर गई। चौपाल से लेकर बंद कमरों तक तीखी बहसें हुईं। एक बैठक में तो बात धक्का-मुक्की और मारपीट तक पहुँच गई।

तब एक दबंग सबके सामने तमतमाकर बोला-

एक दबंग – अगर मैं डूबा... तो इस बार कोई भी किनारे नहीं बचेगा। जो सच है, सब बाहर आ जाएगा।

यह धमकी जल्द ही हकीकत बन गई। अपनी जान बचाने के लिए उसने प्रशासन को कई अहम जानकारियाँ दे दीं। उसे देखकर दूसरे लोग भी टूटने लगे और वर्षों से छिपे राज़ एक-एक करके बाहर आने लगे।

अब प्रशासन के हाथ ऐसे ठोस प्रमाण लगे, जिन्हें अदालत में भी चुनौती देना आसान नहीं था। बात धीरे-धीरे गाँव तक पहुँच गई। अगली सुबह चौपाल पर किसानों के बीच एक ही चर्चा थी।

एक किसान – सुना है अब वे लोग खुद एक-दूसरे के खिलाफ हो गए हैं।

दूसरा किसान – अन्याय चाहे कितना भी ताकतवर क्यों न हो, सच के सामने एक दिन टूट ही जाता है।

यह खबर पूरे गाँव में उम्मीद की नई किरण बनकर फैल गई। किसानों को पहली बार लगा कि इस बार न्याय केवल एक आशा नहीं बल्कि वास्तविक संभावना बन चुका है। गाँव में जैसे उत्सव का माहौल था। लोग शिवम को धन्यवाद देने उसके घर पहुँचे। कई किसानों की आँखें भर आईं। उनमें से एक ने कहा,

किसान – जब हम सब हार मान चुके थे तब भी तुम डटे रहे।

शिवम (मुस्कुराया) – ये सब ईश्वर की कृपा और आप सभी के आशीर्वाद से ही संभव हुआ है।

अगले कुछ दिनों में अदालत का अंतिम फैसला भी गाँववालों के पक्ष में आ गया। प्रशासन ने निर्णय को तुरंत लागू कराया और वर्षों से चला आ रहा विवाद हमेशा के लिए समाप्त हो गया। गाँव में फिर से सामान्य जीवन लौट आया। खेतों में हल चलने लगे। चौपालों पर अब डर की जगह सुकून लौट आया था।

शहर लौटने से एक दिन पहले शिवम चाचाजी से मिलने गया। चाचाजी ने उसके कंधे पर हाथ रखते हुए कहा–

चाचाजी – बेटा, तुमने सिर्फ हमारी ज़मीन नहीं बचाई, पूरे गाँव का विश्वास वापस लौटा दिया।

शिवम (मुस्कुराते हुए) **–** चाचाजी, मैंने तो बस अपना कर्तव्य निभाया है। इस पूरे संघर्ष ने मुझे एक बात सिखाई। सच की राह आसान नहीं होती लेकिन धैर्य, विवेक और ईश्वर पर विश्वास बना रहे तो देर से ही सही न्याय ज़रूर मिलता है।

यह कहकर शिवम ने झुककर चाचाजी के चरण स्पर्श किए। चाचाजी ने उसके सिर पर हाथ रखकर आशीर्वाद दिया। उनकी आँखों में संतोष था और शिवम के मन में यह सुकून कि वह अपना दायित्व निभाकर लौट रहा है।

शाम को उसने यह खुशखबरी पत्नी शुभांगी को दी तो उधर से भी जीत की सुकूनभरी हँसी सुनाई दी।

अगले दिन जब वह वापस शहर लौट रहा था तो बस की खिड़की से बाहर खेतों को देख रहा था। इन छह महीनों में उसने एक बात और गहराई से समझी थी। जब सब कुछ अच्छा चल रहा हो तब शांत रहना कोई बड़ी बात नहीं होती। वास्तविक परीक्षा तब होती है, जब परिस्थितियाँ आपके विरुद्ध खड़ी हों, लोग आपका साथ छोड़ने लगें, डर आपके सामने खड़ा हो, फिर भी आप विवेक से निर्णय ले सकें।

जीवन ने उसे परखा था और इस परीक्षा ने उसे यह विश्वास दिलाया कि योगसूत्र केवल पढ़ने की चीज़ नहीं हैं। वे संकट के समय दिशा दिखानेवाले प्रकाश हैं।

इसी कारण आज वह अक्षत के सामने इतनी दृढ़ता और विश्वास के साथ बैठ पाता था क्योंकि जो बातें वह उसे समझा रहा था, उन्हें वह स्वयं जी रहा है।

35

पतंजलि अष्टांग मार्ग का आठवाँ अंग – 'समाधि'

शिवम और अक्षत की पिछली मुलाकात को तीन महीने हो चुके थे। अक्षत पूरी गंभीरता से पतंजलि योग सूत्र के सभी अंगों का अभ्यास कर रहा था। धारणा और ध्यान उसके जीवन का हिस्सा बन चुके थे। बाहर की दुनिया अब भी वही थी लेकिन उसके भीतर बहुत कुछ बदल गया था। दूसरी ओर शिवम इन तीन महीनों के लिए गाँव चला गया था। जाने से पहले उसने अक्षत से बस इतना कहा था, 'मुझे पूरा विश्वास है जब मैं लौटूँगा तो मुझे एक बिलकुल बदला हुआ अक्षत मिलेगा।'

अक्षत और शिवम कई घंटों तक, समुद्र किनारे, चहल-कदमी करते हुए एक-दूसरे को अपने पिछले तीन महीने के अनुभव बता रहे थे। अंत में शिवम के हौसले की अक्षत ने खूब तारीफ की। शिवम ने भी अक्षत से कहा कि तुम बहुत बदल गए हो। तब अक्षत ने कहा-

अक्षत – सच कह रहा था तू शिवम, बहुत बदल गया हूँ मैं। बाहर की कोई भी स्थिति अब मुझे नहीं हिला पाती। बाहर कुछ भी चले, मन-मुताबिक कुछ मिले न मिले, कोई फर्क नहीं पड़ता। अब मैं किसी भी समस्या का समाधान बाहर नहीं खोजता, वह खोज मेरे भीतर चलती है। मैं अपने चित्त को खंगालने में लग जाता हूँ कि मेरे अंदर ऐसा कौन सा विश्वास मत है, कौन सी आदत या मान्यता है, जिस वजह से मुझे यह एक घटना समस्या नज़र आ रही है। अब मैं किसी दूसरे को

सुधारने की कोशिश नहीं करता क्योंकि जान गया हूँ कि अगर किसी को सुधरना है तो वह मैं स्वयं हूँ।

यह भी स्पष्ट दिखने लगा है कि जीवन इतना जटिल नहीं है, जितना हम इसे समझते हैं। सारी जटिलताएँ हमारे मन का बुना हुआ जाल है, हमारी बेहोशी है। ऐसा लग रहा है जैसे मेरा जीवन बेहद सरल, सहज, निरंतर बहता हुआ प्रवाह बन गया है- किसी शांत, शुद्ध कलकल बहती नदी समान। समझ नहीं आता कि यह पहले ऐसा क्यों नहीं था।

शिवम (हँसते हुए) – यह पहले भी ऐसा ही था, बस तेरी आँखों पर अज्ञान के जाले लिपटे हुए थे, जिन्हें पतंजलि योग सूत्र के नियमित अभ्यास ने हटा दिए। मुझे भी इसका अनुभव गाँव में हुआ। ज़मीन के विवाद के समय समझ आया कि योगसूत्र केवल पढ़ने की चीज़ नहीं हैं। उन्होंने मुझे हर परिस्थिति में अपने मन को शांत रखकर, पूरी सच्चाई को देखना, फिर विवेक से निर्णय लेना सिखाया। इसी कारण मैं बिना विचलित हुए, उस पूरे संघर्ष से गुजर सका और अंत में न्याय भी मिला। तू बता क्या अब कोई विशेष इच्छा शेष बची है मन में... कुछ पाने की, कुछ करने की?

अक्षत – अब तो बस एक ही प्रार्थना उठती है ईश्वर से, जैसी मुझ पर कृपा हुई, ऐसी सभी पर हो, सबका मंगल हो, सबका शुभ हो। जैसे तू मेरे लिए निमित्त बना है, मैं सबके लिए निमित्त बनूँ, अब तो इसी में जीवन की सार्थकता दिखाई दे रही है।

शिवम – वाह! यही तो असली उपलब्धि है आध्यात्मिक साधकों की। सारे जतन, सारी साधनाएँ इसी अवस्था को पाने के लिए ही की जाती हैं।

अक्षत (आश्चर्य से) – किस अवस्था को?

शिवम – व्यक्तिगत 'मैं' के गायब हो जाने की अवस्था। तुझे याद है न मैंने तुझे कंप्यूटर की ऐनालॉजी से हम इंसानों का पूरा सिस्टम समझाया था कि हमारे अंदर एक कोर प्रोग्राम है, जिसे ऑपरेटिंग सिस्टम कह सकते हैं, जो दौड़ रहा है। वही खुद को कर्ता मान रहा है। उसकी सोच है कि वहीं पूरे सिस्टम को नियंत्रित और संचालित कर रहा है, वह खुद को 'मैं' कहता है।

अगर यह 'मैं' कहनेवाला प्रोग्राम सिस्टम से ही डिलीट हो जाए तो असली यूजर सामने आ जाएगा, जिसकी पहचान 'मैं' छिपाकर रखता है। इस पूरे सिस्टम का मास्टरमाइंड, इस पूरे ब्रह्माण्ड और उसमें चल रही लीला का मास्टरमाइंड वही तो है, जिसे हम चेतना, ईश्वर, सुप्रीम सोर्स कहते हैं।

जैसे-जैसे हमारे अंदर इस 'मैं' की पकड़ कमज़ोर पड़ती है, वैसे-वैसे ईश्वरीय चेतना का प्रकाश बढ़ता जाता है और इसकी सबसे बड़ी पहचान यही है कि हमारे अंदर से अपने लिए नहीं बल्कि सभी के कल्याण की प्रार्थनाएँ उठने लगती हैं। हम अपने स्वार्थ के लिए नहीं बल्कि सभी के मंगल हेतु निमित्त बनना चाहते हैं और ऐसा करते भी हैं। इस 'मैं की शून्यता' यानी इगोलेस स्टेट तक पहुँचने और इससे आगे बढ़ने के लिए ही धारणा, ध्यान और समाधि का मार्ग है।

अक्षत – मगर मैंने कुछ लोगों को देखा है, जो किसी आध्यात्मिक मार्ग को फॉलो नहीं करते, ध्यान, धारणा नहीं करते। फिर भी खूब निःस्वार्थ भाव में, सेवा में रहते हैं। ऐसा कैसे होता है?

शिवम – एक बात तुझे समझनी चाहिए कि पतंजलि योग सूत्र के पायदान पर चढ़कर तू कोई विशेष अवस्था प्राप्त नहीं कर रहा है। अहंकार शून्यता की अवस्था तो तेरे अंदर पहले से ही है, बस छिपी हुई है। तू सिर्फ उन व्यवधानों, आवरणों को दूर कर रहा है, जिस वजह से वह दब गई थी।

कुछ लोगों में व्यवधान होते ही नहीं, उनके अंदर सहज मन काम करता है। वे अंतर्मन की सुनकर निर्णय लेते हैं और प्रकृति से जुड़कर सहज, सरल जीवन जीते हैं। इसलिए उन्हें अपने ऊपर काम करने की ज़रूरत नहीं पड़ती। मनुष्य के अलावा प्रकृति के बाकी अंग जैसे पेड़, पौधे, जानवर, पक्षी ये सभी सहज मन से प्रकृति द्वारा दिया गया जीवन जीते हैं इसीलिए ये हमेशा ही अहंकार शून्यता की अवस्था में यानी समाधि अवस्था में रहते हैं। अहंकार से जुड़ी सारी समस्याएँ हम इंसानों के अंदर ही हैं। वैसे तू ने पतंजलि योग मार्ग पर चलने से पहले भी कई बार धारणा और ध्यान की अवस्था महसूस की होगी, सिर्फ तू उसके प्रति सजग नहीं था।

अक्षत – वह कैसे?

शिवम – क्या कभी ऐसा हुआ है कि तू कोई गीत सुन रहा है या कोई सुंदर दृश्य देख रहा है और उसमें इतना खो गया कि समय का आभास ही नहीं हुआ, विचार भी गायब हो गए?

अक्षत – हाँ, ऐसा तो कई बार हुआ है।

शिवम – यह धारणा और ध्यान का अनुभव ही तो है। मन एक गीत पर पूरा एकाग्र हो गया फिर पूरी तरह शून्य हो गया, उसमें खो गया, यही तो ध्यान है न!

अक्षत (आश्चर्य से) – हाँ, बात तो सही है। सुननेवाला ध्यानी, गीत ध्येय और सुननेवाले का ध्येय में विलीन हो जाना ध्यान।

शिवम – इसीलिए लोग नदी किनारे, समुद्र किनारे, पहाड़ों या किसी शांत जगह पर बैठकर शांति महसूस करते हैं क्योंकि वे सामने दिख रहे दृश्य में खो जाते हैं, यह उनकी बाहरी धारणा से पाई गई ध्यान अवस्था होती है, भले ही कुछ समय के लिए हो।

कभी किसी छोटे बच्चे को देखो, उसमें अहंकार का कोई भाव नहीं है। वह अपने सहज मन से जुड़ा है। समझ लो वह हमेशा समाधि में ही है।

अक्षत (उत्सुकता से) – समाधि! यही तो है आठवाँ पायदान, जिसके बारे में अभी तक हमारी बातचीत नहीं हुई। वैसे कोई छोटा बच्चा कैसे समाधि में हो सकता है?

शिवम (हँसते हुए) – सही बात है। समाधि में कोई छोटा बच्चा कैसे रह सकता है? यह तो बड़े-बड़े ऋषि मुनियों, तपस्वियों, योगियों की बातें हैं, जो पहाड़ों की गुफाओं में, घने जंगलों में जाकर समाधि में बैठते हैं। है न?

अक्षत – देख, जैसा समाधि के बारे में सुना है, ये तो सिद्ध पुरुषों की ही साधना है।

शिवम – जानता है महर्षि पतंजलि ने समाधि के बारे में अपने योग सूत्र के समाधि पद में क्या कहा है? वे कहते हैं –

तदा द्रष्टुः स्वरूपेऽवस्थानम

इसका अर्थ है- जब चित्त की वृत्तियाँ शांत हो जाती हैं तब 'दृष्टा' यानी देखनेवाला चित्त अपने वास्तविक स्वरूप चेतना में स्थित हो जाता है।

इसका मतलब जैसे ही मन का शोर खत्म होता है तब जो शुद्ध 'मैं' बचता है, वही चित्त है या कहें परमात्मा है और उसी में स्थिर हो जाना ही समाधि है। इसके अलावा एक और सूत्र है, जो समाधि की गहराई को बताता है-

तदेवार्थमात्रनिर्भासं स्वरूपशून्यमिव समाधिः

अर्थात उस अवस्था में केवल ध्येय यानी जिस पर ध्यान किया जा रहा है, प्रकाशित होता है और साधक का अपना स्वरूप शून्य जैसा हो जाता है।

यहाँ साधक और उसका ध्यान, दोनों अलग नहीं रहते। केवल अनुभव ही बचता है। 'मैं' का भाव पूरी तरह विलीन हो जाता है। यही समाधि की पराकाष्ठा है, जहाँ पूर्ण एकत्व का अनुभव होता है।

जैसे कोई नदी समुद्र में मिलकर अपनी अलग पहचान खो देती है, वह समुद्र ही हो जाती है, वैसे ही साधक समाधि में अपने अहंकार और सीमाओं को त्यागकर पूर्ण अस्तित्व के साथ एकाकार हो जाता है। कुछ समझें?

अक्षत – हाँ समझा मगर एक जिज्ञासा है। ध्यान और समाधि में क्या अंतर है?

शिवम – देख धारणा के तीन कोने हैं। धारणा करनेवाला 'मैं', जिस पर मन को एकाग्र किया जा रहा है, वह आधार यानी 'ध्येय' और वह प्रक्रिया जिसे ध्यान कहा गया। है न?

अक्षत – हाँ बिलकुल।

शिवम – अब आते हैं ध्यान पर। ध्यान के दो कोने हैं। ध्यान करनेवाला ध्याता और जिस पर ध्यान किया जा रहा है, वह ध्येय। ध्यान में ध्याता इतना डूब जाता है कि वह ध्यान कर रहा है या करना है, ऐसी सजगता या प्रयास ही समाप्त हो जाते हैं। जैसे कोई अपने मनपसंद संगीतकार के कॉन्सर्ट में उसे सुन रहा है। सुनते हुए वह इतना तल्लीन हो जाता है कि बस बाकी सब कुछ गायब हो जाता है, केवल वह होता है और संगीत होता है।

अक्षत – हाँ और समाधि?

शिवम – समाधि ध्यान से भी आगे की अवस्था है। जब ध्याता यानी 'मैं' भी न बचे, वह ध्येय में विलीन हो जाए तो यह समाधि है।

अक्षत – मगर ऐसा कैसे हो सकता है कि 'मैं' भी न बचे? अपना एहसास तो रहता ही है न!

शिवम (मुस्कुराते हुए) – चित्त को समझाते हुए एक बात कही थी कि जो यह 'मैं' का भाव है न, यह एक विचार मात्र है। बस सबसे गहरा विचार है इसीलिए सबसे ज़्यादा असरदार है यानी यह भी मन का ही हिस्सा है। अगर मन का एक भी हिस्सा ज़िंदा है तो समाधि सिद्ध नहीं हो सकती। समाधि का अर्थ ही है, मन का पूर्ण रूप से चेतना में विलीन हो जाना।

अक्षत अभी भी गहरी सोच में था। सब कुछ विलीन हो सकता है लेकिन 'मैं' कैसे विलीन हो जाऊँ? सिद्ध पुरुषों के लिए अलग बात है, वे तो रात-दिन साधना में ही डूबे रहते हैं। मगर इस संसार में रहनेवाला कामकाज़ी इंसान इसे कैसे सिद्ध करेगा? ऐसे कुछ संदेह उसके भीतर उठ रहे थे।

अक्षत के इन संदेहों को शिवम ने कैसे दूर किया, जानेंगे अगले अध्याय में।

36

समाधि का अनुभव क्या है

मुक्त अभिव्यक्ति

अक्षत के मन में दुविधा चल रही थी कि संसार में रहते हुए आजीविका कमाते हुए, घर-परिवार का ध्यान रखते हुए समाधि की अवस्था कैसे पाई जा सकती है? शिवम उसकी इसी दुविधा को सुलझा रहा था।

शिवम – देखो समाधि कोई असंभव घटना नहीं है। यह हमारे अंदर की दबी हुई अवस्था है। इसलिए अनजाने में ही सही संसार में रह रहे लोग भी समाधि का अनुभव करते हैं। भले ही कुछ समय के लिए ही सही। गहरी नींद भी समाधि की अवस्था ही है, जहाँ पर 'मैं' विलीन हो जाता है। छोटा बच्चा समाधि में ही रहता है, ऐसा मैंने इसलिए कहा था क्योंकि उसमें 'मैं' का भाव विकसित नहीं हुआ होता। 'मैं' विकसित होते ही वह समाधि की अवस्था से बाहर आ जाता है।

एक बार मैंने भारत के महान कत्थक डान्सर बिरजू महाराज का एक इंटरव्यू सुना था। वे कह रहे थे, उनके साथ ऐसा कई बार होता है कि जब वे नृत्य करते हुए इतने खो जाते हैं कि उन्हें अपनी, दर्शकों की कुछ खबर नहीं रहती। बस नृत्य ही शेष रहता है।

ऐसी अभिव्यक्तियाँ, जहाँ करनेवाला ही मिट जाए, वास्तव में समाधि की अवस्था ही होती हैं। कलाकारों को ऐसा बहुत अनुभव होता है क्योंकि वे अपने सेल्फ से ज़्यादा जुड़े रहते हैं।

ईश्वर के भजन गा रहा एक भक्त भी खुद को भूलकर, अपने इष्ट देव में डूब जाता है तो वहाँ सिर्फ भक्ति रह जाती है, वह भी समाधि है।

संसार में जितने लोग अपने-अपने फील्ड में महारथी हैं। अगर उनकी बायोग्राफी पढ़ोगे तो यही मिलेगा कि वे अपने काम में इतना डूब जाते हैं कि खुद को भी भूल जाते हैं, यह भी समाधि का ही अनुभव है।

एक बात याद रखना, जो कर्म समाधि की अवस्था से किए जाते हैं, वे बेस्ट रिजल्ट्स लाते हैं क्योंकि उन्हें व्यक्ति नहीं, स्वयं ईश्वर करता है। ऐसे अनुभव अनजाने में और थोड़े समय के लिए होते हैं लेकिन जो पूरे ज्ञान के साथ, चित्त की समझ के साथ, मन को आत्मचेतना में विलीन करता है, वह समाधि की अवस्था में ज़्यादा देर रह पाता है। अब ऐसा कोई गुफाओं में बैठकर करें, जंगलों में बैठकर करें या संसार में रहकर करें, कोई फर्क नहीं पड़ता।

अक्षत – वाह! तुम्हारी बातों से मुझे बड़ा आत्मबल मिला है कि संसार में रहते हुए भी समाधि की अवस्था पाई जा सकती है। मैं आज से ही समाधि को पाने के लिए जुट जाऊँगा।

शिवम (हँसते हुए) – समाधि को जबरन नहीं पाया जा सकता दोस्त! ऐसा नहीं है कि कोई धार्मिक कर्मकांड, अनुष्ठान कर लिया और समाधि मिल गई। यह स्वयं घटित होती है। हमारा काम है मन को शुद्ध, अनुशासित, शांत और एकाग्र करना। उसे व्यक्तिगत भाव से अव्यक्तिगत भाव में ले आना। अपने भीतर का 'मैं' और उसका कर्ता भाव मिटा देना। उसे समझ देकर ईश्वर के चरणों में पूर्ण समर्पित करना। यह हो जाएगा तो समाधि स्वयं प्रकट हो जाएगी।

अक्षत कुछ देर तक शांत बैठा रहा। उसकी आँखों में एक नई चमक थी। जैसे किसी ने भीतर की धुंध हटा दी हो। सामने सूरज समुद्र की लहरों में डूब रहा था।

अक्षत को अपने भीतर एक आवाज़ गूंजती हुई सुनाई दी- जैसे यह सूरज शांत होकर सागर में समा रहा है, ठीक ऐसे ही मेरा 'मैं' भी एक दिन शांत होकर, चेतना के सागर में समा जाएगा और सागर हो जाएगा।

वह धीरे से बोला-

अक्षत (आभार के भाव में) – शिवम, तुमने सिर्फ मुझे ज्ञान नहीं दिया बल्कि मेरे भीतर छिपे हुए उस रास्ते को दिखा दिया, जिसे मैं हमेशा बाहर खोजता रहा। अब समझ आ रहा है कि समाधि कोई दूर की मंज़िल नहीं बल्कि अपने ही भीतर लौट आने की

अवस्था है। मैं आज से कोई जल्दी नहीं करूँगा, कोई ज़िद नहीं करूँगा। बस अपने मन को समझने, उसे साधने और समर्पण की ओर ले जाने का निरंतर प्रयास करता रहूँगा। अब मेरा लक्ष्य समाधि को पाना नहीं बल्कि अपने हर भाव, विचार, वाणी, कर्म को इतना शुद्ध बनाना है कि वह स्वयं समाधि में बदल जाए। चाहे मैं संसार के बीच रहूँ या एकांत में, इस जागरूकता को हमेशा अपने साथ रखूँगा। हो सकता है एक दिन बिना किसी प्रयास के वही अवस्था मुझमें भी उतर आएगी।

शिवम मुस्कुरा रहा था, जैसे उसे पता हो कि अक्षत ने अब सही दिशा पकड़ ली है।

शिवम – मैं तुम्हारे इस निर्णय से बहुत खुश हूँ अक्षत। मुझे पूरा विश्वास है कि तुम अपने अनुभवों से अपने ही समान इस माया के चक्र में फँसे युवाओं को भी दिशा दिखाओगे। वह एक पुराना गाना याद है न, संत ज्ञानेश्वर फिल्म का– 'ज्योत से ज्योत जलाते चलो, प्रेम की गंगा बहाते चलो।' मेरे गुरु ने यही किया, मैंने यही किया और तुम भी आगे यही करना।

अच्छा मुझे अगले महीने वापस अपने शहर जाना है, अब इतना जल्दी मिलना तो संभव नहीं होगा मगर हम कनेक्टेड रहेंगे और अपने आध्यात्मिक अनुभवों को साझा करते रहेंगे।

अक्षत ने शिवम से विदा ली, इस वादे के साथ कि उसे एयरपोर्ट पर वही ड्रॉप करने आएगा। महीना बीत गया था। अक्षत शिवम को एयरपोर्ट ड्रॉप करने आया था।

अक्षत (कृतज्ञता से) – शिवम मेरे दोस्त, मेरे गुरु, तुम्हारा समझाया हुआ हर सूत्र मेरे लिए किसी टॉर्च की तरह साथ रहेगा, जो मुझे दिशा दिखाता रहेगा। मेरे दिल में तुम्हारे लिए कितना आभार है, कितनी दुआएँ हैं, मैं इन्हें शब्दों में बयान नहीं कर सकता। बस तुम समझ लेना।

अक्षत के स्वर में कृतज्ञता के साथ एक गहरी स्थिरता भी थी, जैसे अब वह खोज से ज़्यादा अनुभव की ओर बढ़ चुका हो। शिवम ने उसे आगे बढ़कर गले लगा लिया और कहा–

शिवम (मुस्कुराते हुए) – तुम्हारा एक-एक भाव मुझ तक पहुँच रहा है अक्षत। आखिर हम एक ही ऊर्जा मंडल में तो हैं। एक ही सार्वभौमिक चेतना का हिस्सा हैं। तुम, मैं, ये सामने दिख रहे लोग... सभी एक ही चेतना के प्रतिरूप हैं। यह बात तुम धीरे-धीरे अनुभव से समझ जाओगे।

अब अक्षत ने अपने बैग से एक डायरी निकाली और शिवम की ओर बढ़ाते हुए कहा–

अक्षत – तुमने मुझे एक काम करने को कहा था, मैंने किया और उसका परिणाम यह डायरी है।

शिवम – कौन सा काम?

अक्षत – यही कि अपने मन को इधर–उधर भटकाने के बजाय रचनात्मक कार्य में लगाओ। ऐसा कार्य जो तुम्हारे स्वभाव से जुड़ा हुआ हो तो मैंने यह डायरी लिखनी शुरू की। जो समय मैं डिजिटल कंटेंट देखने में, टी.वी., मोबाइल स्क्रोलिंग में देता था, उस समय को यह डायरी लिखने में दिया। तुमसे मुझे जो पतंजलि योग सूत्र का ज्ञान मिला और जो मेरा अनुभव रहा, वह सब मैंने इसमें लिख लिया है। एक तरह से यह हमारी मुलाकातों का संकलन है।

शिवम (बहुत खुश होते हुए) **–** यह तुमने बहुत अच्छा किया अक्षत। यह समाधि के बाद मुक्ति की अभिव्यक्ति है। जानते हो महाभारत के युद्ध के बाद एक बार अर्जुन श्रीकृष्ण से मिलने गया और उनसे कहने लगा, आपने मुझे युद्ध क्षेत्र में जो गीता का ज्ञान दिया था, जो समझ दी थी, जिससे मेरे सारे क्लेश मिट गए थे। वह एक बार फिर सुना दो।

इस पर श्रीकृष्ण गंभीर होते हुए बोले, 'वह ज्ञान एक विशेष योगयुक्त (समाधि अभिव्यक्ति) की अवस्था में दिया गया था, जो उस समय की माँग थी। उसे फिर से दोहराया नहीं जा सकता। मेरे मुख से निकला, मैंने भी सुना, तुमने ग्रहण किया, बात खत्म हो गई। मैं आज तुम्हें जो बताऊँगा वह आज की ज़रूरत होगी।'

अगर वे बातें वेदव्यास दिव्यदृष्टि से देखकर महाभारत में दर्ज न करते तो वह ज्ञान कहीं खो जाता। इसी तरह अगर भविष्य में तुम मुझसे कभी कुछ पूछते कि उस समय जो मुझे कहा था, वह एक बार फिर दोहराओ तो मैं ऐसा कतई नहीं कर पाता।

तुमने बहुत अच्छा किया कि इन्हें अपनी डायरी में दर्ज कर लिया। यह डायरी आगे चलकर एक ग्रंथ बनेगी, जो तुम जैसे पूर्व अनुभवों से गुज़र रहे लोगों की गीता होगी।

अक्षत – यह तो बहुत अच्छा होगा। जो ज्ञान मुझे मिला, वह उन सभी तक भी पहुँचेगा। वे लोग ज्ञान के अभाव में बेवजह दुःख, तनाव, चिंता, निराशा, खालीपन जैसे क्लेशों से गुज़र रहे हैं, उनके लिए यह मददगार साबित होगी।

यह डायरी एक ऐसी मशाल बनेगी, जो इस पीढ़ी में और आनेवाली पीढ़ी में ज्ञान का प्रकाश फैलाएगी। यह जानकर मुझे बहुत आनंद महसूस हो रहा है।

शिवम – यही तो ज्ञान की सुंदरता है मित्र। वह किसी एक इंसान की संपत्ति नहीं होती। जो समझ हमें मिलती है, उसका स्वभाव आगे बढ़ना है। यदि वह केवल हमारे भीतर ही बंद रह जाए तो उसका उद्देश्य अधूरा रह जाता है।

अक्षत – मेरे कल्याण मित्र, मैं बड़ा भाग्यशाली रहा जो मुझे तुमसे सीधा ज्ञान मिला मगर जिस इंसान तक तुम सीधे नहीं पहुँच पाओगे, तुम्हारा दिया हुआ ज्ञान इस डायरी के सहारे उस तक पहुँचेगा।

शिवम ने अक्षत को इस सार्थक प्रयास के लिए गले लगा लिया।

वह डायरी, अपडेटेड उपन्यास के रुप में, आगे चलकर जो ग्रंथ बनी, इस समय वही आपके हाथ में है। अब हमें यह विश्वास है कि अक्षत का निष्काम संकल्प आपके लिए भी सार्थक सिद्ध हुआ होगा। ऋषिराज शिवम का दिया ज्ञान आपको भी मिला होगा। आपके जीवन में भी वही सुखद, आनंदित परिवर्तन की शुरुआत हुई होगी, जो सत्यार्थी अक्षत (खोजी) के जीवन में आई।

यम नियम से आरंभ कर आप भी समाधि की अवस्था तक पहुँचेंगे, यही महर्षि पतंजलि का पतंजलि योग सूत्र लिखने का शुभ संकल्प था, यही आपके कल्याण मित्रों की शुभकामना है।

पुस्तक पढ़ने के बाद आप अपने अभिप्राय इस ई-मेल आय डी पर पोस्ट करें-
books.feedback@tejgyan.org

स्वीकार मुद्रा

सरश्री – अल्प परिचय

सरश्री की आध्यात्मिक खोज का सफर उनके बचपन से प्रारंभ हो गया था। जीवन का रहस्य समझने के लिए उन्होंने **एक लंबी अवधि तक मनन करते हुए अपनी खोज जारी रखी, जिसके अंत में उन्हें आत्मबोध प्राप्त हुआ। आत्मसाक्षात्कार के बाद उन्होंने जाना कि अध्यात्म का हर मार्ग जिस कड़ी से जुड़ा है वह है– समझ (अंडरस्टैण्डिंग)।** उसके बाद उन्होंने अपने तत्कालीन अध्यापन कार्य को विराम लगाते हुए, लगभग दो दशकों से भी अधिक समय अपना समस्त जीवन मानवजाति के कल्याण और उसके आध्यात्मिक विकास हेतु अर्पण किया है।

तेजज्ञान फाउण्डेशन – परिचय

तेजज्ञान फाउण्डेशन आत्मविकास से आत्मसाक्षात्कार प्राप्त करने का एक रास्ता है। इसके लिए सरश्री द्वारा एक अनूठी बोध पद्धति (System for Wisdom) का सृजन हुआ है। इस पद्धति को अन्तर्राष्ट्रीय मानक ISO 9001:2015 के आवश्यकताओं एवं निर्देशों के अनुरूप ढालकर सरल, व्यावहारिक एवं प्रभावी बनाया गया है।

'द महाआसमानी – मैजिक ऑफ अवेकनिंग' अल्प परिचय

इस शिविर का उद्देश्य है, विश्व का हर इंसान 'मैं कौन हूँ' इस सवाल का जवाब जानकर सर्वोच्च आनंद में स्थापित हो जाए। उसे ऐसा ज्ञान मिले, जिससे वह हर पल वर्तमान में जीने की कला प्राप्त करे। भूतकाल का बोझ और भविष्य की चिंता इन दोनों से मुक्त हो जाए। हर इंसान को जीवन में स्थाई खुशी और सही समझ मिले। साथ ही उसे समस्याओं को विलीन करने की कला आ जाए। मनुष्य जीवन का उद्देश्य पूर्ण हो। 'मैं कौन हूँ? मैं यहाँ क्यों हूँ? मोक्ष का अर्थ क्या है? क्या इसी जन्म में मोक्ष प्राप्ति संभव है?' यदि ये सवाल आपके अंदर हैं तो महाआसमानी परम ज्ञान शिविर इसका जवाब है।

सरश्री – अल्प परिचय

सरश्री तेजज्ञान यूट्यूब चैनल

तेजज्ञान फाउण्डेशन – परिचय

हॅपी थॉट्स तेजज्ञान यूटयूब चैनल

महाआसमानी– अल्प परिचय

हैपी थॉट्स सरश्री (इंग्लिश) यूट्यूब चैनल

तेजज्ञान फाउण्डेशन – मुख्य शाखाएँ

पुणे (रजिस्टर्ड ऑफिस) – विक्रांत कॉम्प्लेक्स, तपोवन मंदिर के नज़दीक, पिंपरी, पुणे-४११ ०१७. फोन : 020-27411240, 27412576

मनन आश्रम – सर्वे नं. ४३, सनस नगर, नांदोशी गाँव, किरकटवाडी फाटा, तहसील- हवेली, जिला- पुणे - ४११ ०२४. फोन : 09921008060

- विश्व शांति प्रार्थना -

'पृथ्वी पर सफेद रोशनी (दिव्य शक्ति) आ रही है।
पृथ्वी से सुनहरी रोशनी (चेतना) उभर रही है।
विश्व से सारी नकारात्मकता दूर हो रही है।
सभी प्रेम, आनंद और शांति के लिए
खुल रहे हैं, खिल रहे हैं।'

यह 'सामूहिक अव्यक्तिगत प्रार्थना' तेजज्ञान फाउण्डेशन के सदस्य पिछले कई सालों से निरंतरता से कर रहे हैं। खुश लोग यह प्रार्थना कर सकते हैं और बीमार, दुःखी लोग उस वक्त एक जगह बैठकर इस प्रार्थना को ग्रहण कर स्वास्थ्य लाभ पा सकते हैं।

यदि इस वक्त आप परेशान या बीमार हैं तो रोज़ सुबह या रात 9:09 को केवल ग्रहणशील होकर इस भाव से बैठें कि 'स्वास्थ्य और शांति की सफेद रोशनी जो इस वक्त प्रार्थना में बैठे कई लोगों द्वारा नीचे पृथ्वी पर उतर रही है, वह मुझमें भी अपना कार्य कर रही है। मैं स्वस्थ और शांत हो रहा हूँ।' कुछ देर इस भाव में रहकर आप सबको धन्यवाद देकर उठें।

*** नम्र निवेदन ***

विश्व शांति के लिए लाखों लोग हर दिन सुबह और रात ९ बजकर ९ मिनट पर ऊपर दी गई प्रार्थना करते हैं। साथ ही भारतीय समय अनुसार हर दिन सुबह ६.१५, दोपहर ३.३० और रात ९.०० बजे भी यूटयूब के ज़रिए 'ध्यान प्रार्थना बीज' प्रसारित होती है। कृपया आप भी इनमें शामिल हो जाएँ।

हॅपी थॉट्स परम ज्ञान
यूट्यूब चैनल

www.ingramcontent.com/pod-product-compliance
Lightning Source LLC
Chambersburg PA
CBHW031325230926
51848CB00001B/95